Lisa Skydla

Kein Werwolf für eine Nacht

Roman

Merlin's Bookshop

Merlin´s Bookshop

Eine Frau, ein Musiker und die Magie der schottischen Highlands

Abby kann es kaum erwarten, ihre Lieblingsband, die *Highland Werewolfs*, zu sehen. Dass sie dem Musiker Cameron viel näher kommt, als ihn nur aus dem Publikum anzuhimmeln, hätte sie allerdings nie erwartet. Doch will ein so berühmter Mann tatsächlich ein Mauerblümchen wie sie? Oder war sie nur eine leichte Beute für ihn?

Cameron ist fasziniert, als er während eines Konzerts in Edinburgh auf seine Seelengefährtin stößt. Sofort ergreift er die Gelegenheit beim Schopf, aber am nächsten Morgen ist sie weg, dabei weiß sie noch nichts von seinen dominant-sadistischen Neigungen. Zu allem Überfluss besteht die Möglichkeit, dass sie von ihm schwanger ist. Jetzt bleibt ihm nur eins übrig, er muss die Wächter der magischen Welt um Hilfe bitten, denn er ist ein Werwolf.

Eine Geschichte, die den Leser tief in das Herz der schottischen Highlands führt und zeigt, dass es nicht auf Figur oder Aussehen ankommt. Der Roman ist in sich abgeschlossen.

Original-Ausgabe erschienen im Februar 2024 bei Merlins Bookshop.

Korrektorat & Lektorat: Merlins Bookshop, Birlenbach

Verlag: Merlins Bookshop, Waldstr. 22, 65626 Birlenbach

Druck: Bookpress, Polen

ISBN: 978-3-96248-535-1

Inhalt

Kapitel 1 - Edinburgh

Das Telefon klingelte und Abigail stöhnte genervt auf. Sie hatte noch so viel zu tun, ehe morgen der Flug nach Edinburgh ging. Natürlich war sie wieder mal später aus der Arbeit gekommen, weil sie kaum gewagt hatte, ihrem Kollegen zu widersprechen. Es war immer das gleiche Spiel: Sie wurde dazu gebracht, die Mülleimer auszuleeren, die Kaffeemaschine zu säubern, auszustellen und die Tassen zu spülen. Wie oft hatte sie sich schon vorgenommen, sich zu wehren, aber jedes Mal verließ sie der Mut. Sie war die jüngste Angestellte in einem kleinen Büro in London.

Seufzend meldete sie sich. „Davies." Innerlich betete sie, dass es nicht wieder ihr Chef war, der noch etwas von ihr wollte.

„Hey, Süße, du klingst, als ob du die Reise absagen möchtest."

Eine leichte Panik klang in der Stimme ihrer besten Freundin Ava mit. „Nein, auf gar keinen Fall. Ich lasse mir doch nicht den Auftritt der *Highland Werewolfs* entgehen." Abby lachte auf. „Auf unseren Trip nach Schottland freue ich mich schon seit letztem Jahr."

Jetzt atmete Ava erleichtert auf. „Ich hätte es dir nie verziehen, wenn du mich im Stich lässt. Ich brenne darauf, die Jungs endlich live zu sehen." Man hörte deutlich das Schmunzeln. „Bleibt es dabei, dass ich dich morgen um 5 Uhr abhole?"

„Ja, klar, was dachtest du denn? Glaubst du wirklich, dass ich kneife?“ Abby schmunzelte vergnügt. „Wir haben Tickets für die erste Reihe ergattert, näher werde ich Cameron MacDonald wohl nie kommen.“

„Wer weiß, vielleicht trefft ihr euch an einem der Getränkestände oder auf dem Weg zur Toilette.“ Ava brach in lautes Lachen aus, in das Abby einstimmte.

„Du Träumerin! Ich muss weitermachen, mein lieber Kollege Michael hat mal wieder dafür gesorgt, dass ich die Aufräumarbeiten übernehmen durfte.“ Sie seufzte leise.

„Du musst dich endlich wehren. Nur, weil du die jüngste in der Runde bist, kann es nicht sein, dass du jeden Tag länger machst. Besonders, da sie wissen, dass du am Wochenende verreisen möchtest.“ Schnaubend stieß Ava die Luft aus.

„Ich weiß, aber irgendwie verlässt mich der Mut, sobald ich vor meinen Kollegen stehe. Wenn ich es vermeiden will, zu meinen Eltern zurückzugehen, brauche ich den Job.“ In ihrer Stimme klang Resignation mit, die sie schnell von sich schob. „Egal, jetzt bin ich ja zu Hause und morgen geht es los. Sei bitte pünktlich.“

„Auf jeden Fall, bis morgen.“

Das Gespräch war beendet, trotzdem hielt Abby das Smartphone noch einen Moment in der Hand. Sie traute sich nicht wirklich, daran zu glauben, dass sie ihrem heimlichen Schwarm so nahekommen würde. Schon seit sie denken konnte, liebte sie die Musik der *Highland Werewolfs*, doch vor ein paar Jahren, hatte sie sich in den Dudelsackspieler Cameron MacDonald verliebt. Sie schüttelte über sich selbst den Kopf, so langsam sollte sie erwachsen werden. Es war kindisch sich nach einem solchen Mann zu sehnen, wenn man so aussah wie sie.

Eilig legte sie das Telefon auf den Nachttisch, um ihre Sachen zusammenzupacken. Sie würden den Vormittag mit Sightseeing verbringen, sich dann im Hotel zurechtmachen, um anschließend das Konzert zu genießen. Die *Queens Hall* hatte bereits einige berühmte Künstler beherbergt, außerdem wusste Abby, dass es sich bei dem Gebäude früher mal um eine Kirche gehandelt hatte. Sie freute sich auf den Trip, zumal sie eher selten aus London herauskam.

Mit einem Seufzen drehte sie sich zu ihrem Kleiderschrank, denn die Auswahl ihrer Kleidung war schon seit ihrer Kindheit die größte Herausforderung für sie. Ihre Figur war eine mittlere Katastrophe, die sie möglichst versteckte, aber bei dem Konzert wollte sie auch nicht mit Schlabberpulli und weiten Hosen auftauchen.

Erneut zog sie ein Kleidungsstück aus dem Schrank, um es unschlüssig zurückzuhängen. Verdammt, weshalb hatte sie es wieder nicht geschafft, abzunehmen? So langsam musste sie sich mal zusammenreißen.

Zum Schluss entschied sie sich für Jeans mit Bootcut, einer locker fallenden Bluse, einem schwarzen Sweatshirt und einem Ersatzpullover. Leider wusste man Ende März nie, wie das Wetter wurde, sodass sie zur Sicherheit auch noch ein T-Shirt einpackte. Sollte es wirklich kalt werden, zog sie es als Unterhemd an.

Im Bad sammelte sie die benötigten Dinge ein, stopfte sie in ihren Rucksack, anschließend stellte sie ihn auf die Waage. Zufrieden, dass alles passte, machte sie sich für die Nacht zurecht, obwohl sie sicher war, dass sie kaum schlafen würde, dazu war sie zu aufgeregt.

Mit einem Lächeln legte sie sich in ihr Bett, schnappte sich ein Buch und vertiefte sich in die Geschichte. Abby liebte Liebesromane, weil sie sich auf diese Weise in einer Welt verlieren konnte, in der auch übergewichtige Frauen wie sie ihren Prinzen bekamen.

~~°~~

Irgendwann in der Nacht musste sie eingeschlafen sein, denn ihr Wecker riss sie aus einem wundervollen Traum, in dem sie von Cameron geküsst wurde. Abby verdrehte die Augen, wie konnte man als erwachsener Mensch nur so von einem Musiker schwärmen? Zum Glück war sie in der Lage, über sich selbst zu lachen. Kurz streckte sie sich, ging anschließend ins Bad, wo sie sich die Zunge herausstreckte. „Du bist wirklich ein wenig irre."

Viel Zeit blieb ihr nicht, da Ava eine gute halbe Stunde zu früh kam, womit sie schon gerechnet hatte. Immerhin kannte sie ihre Freundin bereits seit mehr als fünf Jahren.

Gut gelaunt machten die Frauen sich auf den Weg zum Bahnhof, von wo aus sie zum Flughafen Stansted fuhren. Jetzt packte Abby das Reisefieber, sodass sie unruhig von einem Bein auf das andere trat, während sie auf die Ankunft des Zugs warteten. „Ich bin so gespannt, ob sie live genauso gut sind, wie auf CD."

Ava nickte ihr zu. „Ja, aber viel wichtiger ist ja, ob sie auch so gut aussehen. Vielleicht sind ihre Fotos gephotoshopt." Sie verzog entsetzt das Gesicht, woraufhin beide Frauen in lautes Gelächter ausbrachen.

„So ganz unwahrscheinlich ist das nicht, wenn ich mir das Bild der Sängerin ansehe. Sie ist zwar erst letztes Jahr dazugekommen, allerdings sieht sie extrem toll aus", bemerkte Abby mit einem leisen Seufzen. Wie gerne würde sie so hübsch sein, leider hatten ihre Eltern ihr eine stämmige, füllige Figur, ziemlich dicke Haare und ein etwas tollpatschiges Wesen mitgegeben.

Ava stieß sie mit dem Ellenbogen in die Seite. „Hör schon auf, du hast wunderschöne Augen, ein Herz aus Gold und schlanke Beine." Sie sah die Freundin liebevoll an. „Ehrlich, du hast keinen Grund, dich zu verstecken. Du bist gut so, wie du bist."

„Ich weiß, nur sieht niemand den Charakter, wohingegen es offensichtlich ist, dass ich es liebe zu essen." Sie deutete auf ihren Körper, der jetzt von einer dicken Jacke verdeckt wurde. Ehe Ava widersprechen konnte, hob sie abwehrend eine Hand. „Lass uns nicht darüber reden, das verdirbt nur die Laune."

Zum Glück fuhr in dem Augenblick der Zug ein, sodass Ava zustimmte, trotzdem hätte sie noch so einiges zu dem Thema zu sagen gehabt.

Sie liefen mit ihrem Gepäck bis zu ihren Sitzplätzen, die sie reserviert hatten, doch auf Abbys Platz saß bereits jemand. Ein junger, schlanker Mann blickte ihr mit einer arroganten Miene entgegen.

„Entschuldigen Sie bitte, das ist mein Sitzplatz." Etwas unbeholfen fuchtelte sie mit dem Fahrschein vor seiner Nase herum. Solche Situationen hasste sie, obwohl es ihr Recht war, dort zu sitzen.

„Dir täte es gut, ein wenig zu stehen, so dick, wie du bist." Mit Abscheu im Gesicht stand er auf, gab ihr einen kleinen Schubs, sodass sie fast gefallen wäre, anschließend stellte er sich demonstrativ neben sie in den Gang, die Arme verschränkt.

Ava baute sich wütend vor ihm auf. „Weißt du was, du Kotzbrocken? Meine Freundin kann abnehmen, aber du bist wohl kaum in der Lage, intelligent oder hübsch zu werden." Mit den Worten drängte sie sich an ihm vorbei, sorgte dafür, dass er gezwungen wurde zurückzuweichen, und ließ sich auf ihren Sitz fallen.

Abigail setzte sich leise hin, hielt den Kopf gesenkt, während sie gegen die Tränen ankämpfte. Irgendwie musste sie ihm ja recht geben, sie war pummelig.

„Hey, jetzt lass dich von dem Idioten bloß nicht herunterziehen. Der ist ja nur frustriert, weil er vergessen hat, zu reservieren." Ava zog sie kurz an sich. Wie gerne hätte sie ihr mehr geholfen, nur wusste sie nicht wie.

Es dauerte eine Zeit lang, ehe Abby die Beleidigung überwinden konnte, doch dann reckte sie ihr Kinn hoch, drückte die Schultern durch: Niemand würde ihr den Wochenendtrip verderben, auf den sie sich so sehr gefreut hatte!

~~°~~

Cameron fuhr sich zum wiederholten Mal durch die schwarzen Haare, während er mit seinen Freunden die Instrumente in einen Van lud. Er fühlte sich, als ob in ihm ein Vulkan kurz vorm Ausbrechen stünde. Nicht mal vor seiner ersten Verwandlung hatte er sich dermaßen nervös gefühlt.

Ein Nissan Patrol hielt vor seiner Einfahrt und ein Strahlen glitt über sein Gesicht. Sein Bruder brachte seine Frau, die es sich auf keinen Fall nehmen ließ, zu helfen.

„Guten Morgen, Jungs." Wie ein kleiner Wirbelwind stürmte sie auf die Gruppe zu, umarmte jeden Einzelnen, bevor sie leicht die Stirn runzelte. „Ihr seid ja fast fertig. Wieso habt ihr nicht auf mich gewartet?"

Lächelnd drehten die Männer sich zu ihr herum, während Blake ihr einen Arm um die Schultern legte.

„Weil wir unsere Instrumente selbst einpacken möchten. Du hast ja nur ein Mikro, das schon im Wagen ist", bemerkte Keith, der Bandleader. „Die restliche Technik wird uns von der Konzerthalle zur Verfügung gestellt, deshalb fahren wir ja so früh los."

Unwillig winkte Christine ab. „Das haben wir gestern bereits besprochen, trotzdem wollte ich gerne helfen." Sie betrachtete den Van, in dem alles verstaut worden war, lediglich eine Tasche mit Becken für das Schlagzeug fehlte noch.

Blake beobachtete seinen Bruder, der ihm enorm blass und aufgeregt vorkam. In der letzten Zeit hatte er ihn nur selten gesehen, sodass ihm sein Zustand besonders auffiel. Er küsste seine Frau auf den Scheitel. „Sei froh, dass sie dich schonen, normalerweise darf man ihnen den Hintern nachtragen." Mit den Worten ließ er sie los, um zu Cameron zu gehen.

„Alles in Ordnung? Du siehst beschissen aus, um es mal vorsichtig auszudrücken." Besorgt musterte er ihn noch einmal.

Zaghaft nickte Cameron, bevor er den Kopf schüttelte. „Ja, nein, jetzt weiß ich, wie du dich gefühlt hast, ehe Chris aufgetaucht ist." Er atmete tief ein, schob die Hände verlegen in die Hosentaschen, anschließend sah er seinen Bruder wieder an. „Ich fühle mich wie vor einer Katastrophe. Die Prüfungen während meiner Zeit an der Uni waren ein Witz dagegen“, gab er leise zu.

„Stehst du den Auftritt durch? James könnte deinen Part übernehmen, er ist zwar etwas schlechter als du, aber ...“, weiter kam er nicht.

Wütend knurrte Cameron. „Das ist das Einzige, was mich halbwegs ablenkt. Auf keinen Fall verpasse ich den Gig. Darüber hinaus ist es eine große Chance für uns.“ Energisch schüttelte er den Kopf.

„Tut mir leid, ich mache mir nur Sorgen um dich.“ Blake sah ihn ernst an. Seit dem Massaker von Glencoe fühlte er sich für seinen kleinen Bruder verantwortlich, was sich bis heute kaum geändert hatte.

„Ich bin bereits erwachsen, solltest du das vergessen haben.“ Lachend schlug Cameron ihm auf die Schulter. „Danke, dass du immer für mich da bist, aber so langsam darfst du diese Verantwortung abgeben. Immerhin hast du da jemanden, der dich braucht.“ Er deutete leicht mit dem Kinn auf Christine, die mit Keith noch einmal die Songliste durchging. Zum Glück war sie nicht wirklich verärgert, weil die restlichen Bandmitglieder schon alles eingepackt hatten.

Gemeinsam gingen sie zu den anderen, um kurz darauf nach Edinburgh zu fahren, wobei Blake und Chris hinter dem Van herfuhren.

~~o~~

Die Fahrt war für Cameron die Hölle, weil er sich wie eingesperrt fühlte, außerdem wollte er seinen Zustand möglichst vor seinen Freunden verbergen. Die Nervosität zeigte an, dass man kurz davorstand, seine Seelengefährtin zu treffen, zumindest ging das Gerücht um. Bei seinem Bruder hatte es gestimmt und bei seinem Cousin David auch. Trotzdem konnte er es kaum glauben. Woher sollte denn plötzlich die Frau kommen, die zu ihm gehörte? Sie hatten in der letzten Zeit so viele Auftritte absolviert, da hätte er doch bereits jemanden kennenlernen müssen, oder?

Sein innerer Wolf zerrte an seiner Kette, sodass er sich danach sehnte, sich zu verwandeln, um in seiner Wolfsgestalt durch die Highlands zu streifen. Stattdessen war er auf dem Weg nach Edinburgh.

Seufzend lehnte er sich zurück, verschränkte die Finger, um sich selbst davon abzuhalten, ständig auf irgendeiner Oberfläche herumzutrommeln.

„Wir wissen, was mit dir los ist, Cam. Es ist völlig unnötig, dass du dich dermaßen am Riemen reißt."

Murtaghs Stimme holte ihn aus seinen Gedanken. „Du willst, dass ich dir mit meinem Herumgehampel auf den Nerv gehe?" Ungläubig starrte er ihn an.

„Nein, das weniger, aber es ist immer noch besser, als dir zuzusehen, wie du dich gewaltsam zurückhältst. So schlimm wie bei Blake wird es wohl nicht werden."

Die Jungs lachten, woraufhin Cameron einstimmte. In der Tat war sein Bruder unausstehlich gewesen, bevor Chris in sein Leben purzelte.

„Es ist schön zu sehen, dass das Gerücht der Wahrheit entspricht. Darüber hinaus gibt es uns anderen Hoffnung", bestätigte jetzt Keith ihm.

„Ihr werdet eure Entscheidung noch verfluchen, glaubt mir. Blake war mehr als unerträglich, doch ich treibe euch in den Wahnsinn." Cam lächelte, während er daran dachte, wie sein Bruder sich gebärdet hatte.

„Aber am Ende hat er seine Dualseele bekommen, was einen Gewinn für uns alle darstellt." James sah ihn durch den Rückspiegel an.

Endlich erreichten sie Edinburgh und die anstehende Arbeit lenkte auch Cameron ab, zumal er bisher erst einmal in der *Queens Hall* aufgetreten war.

Die ehemalige Kirche bestach durch ihre besondere Akustik, dazu kam eine Atmosphäre, die ihresgleichen suchte. In der Tat freute er sich auf das Konzert, doch der Gedanke daran, verstärkte seine Unruhe. Sollte er heute Abend auf seine Seelengefährtin treffen? Unmöglich war das nicht, aber ziemlich unwahrscheinlich.

„Cam spielst du bitte ein paar Töne, damit der Tontechniker die Mikros vernünftig einstellen kann?" Christines Stimme riss ihn aus seinen Überlegungen, sodass er sofort nickte und seinen Dudelsack holte. Auf diesem Gebiet machte ihm keiner etwas vor. Er war sogar schon als Piper in die Schlacht gezogen, damals in Culloden. Seinem Bruder verdankte er es, dass er überhaupt noch lebte. Schnell schob er die düsteren Erlebnisse von sich, stattdessen konzentrierte er sich auf die Noten, die vor ihm lagen.

Traditionsgemäß begannen sie einen Auftritt immer mit Alba, einem Lied von Runrig. Es war eine Hymne auf Schottland, ihrem Heimatland, das jeder von ihnen im Herzen trug.

Erst nachdem alles für das Konzert bereit war, checkten sie im Hotel ein, wo Cameron wie ein Tiger im Käfig auf und ab rannte. Wie gerne würde er sich wegschleichen, raus aus der Stadt, um seinem inneren Tier die Freiheit zu lassen. Als Gestaltwandler musste er darauf achten, dass er regelmäßig die Form wechselte, andernfalls konnte sein Gehirn ernsthaften Schaden nehmen.

Erneut lief er zum Fenster, starrte einen Moment auf die belebten Straßen von Edinburgh, ehe er seine Wanderung von vorne begann.

Plötzlich streifte ein unwiderstehlicher Duft seine Nase, er schloss die Augen, um den Geruch aufzunehmen, der ihn dermaßen betörte. So etwas hatte er bisher noch nie erlebt, leider verflog er viel zu schnell wieder. Fast ungläubig schüttelte er den Kopf, aber auf seinen Geruchssinn durfte er sich immer verlassen. Zu dumm, dass er sich keinen Reim auf das Erlebnis machen konnte.

Am späten Nachmittag kam die Band zusammen, um ein frühes Abendessen einzunehmen, wobei ihm auf dem Flur erneut eine winzige Nuance dieses verführerischen Dufts entgegenschlug. Irgendjemand musste hier entlanggelaufen sein, vielleicht sogar seine Gefährtin? Sofort schlug er sich den Gedanken aus dem Kopf. Es war bisher ein unbestätigtes Gerücht, dass die Nervosität mit der Seelengefährtin zusammenhing.

Endlich hatte er auch die letzten Stunden überstanden, sodass er sich gemeinsam mit dem Rest auf das Konzert vorbereiten konnte. Dazu hatte man ihnen einen kleinen Nebenraum zur Verfügung gestellt.

„Bereit?“ Keith sah einen nach dem anderen an.

Chris lächelte zurück. „Absolut, bringen wir den Saal zum Kochen."

Murtaugh nickte lediglich, während James leise lachte. „Wann wären wir für einen Auftritt nicht bereit gewesen?"

„Lasst uns loslegen, ehe ich es mir doch noch überlege", rutschte es Cameron heraus, der nervös an seinen Ärmeln herumfummelte.

„Die Stimmung ist grandios, wir sollten sie nicht länger warten lassen", stimmte Keith zu.

Gemeinsam traten sie auf die Bühne und sofort erklang ohrenbetäubender Jubel. Sie winkten gutgelaunt in die Menge, warteten einen Augenblick, bis sie mit ihrem Eröffnungssong loslegten.

~~°~~

Als das Flugzeug über Schottland flog, drückte Abby ihre Nase an die Scheibe. Sie fühlte sich schon seit ihrer Kindheit von diesem Land angezogen, hatte es bisher aber nur einmal geschafft rüberzufliegen. Urlaub war in ihrem Leben eher selten vorgekommen.

Unter ihr wurde die raue Landschaft immer deutlicher sichtbar, als sie auf den Flughafen Edinburgh zusteuerten. Aufgeregt betrachtete sie jedes Detail, das sich ihr bot. Damals hatte sie sich genauso verhalten, wie sie sich jetzt erinnerte. Ihre Eltern waren mit ihr zu einem Kurzurlaub am *Loch Ness* geflogen. Es war eine Ewigkeit her.

„Es sieht toll aus, ich kann es kaum erwarten, aus dieser Kiste herauszukommen", bemerkte Ava neben ihr.

Als sie ausstiegen und schottischen Boden betraten, überkam Abby ein seltsames Gefühl, so als ob sich ihr Leben in Kürze extrem verändern würde. Lächelnd schob sie die Gedanken zur Seite, morgen flog sie schon wieder nach Hause, da war es unwahrscheinlich, dass etwas Weltbewegendes passierte. Es gab nur sehr wenig Zeit, um sich die Gegend anzusehen. Der Calton Hill stand definitiv auf ihrem Plan und ein Besuch des Castles war geplant.

Gemeinsam gingen sie durch die Kontrollen, auf ihr Gepäck brauchten sie nicht zu warten, da sie ihre Rucksäcke bei sich trugen. Zuerst fuhren sie mit dem Bus zum Hotel, wo sie ihre Sache in einem Gepäckraum ablegen durften, anschließend brachen sie zum Calton Hill auf.

Abigail blieb am Rand des Hügels stehen, um die fantastische Aussicht über Edinburgh zu genießen. Von hier aus sah die Stadt so friedlich aus, außerdem reichte der Blick bis zum Meer, was eine unendliche Sehnsucht in ihr weckte.

Die Sonne schien, was ziemlich ungewöhnlich für Ende März war, leider hatte das Wetter auch sehr viele Paare hergelockt. Abby gönnte jedem sein Glück, dennoch beneidete sie die Frauen, die jemanden hatten, an den sie sich anlehnen konnten. Eilig drehte sie den Kopf, um wieder auf den Ozean zu sehen, ehe sie sich den Gebäuden auf dem Hügel zuwandte.

Hinter ihr stand das National Monument, ein unvollendeter Bau aus einigen Säulen, der an die gefallenen Soldaten der Napoleonischen Kriege erinnern sollte. Ein Stück entfernt erkannte sie das Nelson Monument, wie gerne hätte sie es in Ruhe erkundet, doch dazu blieb leider keine Zeit mehr. Schnell schoss sie ein paar Fotos, ehe Ava sie zum Aufbruch drängte. Sie wollten noch etwas essen, durch die Altstadt schlendern und eventuell das Castle besichtigen. Den Besuch des Schlosses hielt Abby jedoch für ausgeschlossen, es war jetzt schon später als erwartet.

Mit einem Lächeln hakte sie sich bei der Freundin ein, um sich auf den Weg in die Stadt zu machen.

Kapitel 2 - Highland Werewolfs

In einer Seitenstraße fanden sie ein kleines Restaurant, das gemütlich aussah. Ihr Versuch, einen Tisch im Hard Rock Café zu ergattern, war grandios gescheitert. Wartezeiten bis zu einer Stunde konnten sie sich einfach nicht leisten.

„Zu dumm, dass ich vergessen habe, zu reservieren“, bemerkte Ava niedergeschlagen. Sie hatte sich enorm auf das berühmte Lokal gefreut, außerdem fehlte ihnen jetzt die Zeit, die sie mit der Suche nach einem anderen Restaurant verloren hatten.

Abby legte ihr eine Hand auf den Arm. „Es tut mir so leid für dich, aber wir können ja noch einmal herkommen. Gelegenheiten gibt es so viele. Dann schaffen wir es auch, das Schloss zu besichtigen.“ Eilig biss sie sich auf die Lippen, doch der letzte Satz war ihr bereits herausgerutscht.

„Ich weiß, wie sehr du dich auf die Schlossbesichtigung gefreut hast. Das war nur meine Schuld.“ Zerknirscht sah Ava sie an. „Ich war echt selbstsüchtig, zumal mir irgendwo schon klar war, dass wir dort endlos warten müssen.“

Abigail machte eine wegwerfende Handbewegung. „Wir sind wegen des Konzerts in Schottland, das ist das Wichtigste.“

Dankbar lächelte Ava ihr zu, anschließend studierten sie die Karte.

„Die haben hier frittierte Snickers“, bemerkte Abby mit einem Lachen. „Ich kann mir nicht vorstellen, dass das schmeckt.“

„Wir können ja eins probieren, irgendwie klingt das interessant.“

Sofort hob Abigail beide Hände. „Auf keinen Fall, ich werde kein Dessert essen, sonst nehme ich noch mehr zu.“ Seufzend richtete sie den Blick erneut auf die Speisekarte, nur um festzustellen, dass es keine Gerichte gab, die ihrer Figur gutgetan hätten. Schlussendlich bestellte sie Omelette mit Pilzen.

Mitleidig sah Ava zu ihr. „Du machst dir wirklich unnötige Gedanken um dein Gewicht, Süße. Du bist gut, so wie du bist, ehrlich.“

„Klar, deshalb rennen mir ja auch die Männer die Tür ein.“ Abby schloss kurz die Augen, ehe sie die Freundin wieder ansah. „Es ist ja nicht nur die Einsamkeit. So viele Menschen in meiner Umgebung lassen mich spüren, dass ich eben die dumme Dicke bin. Du bist die große Ausnahme.“ Dankbar lächelte sie.

„Du hast den falschen Umgang, glaub mir.“ Ava überlegte einen Moment. „Ich denke, dass es weniger an deiner Figur, sondern mehr an deinem Selbstbewusstsein liegt. Ich habe auch keinen festen Freund und bin schlank.“

Jetzt lachte Abby laut auf. „Du jagst einen nach dem anderen davon. Deine letzte Beziehung ist gerade mal zwei Wochen her.“

Unbekümmert zuckte die Freundin mit den Schultern. „Er war ein Langweiler, was sollte ich tun? Ich bin zu jung, um nur zu Hause herumzusitzen.“

Der Kellner brachte das Essen und unterbrach somit das Gespräch, wofür Abby ihm im Stillen dankte. Sicher, sie hatte damit angefangen, trotzdem wollte sie sich auf keinen Fall den Abend verderben.

„Glaubst du, dass die Jungs so gut sind, wie auf der CD?“ Ava blickte nachdenklich auf ihren Teller.

Natürlich wusste Abigail sofort, wen sie meinte. „Ja, davon bin ich überzeugt. Immerhin haben sie einige Stücke live aus ihrem Probenraum übertragen. Ich hoffe, dass sie so wie immer mit dem Lied Alba anfangen. Ich liebe es!“

Eine Weile diskutierten sie darüber, welche Songs die besten waren, während sie aßen, anschließend wurde es Zeit, ins Hotel zurückzufahren.

Hier beeilten sie sich, um auch ja pünktlich auf ihren Plätzen zu sitzen. Heimlich betete Abby, dass nicht wieder jemand auf ihrem Sitzplatz saß. Auf so eine Situation konnte sie getrost verzichten.

~~°~~

Als Cameron mit seinen Jungs die Bühne betrat, hatte er das Gefühl, als ob er jeden Augenblick explodieren würde. Kurz dachte er daran, sich schnell zurückzuziehen, bis sein Blick auf eine blonde Frau in der ersten Reihe fiel. Sofort stoppte die Nervosität, eine fast beängstigende Ruhe legte sich auf seine Nerven, während er sie lediglich anstarrte. Ihm war bewusst, dass es sich bei ihr um seine Gefährtin handelte und für ihn war sie die schönste Person im gesamten Gebäude. Nein! Im ganzen Land.

Die ersten Töne erklangen, gleichzeitig stieß James ihn mit dem Ellenbogen an, weil er seinen Einsatz verpasst hatte. Eilig konzentrierte er sich auf seine Arbeit, was ihm enorm schwerfiel.

Immer wieder sah er zu der faszinierenden Frau runter, wobei er jetzt auch ihren Duft erkannte. Sie musste im gleichen Hotel eingecheckt haben, wie er. Ein Schmunzeln glitt über sein Gesicht, als ihm bewusst wurde, dass sie ihm kaum entkommen konnte.

Bei dem Gedanken gab er Gas, spielte nur für sie, zeigte, was er draufhatte, dabei versuchte er erneut Blickkontakt herzustellen, aber sie sah verlegen weg.

Einmal beobachtete er, dass ihre Sitznachbarin sie anstieß, ehe sie auf ihn deutete. Sofort zwinkerte er ihr zu, setzte sogar den Dudelsack ab, um ihr ein Lächeln zu schenken. Jetzt sehnte er die Pause herbei, wo er sie ansprechen wollte, auf keinen Fall würde er auch nur eine Sekunde länger warten.

Endlich verabschiedete Keith sie und sie zogen sich in den Nebenraum zurück.

„Wow, du bist die Ruhe selbst“, stellte Blake fest, der sich zu ihnen gesellt hatte. „Ich tippe auf die kleine Blonde in der ersten Reihe.“

Breit schmunzelnd nickte Cameron. „War wohl doch ein wenig zu auffällig, wie ich für sie gespielt habe, oder?“

„Das kannst du laut sagen, jeder hat es gemerkt. Ich befürchte allerdings, dass sie es etwas anders sieht.“ Chris zuckte mit den Schultern. „Sie hat mehr verlegen reagiert, als erfreut. Wahrscheinlich redet sie sich ein, dass du sie gar nicht gemeint hast.“

„Das sollte er ihr gleich persönlich mitteilen", mischte James sich ein. „Ich frage mich nur, was er noch hier macht." Auffordernd deutete er mit dem Kopf zur Tür.

„So ganz doof bin ich ja nicht. Ich habe einen der Ordner gebeten, die Kleine zu uns zu bringen. Natürlich mit ihrer Freundin." Cameron strich sich durch die dunklen Haare. „Ist doch in Ordnung, oder?"

Seine Freunde lachten auf.

„Die Frage stellst du ein wenig zu spät, aber klar." Murtagh gab ihm eine Kopfnuss, kurz danach klopfte es und ein Angestellter der *Queens Hall* brachte die beiden Frauen herein.

„Hey, toll, dass ihr da seid." Cameron ging auf sie zu, hatte allerdings nur Augen für die blonde, schüchterne, die in dem Augenblick bezaubernd rot anlief. „Kommt rein, setzt euch. Ihr seid mir sofort aufgefallen."

„Das ist unglaublich. Wir sind riesige Fans von euch, doch mit einem privaten Treffen hätten wir nie gerechnet", begann die Dunkelhaarige, ehe sie sich schnell entschuldigte. „Es tut mir leid, ich bin fürchterlich unhöflich. Ich bin Ava und das ist Abby."

„Freut uns, unsere Namen kennt ihr wahrscheinlich. Das in der Ecke ist Blake, der Ehemann von Chris." Keith zeigte auf Camerons Bruder, der leicht nickte.

„Wollt ihr etwas trinken?" James deutete auf einen kleinen Tisch, auf dem einige Getränke standen.

„Gerne, für Wasser würde ich gerade sterben." Ava lächelte ihn an, nur Abigail brachte keinen Ton hervor.

Beide bekamen ein Glas Mineralwasser und Murtagh plauderte locker mit Ava, während Cameron sich zu Abby setzte.

„Ich habe nur für dich gespielt, ehrlich.“ An ihrem spöttischen Gesichtsausdruck erkannte er, dass sie ihm kein Wort glaubte. Weshalb sollte sie auch? Sie hatte wahrscheinlich keine Ahnung, dass sie zu ihm gehörte. „Du glaubst mir nicht?“

„Nein, das ist zu weit hergeholt. Im Saal sind so viele Frauen, die schlanker und hübscher sind. Außerdem hast du mich heute zum ersten Mal gesehen.“ Abigail sah ihn an, versank für einen Moment in seinen seltsam grün-braunen Augen, ehe sie sich zusammenriss. Sie konnte sich keinen Reim auf diese Einladung machen, glaubte allerdings keine Sekunde an irgendwelche romantischen Gefühle. Vielleicht sah er in ihr ein williges Opfer, das war ihr schon ein paar Mal passiert, nur nicht mit einem bekannten Musiker.

Vorsichtig legte Cameron einen Arm um sie, er musste sie berühren. Am liebsten hätte er sie geküsst, bis ihr Hören und Sehen vergangen war, aber er spürte ihr Misstrauen. „Ich beweise es dir im zweiten Teil, versprochen. Glaub mir bitte, dass ich normalerweise keine Girls in unseren Pausenraum hole.“

Skeptisch musterte sie ihn, dabei ignorierte sie das Herzklopfen. Sie war ihrem Schwarm so nahe, wenn sie sich nur etwas vorbeugen würde, könnte sie seine Lippen mit ihren berühren. Fast hätte sie ihrer Sehnsucht nachgegeben, stoppte sich allerdings schnell selbst. Vielleicht war das nur ein Werbetrick, um weitere Zuschauer zu bekommen? Oder Ava hatte irgendetwas gedreht? Mehr steckte auf keinen Fall dahinter.

„Ich mache dir einen Vorschlag, jetzt bleibt mir leider zu wenig Zeit, um dich zu überzeugen. Was hältst du davon, dass wir uns nachher im Hotel treffen. Dort trinken wir was an der Bar und unterhalten uns. Solltest du mich nach dem Gespräch unausstehlich finden, werde ich dich keine Sekunde länger belästigen.“ Cameron sah sie mit einem liebevollen Lächeln an, während er auf ihre Antwort wartete. Er nahm an, dass er keinerlei Risiko einging, das Schicksal hatte sie zusammengeführt.

„Klar, trinkt sie mit dir etwas, du musst nur sagen, in welchem Hotel ihr abgestiegen seid.“ Ava antwortete, bevor Abby auch nur einen Ton herausbrachte.

Ärgerlich starrte Abigail die Freundin an, sie wollte keiner hoffnungslosen Sehnsucht hinterherjagen. Cameron konnte es unmöglich ernst meinen, wahrscheinlich war sie nur eine willkommene Abwechslung, ein Betthäschen, das leicht zu haben war.

„Abgemacht?“ Er hielt ihr eine Hand hin, und wieder war sie zu schwach, um abzulehnen.

Ehrlich gestand sie sich ein, dass sie sich darauf freute, sich mit ihm unterhalten zu können. Ein wenig fühlte es sich an, als sei ein Traum in Erfüllung gegangen. „Wenn ich dir nicht zu langweilig bin, gerne.“

Ungläubig musterte Cameron sie. „Glaub mir, ich würde das Konzert absagen, solltest du es wollen, nur um mehr Zeit mit dir zu verbringen.“

Jetzt schlug sie ihm lachend auf den Unterarm. „Du bist ein Charmeur, aber das ist wirklich übertrieben.“

Es klopfte erneut an der Tür und ein Angestellter der Halle erschien. „Die Leute sind bereits auf ihren Plätzen, noch fünf Minuten.“

Cameron stand auf, zog Abby mit sich hoch, ehe er sie fest in seine Arme schloss.

Kurz drückte er sie an sich, anschließend sah er ihr tief in die Augen. „Ich lasse dich nach dem Konzert wieder herbringen. Ist das in Ordnung für dich?"

Zaghaft nickte sie. „Klar, trotzdem wüsste ich gerne, in welches Hotel du mit mir gehen willst." Bezeichnend sah sie auf Ava.

„Deine Freundin kann uns selbstverständlich begleiten, wir sind im Southside Guest House." James zwinkerte ihr zu.

„Da, wo auch ihr abgestiegen seid", rutschte es Cameron heraus, ehe er über seine Aussage nachdenken konnte.

„Woher weißt du das?" Misstrauisch musterte Abby ihn. Hatte er ihr hinterherspioniert? Aber aus welchem Grund?

Verlegen zuckte Cam mit den Schultern, gleichzeitig überlegte er, wie er aus der Falle herauskäme. „Ich habe dich gesehen, als wir vom Soundcheck zurückgekommen sind." Er stieß die Lüge einigermaßen glaubhaft hervor, zumal seine Freunde es sofort bestätigten.

Weiterhin skeptisch schluckte Abby seine Antwort, da der Ordner sie wieder zu ihren Plätzen brachte. Das Konzert musste weitergehen.

Jetzt gab Cameron noch mehr Gas, sah Abigail ständig an, zeigte ihr mit allem, was ihm zur Verfügung stand, dass er sie beeindrucken wollte. Für ihn war sie perfekt, besonders weil er füllige Frauen viel anziehender fand.

~~°~~

„Ich fasse es nicht, du hast tatsächlich die Aufmerksamkeit von Cameron MacDonald auf dich gezogen." Ava sah sie begeistert an. „Und du hast behauptet, dass uns zu wenig Zeit bleibt, um etwas Außergewöhnliches zu erleben."

Nachsichtig lächelte Abby sie an. „Danke, du hast mir einen riesigen Wunsch erfüllt, obwohl ich keine Ahnung habe, wie du das hinbekommen konntest."

Irritiert musterte Ava sie. „Was habe ich getan? Glaub mir, ich bin an der Situation völlig unschuldig. Er hat doch gesagt, dass du ihm im Hotel schon aufgefallen bist."

„Spiel bitte keine Spielchen mit mir, Ava. Ich bin wohl kaum die Frau, die einem solchen Mann auffällt." Abigail winkte ungeduldig ab. „Ich danke dir von Herzen, du hast dafür gesorgt, dass ich meinem Idol näher gekommen bin, als ich es gehofft hatte."

Erneut schüttelte Ava den Kopf. „Ich schwöre dir, dass ich genauso überrascht von der Aufforderung war. Ich bin immer noch total durch den Wind, weil wir die Jungs persönlich getroffen haben."

Nachdenklich blickte Abby von ihrer Freundin auf Cameron, der ihr gerade wieder zuzwinkerte. Konnte es tatsächlich sein, dass er sie attraktiv fand? Sofort schob sie den absurden Gedanken von sich. Da musste irgendetwas anderes dahinterstecken, aber egal, was es war, dieses Mal nahm sie sich vor, ihre Chance zu nutzen. Selbst, wenn es nur ein nettes Gespräch an der Bar war, würde sie es als Highlight in ihrer Erinnerung abspeichern.

„Hey, Guys, den nächsten Song spiele ich nur für die bezaubernde Abby." Cameron hatte sich das Mikro geschnappt und deutete jetzt auf sie, woraufhin sie rot anlief.

Die Band stimmte das Lied *An Eala Bhàn* an, das von dem Komponisten während einer Schlacht komponiert wurde. Es richtete sich an seine Geliebte.

Abigail schluckte schwer, denn natürlich hatte sie das Stück schon mehrfach gehört und sich den Text übersetzen lassen. Weißer Schwan lautete der Titel, wenn man ihn übersetzte. Es handelte sich um ein sehr bekanntes Liebeslied. In ihrem Kopf kreisten die Gedanken, warum tat er das? War das tatsächlich nur ein Werbegag? Steckte vielleicht doch mehr dahinter?

Gebannt hörte sie der Band zu, ließ sich von Camerons Blick einfangen, dabei versank für einen Moment die Welt um sie herum. Sie vergaß, dass auch noch andere zuhörten, dieses Lied gehörte nur ihnen. Die Melodie tat ihr Übriges, zog sie in ihren Bann. Erst als Applaus aufbrandete, fand sie zurück in die Wirklichkeit, nur um festzustellen, dass es kein Traum gewesen war. Im Gegenteil, Cameron legte den Dudelsack zur Seite, sprang von der Bühne, zog sie von ihrem Platz hoch, um sie leidenschaftlich zu küssen.

Völlig überrumpelt vergaß sie sogar, sich zu wehren, stattdessen schlang sie ihre Arme um seinen Nacken, kam ihm mit Eifer entgegen. Mit geschlossenen Augen drückte sie sich gegen ihn, während er mit seiner Zunge in ihren Mund eindrang.

Sein Geschmack berauschte sie, genauso wie ihrer ihn. Nur am Rande hörte sie das Gejohle der anderen Besucher, nahm das Klatschen wahr, aber es fühlte sich an, als sei es weit weg.

Cameron hielt ihren Hinterkopf mit einer Hand fest, legte seine gesamten Gefühle in diesen Kuss, raubte ihr den Atem und sorgte dafür, dass sie keinen klaren Gedanken mehr fassen konnte. Nach einer gefühlten Ewigkeit ließ er von ihr ab. „Du bist etwas ganz Besonderes. Ich freue mich, dich nachher für mich zu haben.“ Mit den Worten drehte er sich um, kletterte auf die Bühne, damit das Konzert weiterging.

Abby sah ihm fasziniert hinterher, die Finger auf die Lippen gelegt, so als ob sie das Erlebnis auf die Weise festhalten wollte.

„Bist du immer noch der Meinung, dass ich das eingefädelt habe", bemerkte Ava, gleichzeitig stieß sie ihr den Ellenbogen in die Seite. „Er steht auf dich, glaub es endlich."

Wie in Trance nickte sie, unfähig zu begreifen, was da gerade passiert war. Ausgerechnet sie sollte den Musiker beeindruckt haben?

Das Konzert flog fast an ihr vorbei, weil sie in ihre Überlegungen verstrickt war, sodass sie ein wenig zusammenzuckte, als Keith das letzte Lied ankündigte. Der Abend war verdammt schnell vergangen, was sie traurig stimmte, bis ihr einfiel, dass sie ja quasi ein Date mit Cameron hatte.

Die Band gab noch zwei Zugaben, ehe sie sich endgültig verabschiedeten, kurz darauf kam auch der Ordner, um sie zum Pausenraum der Jungs zu bringen.

~~°~~

„Wow, du hast eine ziemliche Show abgezogen, sicher, dass du sie damit nicht in die Flucht geschlagen hast?" Blake sah seinen Bruder eindringlich an. „Sie kommt mir kaum so vor, als ob sie über ein großes Selbstbewusstsein verfügt."

Cameron lehnte sich mit hinter dem Kopf verschränkten Armen zurück und sah aus wie eine Katze, die den Sahnetopf ausgeschleckt hatte. „Sie hat sich nicht gewehrt, aye?"

Seine Kameraden lachten, nur Chris baute sich vor ihm auf.

„Du bist ein unsensibles Rindvieh, mein Bester. Hast du mal überlegt, ob sie vielleicht einen Ehemann hat? Oder in einer festen Beziehung ist?“

Jetzt wurde Cam blass, denn an die Möglichkeit hatte er in der Tat überhaupt nicht gedacht. „Aber das Universum bringt uns wohl kaum zusammen, wenn sie ihr Herz einem anderen geschenkt hat, aye?“ Unsicherheit klang in seiner Stimme mit.

„Es gibt viele Gründe, warum man verheiratet ist oder einen Freund hat.“ Chris verdrehte ärgerlich die Augen. „Manchmal kennt man die eigenen Gefühle nur unzureichend. Es könnte auch sein, dass sie glaubt, in jemanden verliebt zu sein.“

Blake zog sie mit sanfter Gewalt auf seinen Schoß. „Du verrennst dich, Piseag. Zuerst sollte Cam herausfinden, ob sie überhaupt gebunden ist. Richtig?“

Zaghaft nickte sie. „Ich fand es nur ziemlich übereilt, außerdem hat sie mir leidgetan. Offensichtlich ist sie sehr schüchtern.“

Zerknirscht gab Cameron ihr recht. „Ich konnte mich keine Sekunde länger beherrschen. Sie so dicht vor mir zu haben und trotzdem auf Distanz zu bleiben, war schlichtweg unmöglich.“ Verlegen lächelte er.

Im gleichen Moment kamen die beiden Frauen herein, womit das Gespräch beendet war, nur Chris schickte ihm einen warnenden Blick.

„Schön, dass ihr da seid. Wollen wir ins Hotel gehen?“ Cameron hatte Abby sofort an sich gezogen, doch erst als seine Freunde in lautes Gelächter ausbrachen, wurde ihm bewusst, wie seine Frage wirken musste. „Ich rede von einem vernünftigen Drink an der Bar, ihr Idioten.“ Schmunzelnd schüttelte er den Kopf. „Beachte die Neandertaler einfach nicht. Ich befürchte, ihr Benehmen wird mit der Zeit kaum besser."

James legte einen Arm um Ava, bevor er ihm zunickte. „Ich wäre jetzt bereit für einen schönen Whisky."

Gemeinsam verließen sie die Konzerthalle, um sich auf den Weg zum Hotel zu machen. Einstimmig beschlossen sie, die wenigen Meter zu Fuß zu gehen.

Kapitel 3 - Traumwelt

Abby gab sich selbst gegenüber zu, dass es ihr gefiel, wie eng Cameron sie an sich zog. Sein Arm lag um ihre Schultern, was ihr ein wohliges Gefühl der Geborgenheit vermittelte. Natürlich schossen ihr die Selbstzweifel im gleichen Moment erneut in den Kopf. Es konnte einfach nicht sein, dass ein Mann wie er, der bestimmt tausend Fans hatte, ausgerechnet sie wollte. Aber weshalb hatte er sie ausgesucht? Ihre Gedanken drehten sich im Kreis, bis ihr fast schwindelig wurde, dazu kam, dass sich die Situation so verdammt richtig anfühlte.

Immer wieder sah sie ihn von der Seite aus an, zeitweilig glaubte sie, zu träumen. Noch einmal nahm sie sich vor, die Gelegenheit zu nutzen, sollte es wirklich ein Werbegag sein, hatte sie zumindest einen schönen Abend mit Cameron MacDonald verbracht!

„Du siehst aus, als ob dich ein Problem plagt." Cam blickte sie besorgt an. „Hat dein Freund vielleicht etwas dagegen?"

Bei den Worten lachte Abby leise. „Wenn ich in einer festen Beziehung wäre, hätte ich mich wohl kaum von dir küssen lassen, richtig? Darüber hinaus wäre diese Verabredung niemals zustande gekommen." Sie schüttelte den Kopf. „Du scheinst allgemein nicht viel von Frauen zu halten."

„Ganz im Gegenteil, ich bin nur dummerweise davon ausgegangen, dass du auf mich gewartet hast. Ehrlich, ich habe keinen Gedanken daran verschwendet, dass du vielleicht liiert bist." Mit einem unverschämten Grinsen küsste er sie erneut.

Eng umschlungen blieben sie mitten auf dem Bürgersteig stehen, tief in ihrer eigenen Welt versunken.

Abigail legte ihre Arme um seinen Nacken, weil sie einen Halt brauchte, ihre Knie fühlten sich wie Wackelpudding an, gleichzeitig durchströmte sie ein Glücksgefühl, das sie noch nie erlebt hatte. In ihrem Kopf explodierte ein Feuerwerk der Gefühle, das alles andere auslöschte, sogar ihre Zweifel. Vorsichtig kam sie ihm entgegen, als er mit der Zunge in ihren Mund eindrang, kostete von ihm, wie von einem sehr guten Wein. Ihr gesamter Körper vibrierte, dabei prickelte es heftig zwischen ihren Schenkeln. Ein leises Stöhnen entkam ihr, das er mit seinem Kuss aufnahm.

Cameron fühlte sich, als ob er im Paradies gelandet wäre. Natürlich gab es früher schon Frauen in seinen Leben, doch nie hatte er so tiefe Gefühle verspürt. Es war ein Genuss sie einfach in seinen Armen zu halten, aber sie auf diese Weise zu berühren, versetzte ihn in eine andere Welt. In eine, in der nur sie beide existierten. Ihr Geschmack flutete seine Sinne, so wie ihr Geruch vorhin. Alles an ihr stimmte perfekt überein, verriet ihm, dass sie die einzig wahre Gefährtin für ihn war.

Schwer atmend ließ er von ihr ab, sah ihr verliebt in die Augen, gleichzeitig strich er ihr eine Strähne aus dem Gesicht. „Wo hast du dich nur so lange versteckt?"

Verlegen senkte sie den Blick. „Ich bin schon seit einer kleinen Ewigkeit ein Fan von dir, aber bisher habe ich es einfach nicht geschafft, eins deiner Konzerte zu besuchen." Sie wollte ihm den eigentlichen Grund lieber für sich behalten, weil es ihr peinlich war, zuzugeben, dass es um ihre finanziellen Mittel ziemlich bescheiden aussah.

„Egal, jetzt bist du ja da und ich lasse dich nie wieder gehen." Er nahm ihre Hand, um den Handrücken zu küssen, ehe sie den anderen folgten.

An der Bar deutete Cameron auf eine Sitzgruppe, wo bereits der Rest der Gruppe saß. „Sollen wir uns zu ihnen setzen oder willst du woanders sitzen?"

Abby zuckte verlegen mit den Schultern. „Ich möchte euch auf keinen Fall den Abend verderben oder sogar lästig werden. Wenn du gerne mit deinen Freunden etwas trinken willst, gehe ich ins Bett." Sie lächelte ein wenig verkrampft.

Cameron packte ihr Kinn, zwang sie auf diese Weise, ihn anzusehen. „Hat dir der Kuss gar nichts gesagt? Denkst du wirklich, dass das nur ein Gag war? Dass ich lieber mit meinen Kumpels Zeit verbringe?" Traurig schüttelte er den Kopf. „Mir ist es verdammt ernst, bitte glaub mir. Ich brenne darauf, dich kennenzulernen."

Ein Strahlen breitete sich auf ihrem Gesicht aus, gegen das sie überhaupt nichts tun konnte. „In dem Fall setze ich mich gerne zu euch."

Hand in Hand gingen sie zu der Nische rüber, rückten zwei Sessel zurecht, sodass sie nebeneinandersaßen.

„Was möchtest du trinken?" James stand bereits, um ihre Bestellung aufzugeben.

„Ein Mineralwasser bitte."

Sofort protestierte die gesamte Mannschaft.

„Du willst doch nicht den restlichen Abend an einem Wasser nippen, aye?" Blake sah sie mit hochgezogener Augenbraue an.

Chris hob eine Hand. „Ihr seid unmöglich, vielleicht gibt es Gründe, warum Abby keinen Alkohol möchte." Sie sah fragend auf die junge Frau, die sich sichtlich unwohl fühlte.

„Ich denke, es ist für meine Figur besser“, gab sie leise zu.

„Du bist genau richtig, glaub mir bitte.“ Cameron strich ihr sanft über die Wange, weil er die Finger einfach nicht bei sich behalten konnte. „Trink, was du willst, aber niemals aus den falschen Beweggründen heraus.“

Ava sah sie mit einem bezeichnenden Blick an, als sie die Antwort hörte. „Das sag ich dir auch immer, erinnerst du dich? Also los jetzt, fang endlich an zu leben.“

„Ich bin alkoholische Getränke nicht wirklich gewöhnt.“ Abby stieß die Luft aus, sie hasste es, dermaßen im Mittelpunkt zu stehen. „Gibt es vielleicht einen Cocktail, der weniger Umdrehungen hat?“

„Ich schaue, was sich machen lässt.“ James lächelte ihr zu, bevor er zur Bar ging.

Kurz darauf hielt sie einen bunten Drink in der Hand, der in der Tat mehr nach Fruchtsaft als nach Alkohol schmeckte. Trotzdem spürte sie die Wirkung relativ schnell.

„Das Konzert war ein voller Erfolg, es sind einige Anfragen reingekommen“, erzählte Keith jetzt, woraufhin die Jungs sich fröhlich zuprosteten.

„Wenn es so weitergeht, muss ich mir für mein Ice-Climbing einen Geschäftsführer suchen.“ Cameron lehnte sich zurück, dabei legte er einen Arm um Abbys Schultern.

Erstaunt musterte sie ihn. „Du lebst gar nicht von der Musik?“ Die Frage war ihr herausgerutscht, ehe sie darüber nachdenken konnte. „Tut mir leid, das geht mich kaum was an.“

„Doch, meine Gefährtin sollte wissen, wie ich meinen Lebensunterhalt bestreite.“ Offen blickte er sie an. „Ich besitze eine Kletterhalle in *Kinlochleven*, darin gibt es sogar die

Möglichkeit an einer Eiswand zu klettern." Stolz schwang in seiner Stimme mit.

„Du sollest erwähnen, dass du das Geschäft noch nicht so lange betreibst. Vorher hast du dich der Musik verschrieben." Blake betrachtete seinen Bruder einen Moment, bevor er seine Aufmerksamkeit auf Abby richtete. „Unsere Familie hat genug Geld, sodass wir es eigentlich beide kaum nötig haben zu arbeiten."

Jetzt hob sie peinlich berührt die Hände. „Ich hatte keineswegs vor, euch auszufragen und gerade die finanziellen Angelegenheiten gehen mich einen feuchten Kehricht an." Weshalb hatte sie die dumme Frage gestellt? Sie konnte damit nur ins Fettnäpfchen treten.

„Noch mal, als meine Gefährtin hast du jedes Recht, alles über mich zu erfahren. Meine Freunde hier sind wie meine Familie, Blake ist mein Bruder. Also gibt es keinen Grund, dir nicht zu antworten." Cameron drehte ihr Kinn in seine Richtung. „Oder ist es wegen Ava?"

„Ich bin ihre beste Freundin, wir wissen enorm viel voneinander", mischte diese sich energisch ein.

„Das stimmt, allerdings kenne ich dich kaum, mal abgesehen von den Berichten in der Zeitung." Abigail atmete tief durch. „Aktuell komme ich mir vor wie in einem Traum und habe Angst, gleich aufzuwachen."

„Du prescht vor wie ein D-Zug, Alter. Vielleicht lässt du ihr ein wenig Zeit, um dich kennenzulernen?" Murtagh schlug Cameron hart auf die Schulter. „Denk daran, dass sie so einiges erfahren muss."

Jetzt musterte Abby den Mann misstrauisch, war das etwa doch nur ein Scherz? Irgendein dummer Werbegag?

„Wir reden später in Ruhe, versprochen. Inmitten dieser Barbaren ist ein normales Gespräch kaum möglich.“ Natürlich hatte Cameron ihre Unsicherheit sofort gerochen.

„Du bist also ein Fan, das finde ich fantastisch. Wie bist du auf uns gekommen?“ Chris wählte das Thema mit Besonnenheit, weil sie spürte, dass die junge Frau völlig überfordert war.

„Ich habe schon immer einen alternativen Musikgeschmack gehabt. Deshalb war ich auf der Suche nach etwas Außergewöhnlichem. Dudelsack liebe ich, seit ich denken kann. Eines Tages sah ich einen Clip auf YouTube von euch.“ Sie lächelte bei der Erinnerung, damals hatte sie enormen Liebeskummer und die Musik der *Highland Werewolfs* tröstete sie auf eine seltsame Art. „Ich befand mich in einer dummen Lage, in der eure Songs mir Kraft gaben.“ Sie zuckte verlegen mit den Schultern. „Hört sich komisch an, ich weiß, aber so war es.“

Sofort schüttelte Chris den Kopf. „Nein, das ist mit Abstand das bezauberndste Kompliment, das wir jemals bekommen haben. Danke schön.“ Sie schenkte ihr ein Lächeln.

„Wie bist du zur Band gekommen? Ich finde, seitdem du dabei bist, sind sie noch besser geworden.“ Ava mischte sich jetzt auch in das Gespräch ein.

Christine lachte leise auf. „Mein großer Traum war es schon immer, Sängerin zu sein. Mein damaliger Manager hat mich ziemlich über den Tisch gezogen, indem er mich zu einem Auftritt nach Inverness geschickt hat. Dort bin ich nur nie angekommen.“ Sie lehnte sich an ihren Gefährten. „Wegen eines Motorschadens bin ich zu Fuß losgelaufen, mitten in den Highlands. Es kam, wie es kommen musste: Ich habe mich verirrt. Zum Glück bin ich direkt in das Gathering der

MacDonalds gestolpert. Was soll ich sagen? Blake kann sehr überzeugend sein, genau wie Cameron."

Die Brüder lachten.

„Das stimmt, wir wissen eben, was wir wollen." Cameron zwinkerte Abby zu. „Weshalb sollte man warten, wenn man weiß, was gut für einen ist."

„Das hört sich an wie ein Märchen, beneidenswert." Ava schmunzelte, während sie die Freundin ansah. Sie wünschte sich für sie, dass der Musiker es tatsächlich so ernst meinte, wie es den Anschein hatte.

„Woher kommt ihr? Ich würde mal auf England tippen." James betrachtete die beiden neugierig.

„Du hast ins Schwarze getroffen, London, um genau zu sein." Ava war bei dem Thema in ihrem Element, sie liebte die Stadt. „Es ist fantastisch, dort leben zu dürfen. Die ganze Gegend pulsiert vor Geschäftigkeit, außerdem ist man schnell an dem Ort, wo man hinwill."

Jetzt verzog Abby ein wenig das Gesicht. „Um es in einem Satz auszudrücken: Es ist laut, voll und dreckig. Jedenfalls in etlichen Ecken."

„Das klingt, als ob du lieber woanders wohnen würdest." Neugierig wandte sich Cameron an sie.

„Ja, allerdings ist es nicht so einfach. Man benötigt einen Job, darüber hinaus besitze ich keinen Führerschein." Vorsichtig umschiffte sie das leidige Thema Geld. „Irgendwann möchte ich aufs Land, die Highlands faszinieren mich bereits seit meiner Kindheit."

„Das sagst du nur, weil du hier bei uns sitzt", behauptete Keith mit einem Lachen.

„Nein, ehrlich, ich war einmal als Kind am *Loch Ness*, das hat mich beeindruckt. Die Berge, der See und die gesamte Gegend strahlen etwas Mystisches, Geheimnisvolles aus. Darüber hinaus fühlte ich mich auf seltsame Art angekommen." Sie schloss kurz die Augen. „Das ist der Alkohol, der jetzt aus mir spricht. Tut mir leid, dass ich anfange zu schwärmen."

Wieder stand Chris ihr bei. „Das ist völlig in Ordnung, mir ging es ganz ähnlich. Ich bin in Deutschland aufgewachsen, doch als ich letztes Jahr nach *Kinlochleven* kam, hatte ich das Gefühl, als wäre ich endlich nach Hause gekommen." Sie verschwieg wohlweislich, dass es genauso war, denn diese Geschichte würde die Kleine komplett verstören.

Dankbar lächelte Abby ihr zu. „Es ist kindisch, von Mystik und solchen Dingen zu reden. Aber so bin ich nun mal, hoffnungslos romantisch, leider zu naiv und gutgläubig." Nach der Aussage schlug sie sich die Hand vor den Mund, anschließend stellte sie eilig das Cocktailglas ab. So viel hatte sie gar nicht von sich preisgeben wollen. „Ich sollte besser ins Bett gehen, bevor ich noch mehr Unsinn von mir gebe."

Sofort protestierten die Bandmitglieder, während Cameron eine Hand auf ihren Arm legte.

„Ich finde es faszinierend, was du über dich selbst sagst. Ich mag es, wenn jemand sich etwas Kindliches bewahrt. Genauso ist es vollkommen in Ordnung, an Verborgenes zu glauben." Er musterte sie ernst. „Viel zu oft verpassen wir die Wunder um uns herum, weil wir denken, erwachsen sein zu müssen. Außerdem bin ich davon überzeugt, dass es mehr auf der Welt gibt, als die Lehrbücher uns weismachen wollen."

Bei der Aussage räusperte sich Blake vernehmlich, sodass er sofort stoppte.

Neugierig sah Abby zwischen den Brüdern hin und her, bemerkte den stummen Disput, konnte sich allerdings keinen Reim darauf machen. Eilig schob sie es auf den Alkohol, der sich immer deutlicher bemerkbar machte. Noch war sie weit von einem Vollrausch entfernt, trotzdem spürte sie die Wirkung.

„Es ist schön, zu träumen, sich auch unmögliche Sachen vorzustellen. Viel zu lange war ich gezwungen, nur die vorgegebene Realität zu sehen. Habe mich regelrecht in meiner Wahrheit verrannt.“ Christine lächelte versonnen, als sie an ihre erste Begegnung mit Blake dachte. Damals war sie fast vor Angst gestorben.

„Und jetzt? Ich meine, wie siehst du die Welt mittlerweile?“ Ava beugte sich ein wenig vor, da sie die Meinung der Musikerin extrem interessierte.

„Heute weiß ich es besser, ich stelle mir öfter Dinge vor, die für andere unmöglich oder unwahrscheinlich sind. Manchmal werden sie dann sogar wahr. Außerdem bin ich offener für viele Ansichten.“ Sie deutete auf Blake. „Ohne ihn wüsste ich noch immer nicht, wer ich wirklich bin.“

Verstehend nickte die junge Frau. „Es muss schön sein, wenn man seine Dualseele gefunden hat.“

„Da stimme ich dir voll und ganz zu. Es ist unbeschreiblich.“ Cameron blickte jetzt bezeichnend auf Abby, die ihm einen Vogel zeigte.

„Bitte, hör auf zu übertreiben, du kennst mich nur sehr oberflächlich. Nach nur einer Begegnung von Seelengefährten zu sprechen ist unklug.“ Sie schnaubte leise, an Liebe auf den ersten Blick glaubte sie schon lange nicht mehr, dazu war sie zu oft fallen gelassen worden.

Cameron zog sie dichter an sich, bis er bemerkte, dass die Armlehne des Sessels ihm im Weg war. Kurzerhand stand er auf, hob sie hoch, als ob sie kein Gewicht hätte, um sich mit ihr auf dem Schoß wieder hinzusetzen. „Ich meine es ernst, Ealan. Du bist für mich alles, was ich mir wünsche." Um ihre Erwiderung zu stoppen, küsste er sie liebevoll, zog sie fest an sich, dabei interessierte es ihn keineswegs, dass die anderen ihnen zusahen.

„Oh, man sucht euch ein Zimmer", murmelte Blake, woraufhin er ihn nur spöttisch ansah.

„Das sagt der Richtige. Du hast dich auch kaum zurückgehalten, als du Chris getroffen hast", konterte Cameron gekonnt, gleichzeitig hielt er Abby an seinem Platz. „Bitte, bleib einfach hier, ich möchte spüren, dass du da bist."

Kurz kämpfte sie gegen ihre eigenen Bedenken an, doch am Ende musste sie zugeben, dass es ihr gefiel, auf seinem Schoß zu sitzen. Ihre früheren Freunde hatten ihr erklärt, dass sie zu schwer sei. Genüsslich kuschelte sie sich an ihn, kostete jede Sekunde aus.

Das Gespräch rauschte an ihr vorbei, während sie am liebsten in den Mann, der ihre Gedanken beherrschte, hineingekrochen wäre. So intensive Gefühle hatte sie noch nie für einen Menschen gefühlt, nicht mal für ihre Mutter, doch das Verhältnis war gelinde gesagt, distanziert.

Cameron streichelte ihr leicht über den Rücken, sodass sie liebend gerne geschnurrt hätte. Müdigkeit überkam sie, trotzdem tat sie alles, um wach zu bleiben, weil sie keine Sekunde von diesem Zauber verpassen wollte.

„Du bist müde, soll ich dich in dein Zimmer bringen?" Cameron flüsterte ihr die Frage leise ins Ohr.

Damit waren der Abend und wohl auch ihr Traum zu Ende. Ein enttäuschtes Seufzen entkam ihr, was er sehr genau hörte.

Schmunzelnd musterte er sie. „Wir können genauso gut in meine Suite gehen, um die ganze Sache etwas intensiver zu gestalten." Er zwinkerte auf eine Weise, die ihr deutlich sagte, was er da vorschlug.

Ob es der Alkohol war oder die gesamte Situation, die dafür sorgte, dass sie zustimmte, konnte sie nicht so wirklich sagen. Irgendetwas in ihr drängte sie, diesen Schritt mit ihm zu wagen. Vielleicht war das die letzte Chance, ihm nahe zu sein? Wer wusste schon, ob er sie am nächsten Tag überhaupt noch ansah. Selbstverständlich kam ihr der Verdacht, dass er lediglich auf eine schnelle Nummer aus war, doch das war es ihr wert. „Gerne." Sie flüsterte die Antwort nur, und ehe sie Zeit hatte, es sich anders zu überlegen, hob er sie hoch, um sie zum Fahrstuhl zu tragen. Kurz wunderte sie sich über seine Kraft, aber auch den Gedanken schob sie eilig zur Seite. Sie hatte gerade zugestimmt, ihrem großen Schwarm auf sein Zimmer zu folgen! Sie war wahrscheinlich wahnsinnig geworden.

Cameron konnte sein Glück nur schwer glauben, als sie zaghaft zustimmte. Irgendwie hatte er erwartet, dass sie sich zieren würde, sodass er zuerst eine Menge Überzeugungsarbeit leisten musste. Selbstverständlich kam ihm die Idee, dass es am Alkohol lag, denn seine Kleine vertrug tatsächlich kaum etwas. Jetzt sollte es ihm egal sein, die Chance wollte er auf keinen Fall ungenutzt verstreichen lassen, zumal er sowie so nicht plante, sich jemals von ihr zu trennen. Einen Mann gab es in ihrem Leben nicht und für den Rest gab es Lösungen.

Im Fahrstuhl ließ er sie an seinem Körper heruntergleiten, unterdrückte mit aller Kraft ein Stöhnen, als er sie so intensiv spürte, bevor er sie stürmisch küsste.

Verlangend leckte er über ihre Mundwinkel, anschließend drang er mit sanfter Gewalt ein, raubte ihr den Atem, während er ihr den Verstand vernebelte. Immer wieder stieß er sie mit der Zungenspitze an, bis sie ihm zaghaft entgegenkam. Er spielte mit ihr, neckte sie, lockte sie, bis sie genüsslich die Augen schloss und sich ihm ergab. Zufrieden ließ er von ihr ab, kurz darauf öffnete sich die Fahrstuhltür.

Eng umschlungen gingen sie bis zu seinem Zimmer, wo Abby jetzt doch stehen blieb. Unsicher sah sie auf ihn, gleichzeitig sagte ihre innere Stimme, dass es sicherer war, den Rückzug anzutreten. „Vielleicht sollte ich besser gehen."

Cameron hörte deutlich, dass sie bei ihm bleiben wollte, sich allerdings aus irgendeinem Grund nicht traute. „Weshalb? Denkst du wirklich, dass ich nur mit dir spiele? Glaubst du, dass ich lediglich eine Show abgezogen habe?" Bekümmert musterte er sie. „Hältst du mich tatsächlich für ein solches Schwein?"

Die Frage gab den entscheidenden Ausschlag, sofort schüttelte sie den Kopf, sprang über ihren Schatten und ging in den Raum. Neugierig sah sie sich um, dabei musste sie ein wenig schmunzeln. Offensichtlich hatte er nicht geplant, sie herzubringen, denn überall lagen Klamotten herum.

„Tut mir leid, ich bin ziemlich unordentlich." Verlegen strich er sich durch die Haare, anschließend sammelte er schnell die Kleidung ein.

„Kein Problem, ich bin auch keine perfekte Hausfrau“, gab Abby lachend zu. Dieser kleine Fehler nahm ihr einen Teil ihrer Zweifel, und als Cameron sie erneut in seine Arme zog, verpufften die restlichen Bedenken.

Kapitel 4 - Eine heiße Nacht

Vorsichtig drängte er sie zum Bett, während er weiterhin dafür sorgte, dass sie die Welt um sich herum vergaß. Sein innerer Wolf zerrte an seiner Kette, wollte die Gefährtin markieren, ihr seinen Stempel aufdrücken.

Ein leises Knurren entkam ihm, was sie zum Glück mit einem wollüstigen Stöhnen beantwortete.

„Ich tue nichts, was du nicht willst, das verspreche ich dir", murmelte er zwischen zwei Küssen. „Allerdings solltest du mich jetzt sofort stoppen, falls du es ablehnst, mit mir zu schlafen."

Bei den Worten hätte sie am liebsten laut geschrien, weshalb überließ er ihr plötzlich die Entscheidung? Augenblicklich kehrten ihre Bedenken zurück, die weitestgehend der anerzogenen Moral geschuldet waren. Dazu kamen die Selbstzweifel, sodass sie ein kleines Stück abrückte, um ihn richtig ansehen zu können. „Willst du mich nicht?" Ihre Stimme klang heiser vor Erregung, was sie zusammenzucken ließ. Sofort schüttelte sie über ihre Dreistigkeit den Kopf. „Ich benehme mich wie eine Hure, entschuldige. Ich gehe besser." Eilig befreite sie sich aus seiner Umarmung und ging auf die Tür zu.

Noch ehe sie die Klinke herunterdrücken konnte, war Cameron bei ihr. Zärtlich drehte er sie zu sich, sah sie einen langen Moment an, bevor er lächelte. „So habe ich das nicht gemeint.“ Er legte beide Hände an ihre Wangen, zwang sie auf die Weise, ihn anzusehen. „Glaub mir, dass ich dich mehr will als jemals eine Frau zuvor. Genauso wenig halte ich dich für ein leichtes Mädchen, ganz im Gegenteil, ich sehe deine Zweifel deutlich in deinen Augen.“

Verlegen schluckte Abby, auf diese Ansage wusste sie keine intelligente Antwort. „Normalerweise wäre ich direkt in mein eigenes Zimmer gegangen, der Alkohol macht mich leichtsinnig“, gab sie leise zu, gleichzeitig schüttelte sie den Kopf. „Das ist nur die halbe Wahrheit. Irgendetwas hast du an dir, das mich glauben lässt, dass du es ernst meinst.“

Cameron lachte auf. „Ich spiele niemals mit den Gefühlen einer Frau, ehrlich. Du bist in der Tat etwas ganz Besonderes für mich. Liebe auf den ersten Blick, kann man das wohl nennen.“ Er spürte deutlich, dass sie bei dem Geständnis zusammenzuckte.

„Nimm mich besser nicht auf den Arm“, warnte sie ihn. „Du könntest dir einen Bruch heben, außerdem verzeihe ich eine Lüge nur selten.“

„Misstrauischer kleiner Schwan, ich meine es so, wie ich es sage. Es gibt vieles über mich, das du noch nicht weißt, aber ich versichere dir, dass ich ehrliche Absichten habe, was dich angeht.“ Vorsichtig beugte er sich zu ihr herunter, nahm ihren Mund erneut in Besitz, gleichzeitig zeigte er ihr auf diese Weise, was er für sie fühlte.

Für Abby versank in dem Augenblick die gesamte Welt, ihre Zweifel verstummten, während sie sich dicht an ihn schmiegte. Jeder Gedanke daran, jetzt in ihr Zimmer zurückzugehen, verpuffte.

Ohne wirklich von ihr zu lassen, hob er sie auf seine Arme, legte sie auf dem Bett ab, wo er sie noch einmal eindringlich ansah. „Ich werde dir zeigen, was ich für dich empfinde." Mit den Worten zog er sie Stück für Stück aus, als ob er ein wertvolles Paket auspacken würde. In der Tat kam es ihm genauso vor, sie war ein Geschenk, das ihm in den Schoß gefallen war.

Sanft strich er mit den Fingerkuppen über die weiche Haut, die er gekonnt entblößte, bewunderte sie in ihrer gesamten Schönheit, dabei bemerkte er, dass sie dem entsprach, was er sich wünschte. Sie war an den richtigen Stellen gut gerundet, eine Frau, die man anpacken konnte, ohne Angst zu haben, dass sie zerbrechen würde. In seinen Augen glitzerte es gierig, gleichzeitig kämpfte er um seine Beherrschung, damit er seine menschliche Gestalt beibehielt. Auf gar keinen Fall wollte er sie dermaßen erschrecken.

Kurz dachte er daran, dass er ihr erklären musste, was genau er war, doch die Aufgabe schob er eilig von sich.

Als sie nackt vor ihm lag, gönnte er sich einen Moment, um sie einfach nur zu bewundern, bis er bemerkte, dass sie die Luft anhielt. Fragend sah er sie an. „Hast du Angst?" Deutlich roch er die Furcht, aber in ihrem Blick erkannte er, dass es dabei nicht um ihn ging.

Mit einem leisen Seufzen nickte sie. „Ich bin kaum der Traum der Männerwelt", flüsterte sie beschämt.

„Das kommt auf den Mann an, aye?" Cameron lächelte sie an. „Für mich bist du die schönste Frau auf Erden." Er gab ihr keine Zeit, um zu widersprechen, stattdessen schloss er ihren Mund mit einem heißen Kuss.

Seine Hände wanderten an ihren Seiten entlang, tasteten sich bis zu ihren Brüsten vor, die er leicht knetete. Verdammt, sie fühlte sich so gut an, dass ihm ein leises Knurren entkam, zum Glück reagierte sie kaum darauf.

Wieder zog er sich etwas zurück, um sie zu betrachten, dabei strich er mit den Fingerkuppen über ihren Leib, ehe er seine Zungenspitze folgen ließ.

Abby bog sich ihm stöhnend entgegen, in ihr kochte die Lust, sodass sie keine Gelegenheit mehr hatte, auf ihre Zweifel zu hören. Sie sehnte sich danach, ihn in sich zu spüren. Es kam ihr vor, als ob er zaubern könnte, so extrem erregt hatte sie sich noch nie gefühlt. Seine Finger und seine Zunge sandten einen Lustschauer nach dem anderen über ihren Körper. Deutlich spürte sie, dass sie eine Gänsehaut bekam, die bestimmt nicht der Temperatur geschuldet war.

Leise stöhnend hob sie ihr Becken mit der stummen Bitte an, dass er endlich weiterging, aber er dachte gar nicht daran. Ein wenig enttäuscht stieß sie die Luft aus.

„Geduld, meine Schöne, ich möchte das erste Mal mit dir auskosten." Cameron raunte ihr die Worte zu, weil er seiner Stimme kaum mehr traute. Auf keinen Fall wollte er sie mit einem weiteren Knurren oder sogar mit einem wölfischen Wimmern erschrecken. Seine Beherrschung hing am seidenen Faden. Weshalb roch sie so verdammt gut? Er drückte seine Nase an in ihre Halsbeuge, sog ihren Duft tief ein, was ihn noch härter anschwellen ließ. Sein Wolf begehrte auf, er brannte darauf, die Gefährtin endlich als die Seine zu markieren, aber in dem Moment durfte er ihm nicht nachgeben.

Genüsslich leckte er an ihrem Hals entlang, zog eine feuchte Spur über ihre Kehle bis zu ihren Brüsten.

Mit einem spitzbübischen Lächeln sah er sie an, bevor er zart in ihre Nippel biss.

Abigail belohnte ihn mit einem leisen Schrei, anschließend bäumte sie sich so auf, dass er noch besser an sie herankam.

Mit einer Hand knetete er ihre linke Brust, während er fest an der anderen saugte.

Zaghaft zog sie an seinem Hemd, schaffte es, ihre Finger darunter zu schieben, um ihn endlich auch zu berühren. Er fühlte sich so gut an, heiß, hart und weich gleichzeitig. Abby ließ ihre Fingerkuppen über seinen Bauch gleiten, streichelte über seine Seiten, bis zu seinem Rücken. Als er erneut in ihre Nippel biss, krallte sie ihre Fingernägel in die Muskelstränge.

Cameron lächelte sein Wolfslächeln, er liebte es, dass er sie dermaßen erregen konnte, trotzdem löste er sich von ihr. „Du sollst sehen, was dir gehört", flüsterte er, als er ihren enttäuschten Blick bemerkte. „Glaub mir, jetzt höre ich bestimmt nicht mehr auf." Schnell raubte er sich einen Kuss, anschließend stand er auf, streifte sich die Kleider vom Leib und blieb einen Moment vor dem Bett stehen.

Abby betrachtete ihn genüsslich. Ihr gefiel es, dass er durchtrainiert war, Muskeln an den richtigen Stellen besaß, aber keineswegs aufgepumpt wirkte. Seine Haut hatte einen leicht bräunlichen Ton, darüber hinaus war sein Hintern zum Niederknien. Auffordernd streckte sie die Hände nach ihm aus, sie wollte ihn berühren, fühlen, dass er wirklich da war.

Der stummen Bitte kam Cameron sofort nach, zumal auch er keine Sekunde länger warten konnte. Erneut begann er sein erregendes Spiel, leckte über ihre erogenen Zonen, reizte ihre Brustwarzen, anschließend strich er mit der Zungenspitze über ihren Bauch, woraufhin sie die Muskeln anspannte. Deutlich spürte er, dass sie versuchte ihren Bauch einzuziehen. „Lass das, du gefällst mir genauso, wie du bist."

Seine Stimme hatte einen dominanten Klang, was ihr gefiel, sodass sie sich ein wenig entspannte. Es machte sie verlegen, wenn man ihre Pölsterchen berührte, nur bei ihm fühlte es sich gut an. Verlangend spreizte sie die Schenkel, hoffte, dass er endlich ihrer intimsten Stelle Aufmerksamkeit schenkte, wurde allerdings enttäuscht.

Cameron dachte gar nicht daran, sein Spiel so schnell zu beenden. Mit einem leisen, neckenden Lachen leckte er über die Oberschenkelinnenseiten, sparte ihre Scham gekonnt aus. Er wollte sie vor Lust zittern sehen, am liebsten würde er sie betteln lassen, aber das war definitiv zu früh. Kurz hielt er inne, als ihm einfiel, dass er ihr nicht nur seine wahre Identität, sondern auch seine dominant-sadistische Neigung beichten musste. Eilig schob er die Sorgen von sich, einen Schritt nach dem anderen, jetzt plante er, sie zuerst in den siebten Himmel zu katapultieren.

Sanft biss er sie in den Oberschenkel, was sie vor Schreck aufschreien ließ, ehe sie auflachte.

„Du Schuft", stieß sie lächelnd hervor, bevor sie erneut leise stöhnte. Es gefiel ihr, dass er sich so viel Zeit nahm, allerdings stieg die Erregung unaufhaltsam in ihr an.

Endlich hatte Cameron Erbarmen mit ihr, vorsichtig spreizte er ihre Schamlippen, um tief mit der Zunge in ihre Weiblichkeit einzutauchen. Seine Hände hielten ihre Hüften fest, sorgten dafür, dass sie sich nur noch minimal bewegen konnte, was ihre Lust enorm steigerte.

Immer wieder saugte er an ihrem Lustpunkt, entlockte ihr ein kehliges Stöhnen nach dem anderen, während er ihren Geschmack aufnahm. Sie schmeckte fantastisch, sodass er kaum genug von ihr bekam. Erst als er bemerkte, dass sie kurz vor einem Höhepunkt stand, ließ er von ihr ab, schob sich über sie, um sie innig zu küssen.

Abby klammerte sich an ihn, als ob sie ertrinken würde, gleichzeitig stieß sie enttäuscht die Luft aus. Sie hatte ihre Erlösung bereits erahnen können, dass er ausgerechnet jetzt stoppte, fühlte sich an, als ob er einen Eimer Eiswasser über ihr ausgeschüttet hätte. Noch ehe sie etwas sagen konnte, küsste er sie mit derselben Leidenschaft, mit der er ihr Lust bereitete. Zum ersten Mal schmeckte sie sich selbst, woraufhin sie ihre Ängste für den Augenblick vergaß.

Eifrig kam sie seiner Zunge entgegen, lieferte sich ein Duell, bei dem sie zu gerne verlor.

Schwer atmend ließ er von ihr ab und im gleichen Moment kehrten die Zweifel zurück. „Habe ich etwas falsch gemacht?" Bei der Frage hielt sie die Luft an.

„Nein, Ealan, wie kommst du nur darauf? Ich möchte nur nicht, dass es so schnell vorbei ist." Er küsste sie auf die Nasenspitze. „Ich liebe es, mit deiner Gier zu spielen."

Erleichtert lächelte sie ihn an, anschließend rieb sie sich an ihm. „Ich stehe dir gerne zur Verfügung."

Ihre Worte zusammen mit dem Gefühl, sie so bereit unter sich zu spüren, brachte ihn erneut an den Rand seiner Beherrschung. Vorsichtig ließ er eine Hand zwischen ihre Leiber gleiten, stimulierte ihren Lustpunkt, bis sie laut aufstöhnte, erst jetzt drang er in sie ein.

Stück für Stück schob er sich in sie, weitete sie, bis er sicher war, dass sie ihn problemlos aufnehmen konnte. Trotzdem blieb er langsam, bewegte sich nur wenig, bis sie ihr Becken auffordernd anhob.

Lächelnd biss er ihr in den Hals, künftig wollte er ihr beibringen, ihre Wünsche deutlich zu äußern.

Cameron freute sich auf die Zukunft mit ihr, dabei hegte er keinerlei Zweifel, dass sie auch seine speziellen Neigungen akzeptieren würde. Bei seinem Bruder war es ja genauso.

Eilig schob er die Überlegungen zur Seite, um sich wieder voll und ganz seiner Gefährtin zu widmen. Tief stieß er in sie, sorgte dafür, dass sie keinen klaren Gedanken mehr fassen konnte, gleichzeitig massierte er ihren Lustpunkt. Gekonnt trieb er sie auf die Klippe zu, hielt sie eine Weile auf Spannung, bis er ihr die Erlösung erlaubte. Die Macht über ihre Lust zu besitzen, turnte ihn dermaßen an, dass er es keine Sekunde länger schaffte, sich zurückzuhalten.

In dem Moment, in dem sie sich verkrampfte, kam er mit einem dumpfen Grollen. Ohne darüber nachzudenken, verströmte er sich in ihr, bis ihm sein Geruchssinn sagte, dass sie einen ihrer fruchtbaren Tage hatte. Kurz schloss er die Augen, wieso hatte er sich so unglaublich dämlich verhalten? Doch dann kam ihm die Erkenntnis, dass es keine Rolle spielte. Er wollte Nachwuchs und sie würden auch nach dieser Nacht zusammenbleiben. Bei der Vorstellung, eine Tochter oder einen Sohn mit Abby zu bekommen, schlich sich ein zufriedenes Schmunzeln auf sein Gesicht. Es war zwar nicht gesagt, dass es sofort klappte, aber es war kein erschreckender Gedanke für ihn.

Erschöpft ließ er sich auf sie sinken, bis sie leise stöhnte. Augenblicklich rollte er sich von ihr, nur um sie im gleichen Moment fest in seine Arme zu ziehen. „Du bist der Wahnsinn."

Dankbar kuschelte sie sich an ihn. „Das Kompliment gebe ich gerne an dich zurück." Abby war kaum in der Lage, die Augen offenzuhalten, immerhin war sie seit fünf Uhr in der

Frühe auf den Beinen. Egal, wie hart sie dagegen ankämpfte, am Ende schlief sie eng an Cameron geschmiegt ein.

Cameron betrachtete sie noch eine ganze Weile, als Werwolf brauchte er nur selten Schlaf, außerdem genoss er es zu sehr, sie an seiner Seite zu haben. Zufrieden malte er sich ihre Zukunft aus, dabei streifte ihn erneut der Gedanke, dass sie schwanger sein könnte. Natürlich musste er ihr die Wahrheit über sich in dem Fall viel schonungsloser mitteilen, trotzdem gefiel ihm die Vorstellung.

Es dämmerte bereits, als er in einen tiefen Schlummer fiel und von einer rosigen Zeit mit seiner Gefährtin träumte.

~~°~~

Als Abby am nächsten Morgen aufwachte, prasselten sämtliche Selbstzweifel auf sie ein. Was hatte sie bloß geritten, so willig mit dem Musiker ins Bett springen? Er musste sie ja für komplett untervögelt halten! Zu allem Überfluss war sie auch noch allein. Entsetzt schloss sie die Lider, wahrscheinlich fand sie gleich eine Nachricht von ihm auf dem Tisch, dass er schon abgereist war und sich melden würde. Nur auf einen Anruf oder einen Brief konnte sie ewig warten, er kannte ja nicht mal ihren Nachnamen.

Ohne weiter nachzudenken, sprang sie auf, streifte hektisch ihre Klamotten über, ehe sie aus der Suite rannte.

Mit Tränen in den Augen stürmte sie in ihr eigenes Zimmer, wo Ava bereits ihre Tasche packte.

„Gut, dass du da bist, unser Flug geht in drei Stunden. Du solltest dich beeilen, es sei denn, du ziehst es vor, mit Cameron zu fahren.“ Mit einem Lachen sah sie die Freundin an, doch das blieb ihr im Hals stecken. „Du lieber Himmel, was ist passiert? Hat der Mistkerl dir wehgetan?“

In der gleichen Sekunde brach Abigail in Tränen aus, während sie stockend erzählte, wie sie alleine aufgewacht war. „Er hat ... mich ... am Ende nur ... benutzt“, stieß sie hervor.

„Sicher, dass er nicht nur das Frühstück geholt hat oder so was?“ Ava war nicht in der Lage, sich vorzustellen, dass der Musiker so eine Show abgezogen hatte. Einen One-Night-Stand hätte er einfacher haben können.

Verlegen zuckte Abby mit den Schultern, gleichzeitig riss sie sich eisern zusammen. Es brachte niemandem etwas, wenn sie hier herumheulte. „Keine Ahnung, ich bin sofort verschwunden, ehe er mich höflich hinauskomplimentieren konnte.“ Sie schluckte schwer, unterdrückte jede Hoffnung, dass es sich um einen Irrtum handelte, und warf hastig ihre Kleider in ihre Tasche. Genau genommen hatte sie nicht mal darauf geachtet, ob seine Sachen noch im Zimmer gewesen waren. Schnell schüttelte sie über sich selbst den Kopf, sie wusste doch von Anfang an, dass es lediglich ein Abenteuer werden würde. Wieso tat es dann so unendlich weh?

Sie drängte Ava sich zu beeilen, sodass sie keine fünfzehn Minuten später auscheckten. Natürlich fühlte sie sich fürchterlich klebrig, außerdem hatte sie das Gefühl, Cameron an sich riechen zu können, aber sie verzichtete liebend gerne darauf, ihm in der Lobby zu begegnen.

„Man könnte meinen, dass du auf der Flucht bist, nicht mal Zeit zum Duschen oder Frühstücken hast du dir genommen“, beschwerte Ava sich, als sie im Zug saßen. „Ist er vielleicht über deine Grenzen getrampelt? Hat er dir weh getan?“

Energisch schüttelte Abby den Kopf. „Nein, er hat sich völlig korrekt benommen, ich möchte auf keinen Fall riskieren, den Flug zu verpassen.“ Ihr war bewusst, dass ihre Freundin ihre Aussage als Lüge erkannte, trotzdem ließ sie sich zu keiner Entschuldigung hinreißen. Sie wollte so schnell wie möglich in ihre Wohnung zurück, damit es ihr nicht das Herz zerriss. Ein Trugschluss, wie ihr sofort klar wurde: Cameron fehlte ihr jetzt schon. Verdammt, weshalb hatte sie ihrer leichtsinnigen Ader nachgegeben?

Im Flugzeug tat sie so, als ob sie schlafen würde, um den Fragen ihrer Freundin zu entkommen, die die Welt nicht mehr verstand, aber das ging ihr ganz genauso. Warum fühlte sie sich, als hätte sie Cameron verraten? Liebeskummer war ihr durchaus bekannt, nur das, was sie gerade durchmachte, tat tausend Mal schlimmer weh. So tief konnten ihre Gefühle doch gar nicht sein, sie kannte den Mann ja nur oberflächlich.

Ava bestand darauf, sie bis zur Haustür zu begleiten, dabei sah sie sie immer wieder fragend an, verbiss sich allerdings die Neugier. „Ruf mich an, wenn du mich brauchst.“ Mit den Worten umarmte sie Abby, wartete, bis sie im Hausflur verschwunden war, und machte sich auf den Heimweg.

In ihrem Schlafzimmer angekommen warf Abigail ihre Tasche in die Ecke, ehe sie sich ins Bett verkroch, um ihren Tränen freien Lauf zu lassen. So hatte sie sich den Trip bestimmt nicht vorgestellt. Wobei sie am Ende sogar selbst schuld war, niemand hatte sie gezwungen, mit Cameron MacDonald zu schlafen.

~~°~~

Verwundert hörte Cameron die Tür, als er unter der Dusche stand, nur konnte er sich keinen Reim darauf machen. Als er das Bett verlassen hatte, schlief seine Kleine noch tief und fest. Die Zeit wollte er nutzen, ehe er das Frühstück aufs Zimmer bestellte.

Kurz kam ihm die Idee, dass einer der anderen Jungs zu ihm rübergekommen war, aber sie wussten ja, dass er Gesellschaft hatte. Ein ganz dummes Gefühl kroch in ihm hoch, das immer drängender wurde. Eilig stellte er das Wasser aus, schlang ein Handtuch um die Hüften, bevor er ins Schlafzimmer rannte. Fassungslos starrte er auf das leere Bett. Weshalb war sie gegangen? Auch noch, ohne irgendetwas zu sagen?

In Gedanken ging er die letzte Nacht durch, hatte er ihr unbewusst wehgetan oder etwas Unpassendes gesagt? Ihm fiel partout nichts ein, außerdem wurde ihm bewusst, dass er wertvolle Zeit verschwendete. In Windeseile trocknete er sich ab, zog sich an und war innerhalb von Sekunden auf dem Gang vor seinem Zimmer. Hier griff er auf seine Wolfsgene zurück, womit er ihre Spur sofort aufnahm. Wie ein Spürhund folgte er dem unverwechselbaren Geruch, bis zum Aufzug, doch leider quoll gerade eine ganze Gesellschaft aus der Kabine, die eine Bustour durch Schottland unternahmen, sodass Abbys Duft überlagert wurde. Enttäuscht ging er den Flur entlang, versuchte erneut ihre Fährte aufzunehmen, aber das war unmöglich angesichts der vielen Leute. Lediglich der brennende Gestank von Verzweiflung vor seiner Suite hing in der Luft. Was war nur passiert?

In seinem Zimmer sammelte er seine Sachen zusammen, die Lust auf ein Frühstück war ihm gründlich vergangen. Missmutig setzte er sich auf einen Sessel, dabei sah er sich im Raum um, ob sie vielleicht eine Nachricht hinterlassen hatte.

Als er keine Spur von ihr fand, sank auch sein Mut, so wie es aussah, glaubte sie ihm kein Wort. Sie ging offensichtlich davon aus, dass es eine nette Stippvisite gewesen war, von einer gemeinsamen Zukunft weit entfernt.

Cameron runzelte die Stirn, sie war ihm nicht vorgekommen, wie eine Frau, die sich auf einen One-Night-Stand einließ, oder hatte sie die ganze Zeit Theater gespielt? Das schloss er sofort aus, eine Lüge hätte er ohne Probleme gerochen, das war ein Vorteil seiner Gestaltwandlergene. Er verstrickte sich immer tiefer in seinen Gedanken, nur eine Antwort fand er nicht.

Als es klopfte, rannte er von einer wahnsinnigen Hoffnung getrieben zur Tür, doch es war lediglich Blake. „Ach du bist es."

Allein an der Stimme seines Bruders erkannte dieser, dass etwas fürchterlich schief gegangen war. „Was ist los?" Suchend blickte er sich um, wusste aber im nächsten Augenblick, dass sich die Kleine bereits verabschiedet hatte.

„Sie ist weg, ohne ein Wort." Cameron atmete durch. „Offensichtlich bin ich nicht überzeugend gewesen. Vielleicht hat das Schicksal sich getäuscht." Jetzt kämpfte er gegen die Tränen an, die in seinen Augen brannten. Er fühlte sich, als ob jemand sein Herz herausgerissen hätte.

„Eventuell will sie sich nur umziehen? Oder in Ruhe duschen?" Blake zuckte mit den Schultern, während sein Bruder leicht mit dem Kopf schüttelte.

„In dem Fall wäre sie längst zurück. Mein Gefühl sagt mir, dass sie regelrecht geflohen ist. Riechst du es nicht?" Hektisch wedelte er mit den Händen durch die Luft.

Blake schnupperte. „Du hast recht, sie war extrem verzweifelt, aber weshalb? Warte ab, eventuell hat sie schlechte Nachrichten bekommen und meldet sich wieder." Er konnte die Hoffnungslosigkeit in Camerons Augen kaum ertragen, allerdings ahnte er, dass Abby wegen seines Bruders weggelaufen war.

Kapitel 5 - Verzweiflung

Gemeinsam mit seinen Freunden räumte Cameron die Instrumente in den Van, dabei riss er sich enorm zusammen, um seine kühle Miene zu bewahren. Am liebsten hätte er den Kopf in den Nacken gelegt, um seinen Liebeskummer in den Himmel zu heulen. Zu allem Überfluss schien heute die Sonne, so als ob sie ihn verhöhnen wollte.

Sofort musste er daran denken, wie gerne er mit Abby jetzt auf den Calton Hill gestiegen wäre. Sie fest in seinem Arm hätte die Aussicht noch atemberaubender gemacht.

Eilig schüttelte er die Träumereien von sich, sie war weg! An dem Punkt gab es nichts zu rütteln.

Auch auf der Fahrt nach *Kinlochleven* blieb er einsilbig, starrte aus dem Fenster, während er überlegte, was genau schiefgelaufen war. Ihm fiel einfach keine Begründung ein.

„Sie wird sich melden, daran glaube ich fest“, bemerkte Keith, der die Stille nicht länger aushielt.

„Klar.“ In Camerons Stimme klang der Spott deutlich mit. „Sie wird wahrscheinlich schon an meinem Haus auf mich warten.“ In seiner Trauer flüchtete er sich in Sarkasmus.

Murtagh schüttelte leicht den Kopf. „Du solltest langsam deinen Verstand einsetzen. Wann ist eine Gefährtin aufgetaucht, um sofort wieder zu verschwinden?“ Er stieß ihn freundschaftlich mit der Schulter an.

Düster blickte Cameron ihn an. „Bei Richie.“

Die Geschichte des Wächters kannte er, da sein Cousin auch zu der Gruppe gehörte, die ausgetickte paranormale Wesen einfing. Andererseits kümmerten sie sich um die Menschen, die zu viel von der magischen Welt mitbekommen hatten. Die Normalen wussten, bis auf ein paar Ausnahmen, nicht, was neben ihnen alles existierte, dabei handelte es sich bei den Gestaltwandlern noch um die harmloseren Spezies.

„Du weißt genau, dass seine Gefährtin damals mehr oder weniger gezwungen wurde. Man hat sie erpresst und sie ist aus Angst davongelaufen. Glaubst du, dass das jemand bei Abby geschafft hat? Während sie in deinem Bett gelegen hat?" Spöttisch sah James ihn durch den Rückspiegel an. „Eventuell hast du ja Feinde, von denen wir nichts wissen?"

Mit mürrischer Miene zuckte Cam mit den Schultern. „Keine Ahnung, vielleicht hat von früher einer überlebt? Immerhin bin ich der Piper unseres Clans. Derjenige, der alle zusammenholt, wenn Not am Mann ist."

Wieder stieß Murtagh ihn an. „Das ist uns bekannt, wir kennen die Posten. Trotzdem ist es weit hergeholt, aye? Du warst erst sieben Jahre alt, als die Sassenachs unsere Leute abgeschaltet haben."

Dem musste er zustimmen, die Verbindung war in der Tat an den Haaren herbeigezogen. „Es war ein mieser Verrat, wie du genau weißt."

Abwehrend hob Keith eine Hand. „Es ist unnötig, unsere Geschichte durchzukauen."

Dem stimmte Cameron uneingeschränkt zu, ihre Vergangenheit zog ihn nur noch weiter runter, zumal Abby zu den Sassenachs, den Engländern gehörte. Seufzend lehnte er sich zurück, schloss die Lider, nur um sofort ihr Lächeln zu sehen. Verdammt, er musste sie finden.

„Ruf den Veranstalter an. Du weißt doch, auf welchem Platz sie gesessen hat, richtig?" Blake sah seinen Bruder eindringlich an. Sie hatten gemeinsam den Van entladen, anschließend waren sie zu seinem Haus gefahren.

Cameron überlegte kurz, natürlich erinnerte er sich genau an den Moment, als er sie gesehen hatte. „Sicher, nur was sollte das bringen? Sie ist ohne ersichtlichen Grund gegangen."

„Du willst aufgeben? Das ist nicht dein Ernst. Vielleicht hat sie eine schockierende Nachricht bekommen und braucht dich jetzt?" Chris sah ihren Schwager mit einer Mischung aus Unglauben und Mitleid an. Sie selbst musste eine solche Trennung zwar nie mitmachen, wusste aber von Blake, wie schlimm es für die Gestaltwandler war, ihre Lebensgefährten zu verlieren. Viele erholten sich nie wieder davon.

„Sie kann mich jederzeit über die E-Mail-Adresse der Band anschreiben. Glaubst du wirklich, dass sie das vergisst?" Müde rieb Cameron sich über die Augen. „Die Wahrheit ist, dass sie mich verlassen hat."

„Das ist Blödsinn! Du hast die Verzweiflung doch auch gerochen, hast mich sogar darauf aufmerksam gemacht." Blake runzelte die Stirn, irgendetwas übersahen sie. „Weshalb sollte sie dermaßen niedergeschlagen sein, wenn sie feststellt, dass sie keine Gefühle für dich hegt?"

Kraftlos zuckte Cameron mit den Schultern. „Ich habe keine Ahnung. In der Nacht hätte ich schwören können, dass sie glücklich ist." Heimlich wischte er eine Träne weg, die er nicht länger zurückhalten konnte.

Chris rückte näher an ihn heran, um ihn in den Arm zu nehmen. „Wir finden einen Weg, ganz sicher." Sie überlegte einen Augenblick. „Was wissen wir?"

„Sie heißt Abigail, kommt aus London und ist ein Fan. Fertig, mehr ist da nicht." Jetzt hätte er sich am liebsten selbst geohrfeigt, weil er vergessen hatte, sich nach ihrem Nachnamen zu erkundigen.

Erstaunt hob Blake eine Augenbraue. „Du hast sie ohne ein Gespräch ins Bett gezerrt? Das ist so typisch für dich. Immer mit dem Kopf voran in den Schlamassel."

„Ich bin davon ausgegangen, dass wir den Rest unseres Lebens zusammen verbringen, weshalb sollte ich da Zeit mit Fragen verschwenden", verteidigte er sich sofort.

„Vielleicht würde es uns jetzt weiterbringen? Außerdem zeigt es Interesse an der Person. So muss sie ja annehmen, dass sie für dich doch nur ein One-Night-Stand war." Blake blaffte seinen Bruder an, allerdings nur, weil es ihm ins Herz schnitt, dass er so leiden musste.

Getroffen zuckte Cameron zusammen. „Glaubst du das wirklich? Ist sie weggegangen, weil sie dachte, ich spiele mit ihr?" Der Gedanke war ihm zwar bereits gekommen, aber bisher hatte er ihn energisch von sich geschoben.

„Kann sein", murmelte Blake. „Jetzt kommt es darauf an, sie wiederzufinden." Er hielt einen Moment inne, als ihm ein Verdacht kam. „Du hast ihr doch nicht erzählt, dass wir Gestaltwandler sind, aye?" Seine Stimme bekam einen panischen Klang.

„Nein, so unsensibel bin ich auch wieder nicht. Das hätte sie sofort in die Flucht getrieben." Cameron schüttelte den Kopf. „Ach übrigens, Liebes, ich bin ein Werwolf, ist aber kaum von Bedeutung, lass uns eine heiße Nacht miteinander verbringen."

Chris hob beide Hände. „Es reicht, ihr Streithähne! Niemand nimmt an, dass du dermaßen plump bist, dazu kennen wir dich zu gut.“ Sie lächelte ihren Schwager an. „Wir wissen, wie charmant du sein kannst. Die Idee, dass du ihr von unserer Welt erzählt hast, ist allerdings genauso wenig zu weit hergeholt.“

Zerknirscht stimmte er zu, oft genug platzte er unbedacht mit Informationen heraus, nur in seiner Position als Piper war er mehr als vorsichtig.

„Vielleicht sollten wir dich alleine lassen? Irgendwie kommen wir gerade keinen Schritt weiter.“ Blake musterte seinen Bruder, aktuell schaffte er es nur schwer, ihn einzuschätzen.

Zaghaft nickte Cameron, nur um sofort den Kopf zu schütteln. „Da ist noch etwas.“ Verzweifelt fuhr er sich durch die Haare. „Sie könnte schwanger sein.“ Weshalb ihm das in dem Augenblick einfiel, wusste er auch nicht, doch die Tatsache, brachte ihre gesamte Gesellschaft in Gefahr. Er wollte sich keineswegs ausmalen, was passierte, sollte sie einen Werwolf zur Welt bringen.

„Was? Das sagst du jetzt erst?“ Blake sprang auf, lief durch das Wohnzimmer, bis Chris ihn an ihre Seite zog. „Warum hast du deinen Geruchssinn nicht eingesetzt?“

„Das habe ich, sonst wüsste ich ja wohl kaum, dass sie ihre fruchtbaren Tage hatte“, fauchte Cameron zurück, wobei ihm die Tränen in die Augen traten. „Noch mal, ich bin davon ausgegangen, dass wir zusammenbleiben. Ich habe mir sogar ausgemalt, wie es sein wird, Nachwuchs zu bekommen.“ Hektisch fuhr er sich mit den Handflächen über die Lider.

Blake stand auf, zog seinen Bruder von der Couch hoch, um ihn fest in die Arme zu nehmen. „Es tut mir leid, Cam. Ich ertrage es nur schwer, dich so niedergeschlagen zu sehen", flüsterte er ihm zu.

Einen Moment ließ Cameron sich von ihm trösten, bevor er ihn von sich schob. „Danke, ich weiß, dass du immer für mich da bist, aber ich bin erwachsen."

Sie setzten sich wieder und jeder überlegte, was zu tun war.

„Es bleibt uns nur eine Möglichkeit: Wir müssen David verständigen." Blake schluckte, denn die Option seinen Cousin in die Sache hineinzuziehen, wollte er sich gerne bis zum Schluss aufheben.

„Auf keinen Fall, er schafft sie nur in sein dummes Krankenhaus, damit sie sich nicht mehr an mich erinnert. Dort bringen sie auch mein Kind um, sollte sie schwanger sein", begehrte Cameron auf.

Chris sah ihn entsetzt an, sie wusste zwar von den Wächtern, hatte sie bisher aber als gerecht eingeschätzt. „Bist du dir da sicher?"

„Das ist Schwachsinn, das weißt du. David würde niemals zulassen, dass du völlig verzweifelst. Er und seine Jungs sind hart, allerdings nie grausam." Blake schüttelte energisch den Kopf. „Denk nach, in unserer Kindheit haben wir oft miteinander gespielt, wir sind eine Familie."

Seufzend gab Cam ihm recht. „Stimmt, trotzdem habe ich fürchterliche Angst, dass etwas noch Schlimmeres passiert." Er holte tief Luft. „Ich rufe ihn an." Mit den Worten angelte er nach dem Smartphone, das auf dem Tisch lag. Seine Finger zitterten, als er die Nummer seines Cousins aufrief, gleichzeitig schossen ihm so ziemlich alle Horrorgeschichten durch den Kopf, die zutreffen konnten.

„Hey, Cameron, schön, dass du dich meldest."

Davids Stimme klang in der Tat so erfreut, dass die Brüder sich kurz ansahen. Sie riefen sich wirklich viel zu selten an.

„Blake ist bei mir und beim Telefon ist der Lautsprecher eingestellt." Er beugte sich etwas vor, da er das Gerät auf den Tisch zurückgelegt hatte. „Ich hätte früher anrufen sollen, ohne einen zwingenden Grund." Es war klar, dass er Zeit schindete.

„Das gilt für uns alle, Kumpel. Ich denke zwar an euch, aber oft hört ihr auch nicht von mir." David ging auf das Geplänkel ein.

„Ich habe ein Problem, allerdings brauche ich dein Wort, dass du sie zu mir bringst", stieß Cameron hervor.

Der Wächter horchte auf. „Vielleicht erzählst du mir die Geschichte von vorne, damit ich in der Lage bin, dir zu folgen?"

„Nein, zuerst schwörst du mir, dass Abby auf keinen Fall bei deinen Ärzten landet." Cam schrie es fast, so sehr fürchtete er sich davor, dass seiner Kleinen die Erinnerung an ihn genommen werden würde.

„Beruhige dich, Cam, ich tue, was in meiner Macht steht, das verspreche ich. Alles andere kann ich erst sagen, wenn ich weiß, um was es geht." Davids Stimme bekam einen harten Klang. „Du kennst unsere Gesetze."

„Er ist in einer wirklich beschissenen Lage und stirbt vor Angst, dass du seine Gefährtin ins Krankenhaus bringst", mischte sich Blake ein.

„Warum, um Himmels willen, sollte ich das tun? Hey, ich freue mich, dass du jemanden gefunden hast." David verstand gar nichts mehr, darüber hinaus traf es ihn, dass sein Cousin so fies von ihm dachte.

Blake gab seinem Bruder einen leichten Stoß in die Seite. „Erzähl es ihm, los jetzt."

Seufzend stimmte er zu, er fing mit dem Konzert an. „Und zu allem Überfluss könnte es sein, dass sie schwanger ist." Damit beendete er seinen Bericht.

„Das ist eine echte Glanzleistung, mein Lieber, aber du hast richtig gehandelt, indem du mich angerufen hast. Ich versichere dir, dass wir sie zu dir bringen, sobald wir sie gefunden haben. Sollte sie die Möglichkeit einer Operation allerdings vorziehen, was ich kaum glaube, stellt sich ihr niemand in den Weg."

Man hörte deutlich, dass David da keinen Ausweg zuließ. Am Ende war es Abbys Entscheidung.

„Damit kann ich leben, ich schaffe es, sie zu überzeugen, bei mir zu bleiben." Cameron schöpfte Hoffnung, allein der Gedanke, dass er seine Gefährtin bald wieder in die Arme schließen konnte, hob seine Stimmung ungemein.

„Das glaube ich auch, zumal keiner weiß, weshalb sie so überstürzt geflohen ist." Blake nickte seinem Bruder mit einem Lächeln zu.

„Ich würde es gerne mal erleben, dass einer von uns seine Dualseele bekommt, ohne einen Haufen Schwierigkeiten." David seufzte gespielt theatralisch. „Jetzt mache ich mich erst mal auf die Suche. Mailt mir bitte alle Daten, die ihr habt, angefangen von dem Platz, auf dem sie gesessen hat, bis zum Hotel. Ich denke, wir sehen uns Ende der Woche."

„Danke!" Mehr brachte Cameron nicht heraus, die Hoffnung schnürte ihm die Kehle zu.

„Du hast wirklich etwas gut, David. Solltest du uns jemals brauchen, sag einfach Bescheid." Blake lächelte leicht. „Aber das weißt du ja." Die Familie stand bei ihnen an erster Stelle.

„Ist mein Job und in dem Fall tue ich es sogar gerne. Bis die Tage." David verabschiedete sich, anschließend gingen die Brüder den letzten Abend noch mal durch, um auch ja kein Detail zu vergessen.

Mit ein wenig Glück würde Cameron Abby schon bald wieder in seine Arme ziehen.

~~°~~

Für Abigail verging der Tag im Schneckentempo, sie zwang sich zu lächeln und so zu tun, als ob es sie ein wunderschönes Wochenende erlebt hätte. In ihrem Inneren hatte sich eine Kälte ausgebreitet, die sie ständig frösteln ließ, obwohl die Sonne schien.

„Sie haben sich hoffentlich keine Erkältung in Schottland geholt." Ihr Chef musterte sie misstrauisch, gleichzeitig hörte sie seine Missbilligung aus seiner Stimme heraus. Er war der Meinung, dass das Nachbarland barbarisch war.

„Nein, es geht mir gut." Kühl hielt sie seinem Blick stand, etwas, das sie früher nie gewagt hatte, allerdings war ihr schlichtweg alles egal.

Sie vegetierte vor sich hin, bekam kaum mit, was um sie herum geschah und hoffte, dass der Liebeskummer mit der Zeit erträglicher wurde. Am Abend rief Ava an, aber sie wimmelte sie mit einer laschen Entschuldigung ab. Sie konnte noch nicht über Cameron reden, selbst an seinen Namen zu denken, zerriss ihr das Herz.

Warum hatte sie sich auf ihn eingelassen? Sie wusste doch genau, dass sie nicht die Qualitäten besaß, um einen Mann wie ihn zufrieden zu stellen. Ganz kurz kam ihr der Gedanke, dass er tatsächlich lediglich geduscht hatte. Hatte sie vielleicht sogar das Wasser rauschen hören? Sofort schob sie die Hoffnung zur Seite, er war ein bekannter Musiker und sie ein Mauerblümchen.

Die nächsten zwei Tage vergingen, aber der Schmerz blieb unverändert, die Welt um Abby versank in einem grauen Nebel, den niemand durchdringen konnte. Wie immer räumte sie abends das Büro auf, leerte die Mülleimer aus, ehe sie die Blumen goss. Weshalb sollte sie aufbegehren? Zu Hause wartete nur die Einsamkeit auf sie.

Im Gegensatz zu der Zeit vor dem Konzert schaffte sie es jetzt nicht länger, die Songs der *Highland Werewolfs* zu genießen. Sogar andere Lieder verstärkten ihren Kummer, deshalb ließ sie ihre Musikanlage aus. Musik hatte ihr so oft geholfen, nur nachdem sie ihrem Traum so nahe gewesen war, holten viele Klänge Erinnerungen hoch, die einfach nur wehtaten.

Abigail aß auch kaum noch etwas, sie hatte keinen Appetit mehr, stattdessen lag sie oft auf der Couch, um die Decke anzustarren. Immer wieder musste sie daran denken, dass sie sich selbst alles kaputtgemacht hatte, trotzdem schaffte sie es nicht, über ihren Schatten zu springen und Cameron eine Mail zu schreiben. Was würde er wohl von ihr halten? Wahrscheinlich hatte er sich bereits mit einer anderen getröstet.

Sofort kamen ihr Zweifel, seine Stimme erklang in ihrem Inneren, während er beteuerte, dass er sich verliebt hatte. Seufzend schob sie die Erinnerungen von sich, gleichzeitig redete sie sich ein, dass sie für ihn kaum ausreichend war.

Ein Klingeln an der Tür sorgte dafür, dass sie den Kopf hob, nur um ihn gleich wieder sinken zu lassen.

Sie hatte nichts bestellt, erwartete keinen Besuch und wollte auch niemanden sehen! Egal, wer es war, er würde nach einer Weile bestimmt verschwinden.

Es klingelte erneut, anschließend hämmerte jemand gegen die Haustür. „Abigail, wir wissen, dass Sie da sind, öffnen Sie die Tür."

Wow, das klang fast, als ob es sich um die Polizei handelte. Angst kroch ihr den Rücken hoch, vielleicht war Ava etwas passiert oder ihren Eltern. Eilig erhob sie sich, um die Tür aufzureißen, umso erstaunter war sie, dass vor ihr zwei Männer sowie eine Frau standen. Keinen davon kannte sie, genauso wenig waren es Polizeibeamte!

Kapitel 6 - Die Wächter

„Wer sind Sie?“ Unsicher starrte sie das Trio an, gleichzeitig musste sie sich zusammenreißen, um ein Stottern zu unterdrücken.

„Entschuldigung, dürfen wir vielleicht reinkommen? Hier auf dem Flur lässt es sich schlecht reden.“ Die Frau schenkte ihr ein freundliches Lächeln, dabei fiel ihr auf, dass sie wunderschön war. Schlank, durchtrainiert, doch das Außergewöhnliche war, dass sie ausstrahlte, wie glücklich sie war.

„Nein! Ich kenne Sie nicht mal. Entweder Sie sagen mir, was Sie wollen, oder Sie gehen sofort wieder.“ Energisch stemmte sie die Hände in die Seiten.

„Tut mir leid, aber für so ein Geplänkel habe ich keine Nerven.“ Der Mann mit den gescheckten Haaren schob sie mit sanfter Gewalt in den Flur zurück, woraufhin die beiden anderen ihm folgten.

Jetzt kroch Abby die Angst über den Rücken, vielleicht waren es Einbrecher? Nur weshalb sollten sie zu ihr kommen? „Ich rufe die Polizei, wenn Sie nicht sofort verschwinden“, rief sie, doch in ihrer Stimme hörte man deutlich die Panik heraus.

„Das ist unnötig, Cameron schickt uns. Ich bin übrigens sein Cousin, David. Das ist meine Frau Emily und mein bester Freund Logan." Der Mann lächelte sie an. „Freut mich, dich kennenzulernen. Der Kleine ist ziemlich durch den Wind."

Irritiert sah Abby von einem zum anderen, während sie versuchte zu verstehen, was der Kerl gerade gesagt hatte. „Das ist ein dummer Scherz, oder?"

„Nein, er hat uns beauftragt, dich zu finden, weil wir bessere Möglichkeiten haben." Emily nickte ihr aufmunternd zu. „Wie es aussieht, ist er schwer in dich verliebt, aber du bist spurlos verschwunden."

„Jedenfalls für ihn, wir haben andere Methoden", fügte Logan mit einem Schmunzeln an. „Tut mir leid, dass ich etwas forsch war." Er zuckte leicht mit den Schultern. „Ich bin für die direkte Art, was in der Regel Zeit spart."

„Können wir uns vielleicht unterhalten?" David deutete auf die offen stehende Tür des Wohnzimmers.

„Sicher, entschuldigt bitte, ich bin auf Besuch nicht vorbereitet." Abby lief rot an, als ihr bewusst wurde, wie unordentlich es in ihrem Zuhause aussah. Hektisch räumte sie ein paar Kleidungsstücke zur Seite, ehe sie den Leuten etwas zu trinken anbot. „Ich fürchte, außer Wasser und Tee habe ich nichts da."

Emily betrachtete sie eindringlich, man sah ihr an, dass sie extrem gelitten hatte. „Das ist kein Problem, du siehst aus, als hättest du eine echt bescheidene Zeit hinter dir."

Mit einem Seufzen ließ Abby sich auf einen Sessel fallen. „Das kann man wohl sagen." Sie rieb sich über die Lider. Cameron hatte jemanden zu ihr geschickt. Langsam wurde ihr bewusst, was das hieß. Außerdem behauptete diese Frau, dass er in sie verliebt war.

„Magst du uns erzählen, weshalb du ihn so hastig verlassen hast? Ist er über eine Grenze getreten?“ David tastete sich vor, denn als Erstes musste er wissen, wie es um ihre Gefühle stand.

Sofort schüttelte sie den Kopf. „Nein, absolut nicht. Ihn trifft keine Schuld.“ Verlegen senkte sie den Blick, als ihr klar wurde, wie dumm sie sich verhalten hatte. „Als ich aufgewacht bin, war er weg. Da habe ich mir eingeredet, dass ich doch nur ein One-Night-Stand für ihn war.“ Sie schluckte, als sie den Fremden indirekt mitteilte, dass sie die Nacht mit ihm verbracht hatte.

„Ich kann dich so gut verstehen. Wir kämpfen alle auf die eine oder andere Weise gegen unsere Selbstzweifel an.“ Emily legte eine Hand auf ihre. „Es ist schwer, die negativen Sachen zu vergessen, die uns ständig vorgebetet wurden.“

Fragend musterte Abigail sie, denn sie konnte sich überhaupt nicht vorstellen, dass diese perfekte Frau mit ähnlichen Problemen kämpfte. „Du siehst toll aus, was stört dich an dir?“

Emily lachte. „Geht es immer nur um das Äußere? Bei mir lagen andere Dinge im Argen, aber das erzähle ich dir, sobald wir mehr Zeit haben. Aktuell leidet Cameron enorm. Er vermisst dich.“

Entsetzt riss Abby die Augen auf. „Das wollte ich nicht, wirklich. Ich rufe ihn an, falls jemand mir seine Nummer gibt.“ Bei der Antwort verstärkte sich das Rot in ihren Wangen noch. Was dachte die Familie von Cameron wohl von ihr? Sie hatte sich in ihrem schlechtesten Licht gezeigt.

„Ich habe einen anderen Vorschlag“, bemerkte David mit einem feinen Lächeln. „Du packst ein paar Sachen zusammen und wir bringen dich zu ihm.“

„Jetzt? Du schlägst vor, dass du mich heute Nacht nach Schottland fahren willst?“ Sie sah ihn ungläubig an, ehe sie ablehnte. „Ich muss morgen arbeiten, außerdem möchte ich vorher mit ihm reden.“ Ihr Misstrauen kehrte zurück. „Weshalb ist er nicht selbst gekommen? Ihr hättet ihm meine Adresse geben können, oder?“

„Richtig, nur ist er unsicher, warum du ohne ein Wort gegangen bist.“ David hielt ihrem Blick stand. „Er leidet auch so schon genug, da wollten wir zuerst wissen, was los ist. Offensichtlich handelt es sich um ein großes Missverständnis.“

„Was vermieden worden wäre, hätte der Idiot mit dir gesprochen.“ Logan knurrte leise. Er kannte Cameron ziemlich gut, sodass er wusste, dass der Kerl viel zu oft zu spät nachdachte.

„Hey, wir haben geredet. Außerdem hat er mir gesagt, dass er mich liebt“, begehrte Abby auf.

Logan nickte spöttisch. „Nur hat er dich kaum überzeugt.“

„Egal, was er hat oder nicht, wir bringen dich zu ihm.“ David holte tief Luft. „Du kommst mit, freiwillig oder unter Zwang. Alles andere erklärt er dir.“

Entsetzt starrte Abigail die drei an. „Wollt ihr mich entführen?“

„Wenn es sein muss, ja!“ Logans Blick hatte einen mitleidigen Touch, trotzdem klang seine Stimme hart.

Emily verdrehte die Augen. „Ihr seid solche Neandertaler! Könntet ihr mit etwas mehr Feingefühl an die Sache herangehen? Abby bekommt ja das Gefühl, dass wir Verbrecher sind oder so was.“ Sie betrachtete die Männer zornig, ehe sie sich an die ängstliche Frau wandte.

„Es gibt einige Dinge, die er dir verschwiegen hat, deshalb musst du uns begleiten.“ Sie überlegte kurz. „Ist es möglich, dass du schwanger bist?“

„Ich glaube kaum, dass dich das was angeht.“ Abigail schnappte nach Luft, während sie heimlich die Tage abzählte. Verdammt, sie hatte ihre Periode tatsächlich nicht bekommen. „Raus jetzt, sofort.“ Sie sprang auf und deutete energisch auf die Tür.

„Bitte, wir wollen nur helfen, ehrlich.“ Emily stand auf, damit sie auf Augenhöhe mit ihr war. „Mir ist bewusst, dass du uns nicht vertrauen kannst. Wir tauchen unangemeldet auf, wissen mehr als dir lieb ist. Zu allem Überfluss zwingen wir dich, mit uns nach Schottland zu kommen. Hört sich echt bescheiden an, trotzdem ist es nur zu deinem Besten.“

„Klar, ich verliere meinen Job, somit auch meine Wohnung, sodass ich am Schluss obdachlos bin.“ Abby redete sich in Rage. „Wie ihr eventuell seht, habe ich keine Reichtümer, von denen ich leben könnte. Darüber hinaus weiß ich nicht mal, ob ihr mir gerade einen Bären aufbindet. Vielleicht hat Cameron überhaupt keinen Bock mehr auf mich.“ Tränen traten ihr in die Augen, teils aus Angst, teils aus Liebeskummer.

„In dem Punkt beruhige ich dich gerne, er liebt dich.“ David war zusammen mit Logan aufgestanden, dabei postierten die Männer sich so, dass sie weder an ihr Handy noch zur Tür kam.

„Lass sie mit ihm telefonieren. Er kann zumindest bestätigen, was wir sagen“, schlug Emily jetzt vor.

Sofort zog ihr Ehemann sein Smartphone aus der Tasche, wählte eine Nummer, ehe er Abigail das Gerät in die Hand drückte.

„David?“

Cameron meldete sich und ihr Herz jubelte, trotzdem blieben die Zweifel. „Hier ist nicht dein Cousin." Mehr brachte sie nicht heraus.

„Abby! Es ist so schön ... deine Stimme ... zu hören." Ihm fehlten die Worte, sodass er leicht stotterte. „Komm bitte zu mir."

„Wie denkst du dir das? Ich habe einen Job, es ist Donnerstagabend, ich muss morgen arbeiten." Abigail griff auf das erste Argument zurück, das ihr einfiel. „Außerdem kenne ich diese Leute nicht", schob sie schnell hinterher.

„Du darfst ihnen vertrauen. Bestimmt hat David dir mitgeteilt, dass wir verwandt sind." Cameron atmete heimlich durch, auf keinen Fall durfte er einen Fehler machen. „Erinnerst du dich, dass ich dir gesagt habe, es gäbe einiges über mich zu erfahren? Leider hast du mir keine Chance gelassen, dir das Wichtigste über mich zu erzählen."

„Du hast jetzt die Möglichkeit." Abby schluckte. „Weshalb hast du den Fremden verraten, dass ich schwanger sein könnte? Wieso weißt du das überhaupt?" Die Situation kam ihr immer bedrohlicher vor. Was spielte er für ein Spiel?

„Es ist eine komplizierte Geschichte, die ich dir besser persönlich beichten möchte. Es ist wirklich notwendig, dass du herkommst." Seufzend fuhr er sich durch die Haare. „David wird dich notfalls mit Gewalt herbringen."

„Du drohst mir? Ich dachte, du liebst mich? Ich muss doch mit dem Klammersack gepudert sein, wenn ich jetzt ohne jeglichen Schutz mitgehe." Ihr Herz klopfte ihr bis zum Hals, gleichzeitig sehnte sie sich nach ihm. Das war verrückt! Ihr drohte eine Entführung, bei der sie keine Ahnung hatte, was für eine Geschichte dahintersteckte und sie konnte kaum an etwas anderes denken, als ihn wiederzusehen.

„Du bist bei ihnen sicher. Besonders David wird dich mit seinem Leben beschützen, das verspreche ich dir."

Camerons Stimme bekam einen drängenden Unterton, was ihr erneut eine Gänsehaut über den Rücken jagte. „Habe ich überhaupt eine Wahl?"

„Nein, leider nicht. Es sei denn, du sagst ihnen, dass du mich keinesfalls wiedersehen willst. Du musst bestätigen, dass du keinerlei Gefühle für mich hegst. Falls es so ist, nehmen sie dich mit nach Irland, wo sie dir alles erklären."

Die Traurigkeit, die deutlich zu hören war, berührte sie, sodass sie sich zu einer unbesonnenen Antwort hinreißen ließ. „Das spielt doch jetzt gar keine Rolle. Glaubst du wirklich, dass ich mit jedem Beliebigen ins Bett hüpfe, nur weil er berühmt ist?" Als sie in die schmunzelnden Mienen der drei sah, schloss sie kurz die Lider. Sie sollte besser aufpassen, was sie von sich gab.

„Nein, Ealan, das denke ich nicht, deshalb bitte ich dich, vertrau ihnen und komm zu mir."

Abby sah von Emily zu David, ehe sie Logan musterte. „Ich bin sogar der Frau unterlegen, wenn ich sie mir so ansehe. Hoffentlich hast du eine verdammt gute Erklärung hierfür." Sie reichte David das Smartphone, ohne sich zu verabschieden.

„Danke, du wirst es nicht bereuen." Er lächelte ihr zu, deutete dann mit dem Kopf in Richtung Flur. „Bestimmt möchtest du dir ein paar Sachen zum Wechseln einpacken."

„Wie lange soll ich in Schottland bleiben?" Mit einer Mischung aus Zorn, Freude und Angst blickte sie den Mann an.

David schmunzelte, während er sich übers Kinn rieb.

„Wenn es nach Cameron geht, für immer. Allerdings musst du das für dich entscheiden. Ich rate dir, für mindestens eine Woche vorzusorgen."

„Wobei der Kleine bestimmt gerne mit dir einkaufen fährt. Außerdem besitzt er eine Waschmaschine." Logan hielt ihrem wütenden Blick stand, dabei zuckte er mit den Schultern.

Widerwillig ging Abby ins Schlafzimmer, um ihre Sachen zu packen, in ihr tobten die verschiedensten Gefühle. Darüber hinaus konnte sie kaum glauben, dass Cameron tatsächlich so weit gegangen war, um sie wiederzusehen.

Gemeinsam verließen sie die Wohnung, stiegen in einen Mercedes ein, der ein Stück entfernt stand, und fuhren zum Flughafen.

„Glaubt ihr ernsthaft, dass jetzt ein Flug nach Schottland geht?" Zweifelnd richtete Abby ihren Blick auf die Anzeigetafeln, immerhin war es bereits zweiundzwanzig Uhr.

„Wir haben unsere Mittel." Logan ließ sich nicht dazu herab, sie anzusehen, trotzdem hatte er darauf bestanden, ihren Koffer zu tragen.

Abigail zuckte mit den Schultern, aktuell konnte sie kaum etwas anderes tun, als mit den Leuten mitzugehen. Ehrlich gestand sie sich ein, dass sie nicht fliehen wollte, zu sehr sehnte sie sich nach Cameron.

Sie passierten einen Sicherheitscheck, anschließend brachte die kleine Gruppe sie zu einem Privatflugzeug.

„Wow, ihr müsst ja richtig reich sein", stieß sie hervor, als sie das Innere der Maschine betrat. Es strahlte puren Luxus aus.

Emily lächelte, gleichzeitig schüttelte sie den Kopf. „Nein, wir sind zwar keineswegs arm, aber das hier wird uns von der Regierung geliehen, sobald wir auf einen Einsatz im Ausland müssen."

Ehe sie noch mehr sagen konnte, knurrte David warnend. „Du redest zu viel, Kleines."

„Lass dich von deinem Ehemann nicht einschüchtern, erzähl mir, warum ihr so eine Unterstützung bekommt." Abigail blickte sie auffordernd an, anschließend setzte sie sich.

„Das wird Cameron dir erklären", blockte Logan sie unfreundlich ab.

Abby spürte instinktiv, dass ihr keine Gefahr drohte, deshalb sah sie den Kerl wütend an. „Gibt es dich eigentlich auch in freundlich?"

Verwundert über die verbale Attacke schmunzelte er. „Nein, ich existiere nur in der derzeitigen Ausführung. Leb damit, du bist mich bald los."

Emily verdrehte die Augen. „Er ist nur so, weil er sich nach seiner Frau und seinen Kindern sehnt. Obwohl du die Auszeit genießen müsstest, so wie die Zwillinge dich in den Wahnsinn treiben."

Erstaunt bemerkte Abigail, dass der große Mann verlegen wurde.

„Du hast recht, trotzdem fehlen sie mir, besonders Joleen." In seinem Blick erkannte man, wie sehr er seine Familie liebte.

„Du hast also doch eine weiche Seite", stellte Abby zufrieden fest.

„Natürlich, die haben sie alle, leider benehmen sie sich lieber wie Alphatiere." Emily lächelte David zärtlich an, der nur warnend eine Augenbraue hob. „Im Inneren sind sie Schmusetiere, das darfst du nie vergessen, wenn du mit ihnen zu tun hast."

Bei der Aussage protestierten die Männer, bevor sie ihr lachend zustimmten.

David zog sie kurz an sich, aber im gleichen Moment kündigte der Pilot an, dass sie jetzt starten würden.

Eilig schnallten sie sich an und Abigail sah aus dem Fenster. Es kam ihr vor wie ein Traum, in weniger als fünf Stunden sah sie Cameron wieder!

Im Flugzeug war sie zu aufgeregt, um zu schlafen, doch auf dem Weg in die Highlands fielen ihr die Augen zu. Sie konnte sich noch daran erinnern, die beleuchteten Statuen der Kelpies gesehen zu haben, danach wurde alles dunkel.

Emily weckte sie. „Aufwachen Abby, wir sind in zwei Minuten da."

Sofort hob sie den Kopf, sah sich einen Moment verwirrt um, bis sie in der Realität angekommen war. „Wow, ich muss wohl eingeschlafen sein."

„Das ist auch gut so, immerhin ist es jetzt kurz nach drei in der Früh. Unsere Fahrt hat etwas länger gedauert als geplant, weil wir noch eine Tankstelle angefahren haben." David lächelte ihr zu, während Logan leise knurrte.

„Er ist ein Raser, unser Guter, er hasst es, gesittet zu fahren." Emily zwinkerte ihr zu, woraufhin Logan nur genervt die Luft ausstieß.

Abby war zu nervös, um auf das Geplänkel einzugehen, immer wieder sah sie aus dem Fenster, um möglichst viel von der Gegend wahrzunehmen. Durch die Straßenlampen sah sie wenigstens etwas, trotzdem konnte sie sich kaum ein Bild von der Ortschaft machen. Hier also wohnte Cameron und gleich würde sie ihn wiedersehen!

Entsetzt fiel ihr ein, dass sie bestimmt aussah wie eine Vogelscheuche. „Verdammt, ich sollte mich herrichten", murmelte sie.

„Das ist unnötig, glaub mir, er findet dich wunderschön, egal, ob deine Haare verwuschelt sind oder nicht." Emily lächelte sie beruhigend an.

Abigail war zwar anderer Ansicht, allerdings konnte sie ihr Aussehen auf die Schnelle wohl kaum verändern, zumal Logan gerade in eine Einfahrt fuhr.

Noch ehe sie in der Lage war auszusteigen, flog die Haustür auf und Cameron erschien. Er riss die hintere Beifahrertür auf, öffnete Abbys Gurt, ehe er sie aus dem Auto zog. Als er sie fest an sich presste, lief ihm eine Träne über die Wange. „Verdammt, ich habe dich so vermisst", flüsterte er.

Abigail schmiegte sich an ihn, es tat so gut, ihn wiederzusehen. Eine Weile genoss sie es, dass er sie einfach nur festhielt, nahm seine Nähe wahr, während sie hoffte, dass die Zeit stehen blieb.

Logan räusperte sich, sodass das Paar ihn fragend ansah. „Müssen wir eigentlich in der Kälte herumstehen? Es ist kein Hochsommer und wir sind nicht in der Karibik." Er deutete auf Abby, die leicht zitterte.

„Du hast recht, ich bin ein Idiot. Kommt rein." Cameron griff nach Abbys Hand, so als ob er fürchtete, dass sie weglaufen würde. Gemeinsam gingen sie hinein, setzten sich in die Küche, wo er sofort die Kaffeemaschine anstellte.

„Ich bringe ihren Koffer in dein Schlafzimmer", teilte David ihm mit, ehe Abigail protestieren konnte, war er schon aus dem Raum.

Als er kurz darauf zurückkam, umarmte Cameron ihn. „Du bist der Beste. Danke für alles."

„Hey, wir sind auch noch da", protestierte Emily lachend, gleichzeitig deutete sie auf Logan und sich.

Im nächsten Augenblick hob er sie hoch, wirbelte sie durch die Luft, bevor er sich zu Logan drehte.

„Wag es dich, mich anzufassen“, warnte er mit zusammengezogenen Augenbrauen.

Erstaunt blickten die anderen ihn an, bis er laut auflachte und den Kumpel umarmte. „Du bist ein Idiot, wie du selbst gerade festgestellt hast. Nur dir kann es passieren, dass du deine Seelengefährtin quasi am gleichen Tag verlierst, an dem du sie auch gefunden hast.“ Er flüsterte so leise, dass nur die Wächter in der Lage waren, ihn zu verstehen.

„Du hast recht, aber so bin ich nun mal.“ Cameron zuckte unbekümmert mit den Schultern, seit er seine Kleine zurückhatte, lief er zu seiner alten Form auf. Eilig versorgte er alle mit Kaffee, anschließend setzte er sich auf einen Stuhl, wo er Abby auf seinen Schoß zog. „Jetzt lasse ich dich nie wieder gehen.“

„Moment mal, da habe ich ein Wörtchen mitzureden.“ Abigail drehte sich, sodass sie ihn ansehen konnte. „Du schuldest mir eine Erklärung, Freundchen. Was ist das für ein Spiel? Es hörte sich fast so an, als würdest du in einem Zeugenschutzprogramm sein.“ Sie stoppte, als sie darüber nachdachte. Misstrauisch sah sie von einem zum anderen. „Ist das so?“

Sofort schüttelte die kleine Gruppe die Köpfe.

„Nein, aber es gibt eben Dinge, die ich dir erzählen muss.“ Cameron stahl ihr einen schnellen Kuss. „Gibst du mir noch ein wenig Zeit, um einen Kaffee mit meinen Leuten zu trinken?“

Nachsichtig lächelte sie ihn an, ihn wiederzusehen machte sie einfach nur glücklich. „Klar, nur glaub nicht, dass du dich drücken kannst.“

Ernst stimmte er zu. „Das werde ich auf keinen Fall, dazu ist es zu wichtig, dass du die Wahrheit erfährst." Kurz huschte ein besorgter Schatten über sein Gesicht, bevor er sie wieder anlächelte.

„Wie geht es dem Rest?" Damit wandte Cameron sich an seinen Cousin.

„Alles im grünen Bereich würde ich mal sagen. Die Welpen versuchen immer noch uns in den Wahnsinn zu treiben, die Durchgeknallten halten uns auf Trab, genau wie unsere Frauen." Bei dem Satz stieß Emily ihm ihren Ellenbogen in die Seite, woraufhin er sie liebevoll an sich zog.

„Das ist wohl eher umgekehrt." Sie lachte hell auf.

Abby hingegen blieb an dem Wort Welpen hängen. Eine seltsame Bezeichnung für ihre Kinder oder meinten sie am Ende etwas ganz anderes?

Viel zu schnell verabschiedeten sich die drei, denn plötzlich bekam sie Angst vor der Wahrheit. Was würde der Mann, der ihr Herz gestohlen hatte, ihr enthüllen?

Aber auch Cameron versuchte sie zum Bleiben zu überreden. „Ihr wollt doch nicht so spät noch nach Irland verschwinden?"

David schüttelte den Kopf, während Logan mit den Schultern zuckte. „Wir sind in der Nähe, um sicherzustellen, dass du ihr alles erzählst. Außerdem warten wir ihre Entscheidung ab." Mit den Worten drehte sich David zu ihr. „Du hast in jedem Fall die Wahl, vergiss das nie."

„Genug jetzt, du machst ihr Angst." Emily hakte sich bei ihrem Mann ein. „Wir gehen deinem Bruder Blake und seiner reizenden Frau Chris auf die Nerven."

Sie winkte ihnen zu, anschließend fuhren sie zum anderen Ende von *Kinlochleven*.

Abby sah Cameron an. „Willst du mir nicht endlich sagen, weshalb ich meinen Job aufs Spiel gesetzt habe?“ Mit aller Kraft unterdrückte sie ein Zittern in der Stimme.

Seufzend nickte er, legte einen Arm um sie, um sie ins Wohnzimmer zu bringen. „Bitte versprich mir, dass du ruhig bleibst.“

Jetzt wurde sie richtig nervös. Was steckte bloß hinter der ganzen Sache?

Kapitel 7 - Wahrheit

Verzweifelt strich Cameron sich durch die dunklen Haare, während er nach einem Weg suchte, um ihr die Wahrheit möglichst schonend beizubringen. Verdammt, wie erklärte man seiner Liebsten, dass man ein Gestaltwandler war?

„Mach mich nicht wahnsinnig. Ich fürchte mich auch so schon genug oder glaubst du, dass ich jeden Tag entführt werde?" Zornig blitzte Abby ihn an. Egal, was sie erfahren sollte, alles war besser, als auf heißen Kohlen zu sitzen.

„Ich würde es dir gerne vorsichtiger beibringen, aber ich kann es nicht." Er atmete tief durch. „Ich bin in der Lage, mich in einen Wolf zu verwandeln. Wir nennen uns oft Werwölfe, doch im Grunde ist das falsch. Wir sind zu keiner Zeit vom Mond abhängig, bestimmen selbst, wann wir unsere Tierform wahlen, und behalten unser menschliches Bewusstsein." Mit angehaltenem Atem musterte er sie, gleichzeitig griff er nach ihren Händen.

Wütend entzog sie sich ihm und verschränkte stattdessen die Arme vor der Brust. „Ist das dein Ernst?"

In ihrer Miene erkannte er deutlich, dass sie ihm kein Wort glaubte, wieso sollte sie? Die magische Welt hatte sich in all den Jahren so perfekt getarnt, dass die Normalen ihre Spezies als Fantasie abtaten. „Bitte, versuch mir zu glauben, ich würde dich in dem Punkt niemals anlügen. Es gibt noch andere Wesen, außerdem haben wir unsere eigene Regierung, die mit der der Menschen zusammenarbeitet." Er holte Luft, überlegte kurz, wie er sie überzeugen konnte. „Unsere Gesetze sind härter, aber auch gerechter als eure. An erster Stelle steht die Geheimhaltung, das heißt, dass wir niemandem von unserer Existenz erzählen dürfen. Unsere Seelengefährten sowie die Vertrauten sind die Ausnahmen." Er redete weiter, ohne darauf zu achten, dass sich in ihrem Gesicht immer mehr Zorn zeigte. „Vertraute sind Normale, die uns helfen, denen wir vertrauen können. David und seine Leute gehören zu einer Spezialeinheit, die wir Wächter nennen. Sie rücken aus, wenn gegen unsere Gesetze verstoßen wird, um Verbrecher einzufangen, aus beiden Welten."

„Es reicht! Denkst du wirklich, dass ich dermaßen dämlich bin?" Abby schrie ihn an, gleichzeitig sprang sie auf. In ihr tobte die Enttäuschung darüber, dass er sich einen Scherz auf ihre Kosten erlaubt hatte. Egal, wie sehr er sie sehen wollte, das hier ging auf jeden Fall zu weit. „Du schickst mir deinen Cousin, der wahrscheinlich mehr Geld als Verstand hat, um mich entführen zu lassen und glaubst, mit einer so hanebüchenen Geschichte aufwarten zu dürfen?" Tränen traten ihr in die Augen. „Hast du einen Moment daran gedacht, dass ich Angst haben könnte? Du setzt meinen Job aufs Spiel, den ich nebenbei bemerkt dringend brauche, um überleben zu können, weil du dir einen dummen Jux erlaubst?" Sie schüttelte den Kopf, als er erneut nach ihr greifen wollte. „Wenn du mich wirklich lieben würdest, hättest du mal nachgedacht."

Cameron schluckte schwer, genau davor hatte er sich gefürchtet. Es war ihm bewusst, dass sie ihm kaum ohne einen Beweis glauben würde. „Bitte, ich kann es dir zeigen, falls du unbedingt darauf bestehst." Flehend sah er sie an.

„Natürlich, du verwandelst dich hier in deiner Küche in einen Wolf. Das will ich sehen, aber vorher muss ich ins Bad." Auffordernd sah sie ihn an.

„Alles, was du möchtest, meine Kleine. Direkt gegenüber ist das Badezimmer."

Ohne ein weiteres Wort verließ sie das Zimmer, seine Nähe ertrug sie gerade nicht.

Cameron hätte den Schritt gerne aufgeschoben, weil er keine Ahnung hatte, wie sie reagieren würde. In seiner Wolfsgestalt war er außer Stande mit ihr zu reden, genauso wenig schaffte er es, sie im Raum zu halten, falls sie weglief. Kurz dachte er darüber nach, ob er Blake anrufen sollte, damit dieser rüberkam, bis ihm einfiel, dass es ausreichte, einen Teil seines Körpers zu verwandeln. Bei ihm erschien auch das nervende blaue Flackern nicht, solange er sich auf die Finger zum Beispiel beschränkte.

Während Cameron überlegte, wie er die Situation am besten lösen konnte, schloss Abby sich im Bad ein. Sie war bitter enttäuscht, dass der Mann, der behauptete, sie zu lieben, ohne Rücksicht auf Verluste, einen so üblen Scherz mit ihr trieb. Natürlich freute sie sich auf der einen Seite, dass er einen solchen Aufwand betrieben hatte, um sie zu sehen. Andererseits war damit ihre gesamte Existenz gefährdet. Im Büro stand sie sowieso schon auf der Abschussliste, wenn sie sich jetzt mit einem fadenscheinigen Grund krankmeldete, war das ein gefundenes Fressen für ihren Chef.

Müde rieb sie sich über die Augen. Welche Alternativen blieben ihr? Ihr Herz riet ihr, noch mal mit Cameron zu reden, ihm klarzumachen, dass er einen Schritt zu weit gegangen war. Ihr Verstand schrie ihr zu, dass sie sofort einen Weg nach Hause suchen sollte.

Ein Flug nach London riss zwar ein riesiges Loch in ihr Portemonnaie, aber der Verlust ihrer Arbeitsstelle bedeutete, dass sie ihre Wohnung und ihren Lebensunterhalt verlor.

Ihr Blick fiel auf die Uhr an der Wand, gleichzeitig kamen ihr die Tränen, in weniger als vier Stunden musste sie auf der Arbeit sein. Das war auf keinen Fall zu schaffen. Verdammt!

Ein Klopfen ließ sie aus ihren Gedanken hochschrecken. „Alles in Ordnung, Abby?"

„Nein! Ich verliere meinen Job, du Arsch. Sorg dafür, dass ich umgehend nach Hause komme", schrie sie ihm durch die geschlossene Tür entgegen. Sie fühlte sich sauer, verzweifelt und müde. „Außerdem hat dein sauberer Cousin noch mein Handy, ich brauche es sofort."

Cameron lehnte sich mit der Stirn gegen die Zimmertür, ihm schnitt ihre Verzweiflung, die er problemlos riechen konnte, tief ins Herz. „Bitte, schließ die Tür auf, ich zeige es dir. Alles andere bekommen wir hin. Ich lasse dich auf keinen Fall im Stich."

„Geh, sprich mich erst wieder an, um mir zu sagen, wann mein Flug nach London geht. Du bist so gestört, Cameron! Der Scherz war von vorneherein völlig daneben, aber du hältst an dieser dämlichen Geschichte fest. Checkst du es noch?" Stinksauer stand sie vor der Tür.

Im ersten Augenblick dachte er daran, sich mit Gewalt Eintritt zu verschaffen, doch dann entschied er sich dafür, noch einmal mit ihr zu reden. „Es tut mir wirklich leid, Kleines. Ist es denn so schlimm, dass ich dich unbedingt sehen wollte? Fühlst du tatsächlich nichts für mich?" Heimlich betete er, dass seine Taktik aufging und sie wenigstens aus dem Bad kam.

Abby schlug mit den Fäusten gegen das Holz. „Verstehst du es nicht? Du hast meine Existenz aufs Spiel gesetzt. Mein Chef hat mir schon öfter gedroht, dass er mich entlässt, sollte ich mich krankmelden." Sie holte tief Luft. Natürlich hatte er das geschickt getarnt, aber die Botschaft war angekommen. „Jetzt wird er mein unentschuldigtes Fehlen als Grund nehmen. Was bitte hat das mit Gefühlen oder gar Liebe zu tun?"

Cameron schmunzelte, denn für das Problem konnte er die perfekte Lösung anbieten. „Ist doch super, so kannst du direkt bei mir bleiben. In meinem Climbing-Center benötige ich eine Sekretärin. Jemand, der mich bei dem leidigen Papierkram unterstützt. Du hast selbst gesagt, dass du es hasst, in der Stadt zu leben."

Abby stutzte, war es so einfach? „Wie stellst du dir das vor? Wo soll ich wohnen? Ich brauche meine Sachen, darüber hinaus gibt es eine Kündigungsfrist für meine Wohnung. Ich glaube kaum, dass du mir ein so fürstliches Gehalt zahlen willst, dass ich zwei Mieten bezahlen kann." Die Idee gefiel ihr, trotzdem behielten die Zweifel die Oberhand.

„Wie wäre es, wenn du aus dem Bad kommst und erst einmal ausschläfst? Du musst vor Müdigkeit umfallen." Cameron achtete darauf, dass seine Stimme sanft klang, außerdem wollte er das Gespräch über seinen inneren Wolf zumindest ein wenig nach hinten schieben.

Die Tür öffnete sich einen Spalt. „Du gibst also zu, dass du mich schäbig angelogen hast?"

„Können wir das bitte später klären? Ich mache mir Sorgen um dich, du siehst blass aus." Zärtlich strich er ihr mit dem Handrücken über die Wange. „Lass uns schlafen, du schaffst es so oder so nicht rechtzeitig nach London. Deinen Chef überlass David, er ist es gewohnt, solche Dinge zu regeln."

Seufzend gab sie nach, in ihrem Kopf schwirrten zu viele Gedanken, außerdem schaffte sie es kaum, die Augen offen zu halten. „Hast du ein Gästezimmer? Ich bin einfach zu sauer, um mit dir ein Bett zu teilen." Immer noch wütend begegnete sie seinem Blick. Er sollte ruhig sehen, dass sie nicht alles mit sich machen ließ.

„Nein, tut mir leid." Ohne einen weiteren Einwand abzuwarten, hob er sie auf seine Arme und trug sie ins Schlafzimmer. „Schlaf dich aus, mein Kleines, ich verspreche dir, dass ich mich benehmen werde."

Abby kramte in ihrem Koffer, zog ein Sleep-Shirt heraus, ehe sie ihn auffordernd ansah.

Cameron verstand sie und verließ mit einem Schmunzeln den Raum, die Schamhaftigkeit würde er ihr in den nächsten Tagen noch abgewöhnen. Kurz runzelte er die Stirn, als ihm einfiel, dass er ihr auch seine dominant-sadistischen Neigungen beichten musste. Die Gedanken schob er seufzend zur Seite, das hatte wirklich Zeit.

In der Küche räumte er die Kaffeebecher in die Spülmaschine, gleichzeitig horchte er auf die Geräusche aus dem Schlafzimmer. Sein Gehör war außerordentlich gut, sodass er sofort bemerken würde, sollte sie aus dem Fenster klettern. Erst als sie aus dem Bad zurück war, ging er wieder zu ihr, zog sich bis auf die Shorts aus, anschließend legte er sich zu ihr.

Liebevoll zog er sie in seine Arme. „Glaub mir bitte, es wird alles gut, dafür sorge ich."

Abby fühlte sich zu müde, um gegen ihn anzukämpfen und tief in ihrem Inneren gab sie zu, dass sie glücklich war, bei ihm zu sein. Mit einem leisen Seufzen kuschelte sie sich an ihn, ehe sie einschlief.

Während sie schlief, betrachtete Cameron sie, dabei schwor er sich, dass er ihr ein besseres Leben bieten würde. Mittlerweile war ihm bewusst, dass sie lange gespart hatte, um auf das Konzert zu gehen, außerdem bestand ihr Alltag offensichtlich aus ihrer Arbeit, bei der ihr Chef sie mit Drohungen gefügig machte. Ab sofort wollte er dafür sorgen, dass sie ohne Angst leben durfte. Etwas Luxus schadete ihr ganz bestimmt auch nicht. Über diesen Gedanken nickte er ein.

~~°~~

Abigail erwachte am nächsten Tag, weil Stimmengemurmel sie weckte. Kurz sah sie sich um, bevor sie sich an alles erinnerte. Erschrocken registrierte sie, dass es bereits Mittag war. Ihr Chef würde sie so was von feuern, das stand fest. Verzweiflung kroch in ihr hoch, bis ihr der Vorschlag von Cameron einfiel. Konnte es wirklich so einfach sein? Fast hätte sie spöttisch aufgelacht, wann war in ihrem Leben tatsächlich etwas leicht gewesen? Ihr fiel ein, dass sie in der Grundschule oft davon erzählte, wie sich nachts ein Rabe in ihrem Zimmer in einen älteren Mann verwandelt hatte. Ihre Mitschüler hänselten sie deswegen und gingen ihr aus dem Weg, weil sie die Seltsame war. Ihre Mutter schimpfte oft mit ihr, warf ihr vor, dass man sie nirgendwohin mitnehmen durfte. Als Kind hatte sie eine blühende Fantasie besessen, heute wusste sie es natürlich besser.

Sie erinnerte sich daran, dass Cameron behauptet hatte, sich in einen Wolf verwandeln zu können. Bestand die Möglichkeit, dass er von ihren Spinnereien in ihrer Kindheit erfahren hatte? Wollte er sie tatsächlich demütigen?

Eilig schob sie die Vorstellungen zur Seite, das war doch zu weit hergeholt. In seiner Biografie stand, dass er in Schottland geboren war und auch immer hier gelebt hatte. Außerdem würde er sich kaum die Mühe machen, sie zu sich zu holen, wenn er sie eigentlich nicht ausstehen konnte. „Du hast sie in dem Glauben gelassen, dass du lügst?"

Sie erkannte Emilys Stimme, die durch die geschlossene Tür drang. Worüber diskutierten sie da? Offensichtlich über sie.

Abby kroch aus dem Bett, zog sich etwas an, anschließend huschte sie ins Bad. Sie beeilte sich, denn das Gespräch interessierte sie enorm. Vielleicht brachte sie David dazu, den dummen Scherz aufzudecken. Er erschien ihr als der Vernünftigste.

„Guten Morgen, ich hoffe, ich störe nicht." Sie blieb in der Küchentür stehen.

„Nein, wir haben dich schon gehört. Setz dich zu uns. Magst du einen Kaffee? Frühstück?" Cameron deutete auf den Hocker neben sich.

Der Tisch war bereits gedeckt und Kaffeeduft erfüllte den Raum.

„Gerne, noch lieber würde ich allerdings endlich die Wahrheit wissen." Auffordernd sah sie von Cameron zu David, außerdem bemerkte sie, dass jetzt auch Chris und Blake anwesend waren.

„Du glaubst ihm also nicht?" Emily seufzte leise. „Ich kann leider kaum mitsprechen, da ich sehr früh von den Gestaltwandlern erfahren habe. Ich stelle es mir erschreckend vor, wenn man feststellt, dass viele Fabelwesen real sind."

Abby hob abwehrend eine Hand. „Bitte, ihr treibt den Scherz wirklich zu weit. Ich bin vielleicht zu dick, aber bestimmt nicht dämlich." Ärgerlich sah sie einen nach dem anderen an.

„Ich hätte es gerne auf später verschoben, nur gibt es keinen anderen Weg.“ Cameron stand auf, doch David stoppte ihn.

„Warte, ich verwandele mich, dann kannst du ihr beistehen, sollte sie Panik bekommen.“

Sofort ging Cameron zu ihr, stellte sich hinter sie, ehe er sie fest in seine Arme zog, kurz darauf verwandelte sich das Gesicht des Wächters in einen Wolfskopf.

Abigail traute ihren Augen kaum, immer wieder rieb sie sich über die Lieder, als ob sie auf diese Weise verschwinden lassen könnte, was sich da vor ihr abspielte.

„Glaubst du mir jetzt?“ Aufmerksam, fast ängstlich musterte Cameron sie. Sie war für seinen Geschmack zu still.

Langsam nickte sie, drückte sich allerdings fester an ihn. Der Anblick war unheimlich und gleichzeitig beschwor er lang vergessene Erinnerungen hoch. Der Rabe, wie hatte sie ihn für ein Hirngespinst halten können? Man hatte ihr gekonnt eingeredet, dass sie eine zu rege Fantasie besäße. Bis sie es selbst glaubte! „Ja, ich sehe, dass du mich nicht angelogen hast.“ Sie holte tief Luft, während eine enorme Erleichterung sich in ihr ausbreitete.

David verwandelte sich wieder zurück. „Du bist erstaunlich ruhig. Hast du Fragen?“

„Nein, Cameron hat mir gestern sehr viel erzählt.“ Sie nahm von dem Rührei, anschließend lächelte sie den Wächter an. „Außerdem ist mir gerade etwas klar geworden.“

Sofort besaß sie die ungeteilte Aufmerksamkeit der gesamten Runde.

„Als Kind habe ich immer behauptet, dass ein Rabe zu mir kommt, um mit mir zu spielen. Ich wurde deshalb gemobbt, meine Mutter schimpfte mich oft aus, weil ich darauf beharrte, dass das Tier sich in einen alten Mann verwandelte.“

Sie verzog traurig das Gesicht. „Irgendwann hatten sie es geschafft, mich davon zu überzeugen, dass ich mir das alles nur einbilde. Trotzdem blieb ich eine Außenseiterin."

Erstaunt betrachtete Cameron sie. „Willst du uns damit sagen, dass du damals einen Gestaltwandler getroffen hast?"

Sofort spürte sie, dass die drei Wächter sich anspannten. Emily beugte sich sogar etwas vor. „Es ist wirklich wichtig, Abby, hat er dir verraten, wer er ist?"

„Ich erinnere mich nur noch dunkel daran. Wie schon gesagt, mir wurde erfolgreich eingeredet, dass ich neben der Spur laufe." Sie runzelte die Stirn, während sie die alten Erinnerungen heraufbeschwor.

„Wir müssen wissen, ob einer von uns gegen die Geheimhaltung verstoßen hat", erklärte Logan.

„Das ist mir klar, aber es ist lange her." Abigail sah ihn spöttisch an. „Vielleicht habt ihr ja jemanden, der in meinem Hirn lesen kann." Ihr blieb allerdings das nächste Wort im Hals stecken, als sie bemerkte, dass die Gruppe ernsthaft nachdachte. „Das war ein Scherz, niemand kramt in meinem Gedächtnis rum."

„Dann bleibst du bei Cameron oder kommst du lieber mit uns nach Irland?" Die Frage kam erneut von Logan, nur wusste sie nicht, worauf er hinauswollte.

Irritiert musterte sie ihn. „Bist du irgendwie übergeschnappt? Du schaffst es nicht mal, wirklich nett zu mir zu sein und bittest mich, dass ich mit dir in ein fremdes Land fahre? Weshalb sollte ich das tun?" Fassungslos schüttelte sie den Kopf.

„Hast du ihr die Alternativen vorenthalten?" David blickte streng auf seinen Cousin.

„Ich hatte noch keine Gelegenheit, ihr von den Konsequenzen zu erzählen. So weit sind wir nicht gekommen.“ Cameron legte einen Arm um ihre Schultern. „Du weißt von der Geheimhaltung, deshalb müssen wir dich vorerst bei uns behalten. Es gibt drei Möglichkeiten.“

Aufmerksam hörte sie ihm zu, jetzt kam es ihr sogar verlockend vor, ein neues Leben in Schottland anzufangen. Immerhin gab es hier Menschen, die ihr glaubten, die ihre Geschichten tatsächlich bestätigten. Außerdem gab sie ehrlich zu, dass sie sich tief in den Musiker verliebt hatte.

„Die erste Alternative ist, sich von unseren Ärzten operieren zu lassen. Sie können Gedanken entfernen. Danach kannst du dich an keinen von uns mehr erinnern. Es gibt allerdings ein Risiko, sollte es schiefgehen, wirst du als lebender Zombie enden.“ Er wollte anfügen, dass er das auf keinen Fall zuließ, als sie vehement ablehnte.

„Wie schon gesagt, niemand pfuscht in meinem Hirn herum, solange ich ein Mitspracherecht habe. Außerdem mag ich die Erinnerung an das Konzert und an dich.“ Sie schenkte ihm ein verliebtes Lächeln, gleichzeitig schob sie die Vorstellung von sich, dass sie gerade mit einem Wolf flirtete. Die Erkenntnis machte ihr Angst.

„Gut, du kannst bei mir bleiben, mich kennenlernen und in einigen Wochen einen Eid leisten. Damit erkennst du deinen Stand als meine Gefährtin an. Ich verbürge mich für dich bis zum Tag, an dem du Verschwiegenheit schwörst.“ Cameron schmunzelte. „Das ist mein Favorit.“

„Was bedeutet das, dass du für mich bürgst? Welches Risiko gehst du ein?“ Offen sah Abby jetzt auf David, da er ihr das Gefühl gab, der Anführer zu sein.

„Er wird sterben, solltest du uns verraten. Du wirst ebenfalls von uns hingerichtet." David sah keinen Grund, um die Sache zu beschönigen. „Es wird allerdings genau recherchiert und du hast die Möglichkeit, dich zu verteidigen." Diesen Umstand hatten sie erst vor ein paar Jahren eingeführt, nachdem eine Gefährtin fast zu Unrecht getötet worden wäre.

„Reizend", entfuhr es ihr. „Ihr habt von drei Auswahlmöglichkeiten gesprochen."

„Ja, du kommst mit uns nach Irland, wo unser Hauptquartier ist. Dort verbringst du mehrere Monate mit den Wächtern, bis wir sicher sind, dass wir dir trauen können. In der Zeit wirst du mit keinem anderen Kontakt haben." Logan schenkte ihr jetzt sogar ein Lächeln. „Es ist halb so schlimm, wir besitzen ausreichend Möglichkeiten, mit denen du dich beschäftigen kannst, angefangen von einer gut gefüllten Bibliothek bis zu einem Schwimmbad."

„Was wählst du?" David stellte die Frage mit einem Schmunzeln, da jedem klar war, wie ihre Entscheidung ausfiel, nur Cameron spannte sich an.

Erstaunt bemerkte Abby, wie verbissen er sie ansah. „Denkst du wirklich, dass ich da lange überlegen muss? Glaubst du, dass du mich so schnell loswirst? Oh, nein, mein Freund, da musst du dich schon mehr anstrengen." Sie legte ihre Arme um seinen Hals, sah ihm tief in die Augen, ehe sie ihn zärtlich küsste. „Verstanden?", flüsterte sie ihm zu.

„Ich bin unsicher, vielleicht solltest du mir das noch einmal sagen, auf die gleiche Weise." Cameron musterte sie mit einem unverschämten Lächeln.

„Später gerne, wenn wir unter uns sind.“ In ihrer Miene blitzte es auf. „Außerdem verlange ich, als Wiedergutmachung, dass du mir jede Sehenswürdigkeit in Schottland zeigst. Ich liebe dieses Land.“

Entsetzt stöhnte die gesamte Mannschaft auf, besonders Cameron verzog das Gesicht.

„Du weißt schon, dass wir allein 1400 Schlösser und Burgen haben, aye?“, stieß er gequält hervor. „Dazu kommen etliche Wasserfälle, Museen, Denkmäler. Das dauert ein ganzes Leben lang.“ Als er jetzt ihren zufriedenen Blick bemerkte, realisierte er, was sie ihm gerade mitteilte. Überglücklich küsste er sie, bis Blake sich räusperte.

„Könntet ihr das auf später verschieben? Oder sollen wir lieber bei mir frühstücken?“

Sofort schüttelte Cameron den Kopf. „Nein, auf keinen Fall, wir müssen noch besprechen, wie wir ihren Chef loswerden, außerdem sollten wir ihre Sachen herholen. Es sei denn, du lässt zu, dass ich für dich einkaufe.“

Abby fühlte sich ein wenig schwindelig, weil sich ihr Schicksal so schnell drehte. Vielleicht träumte sie auch? Ein überwältigendes Glücksgefühl machte sich in ihr breit, sodass sie gegen die Tränen ankämpfen musste. Während der Rest darüber diskutierte, wie sie die nächsten Schritte angehen wollten, hatte sie genug damit zu tun zu realisieren, dass das hier tatsächlich ihre Realität war. Endlich drang die Frage in ihr Bewusstsein und sie schüttelte den Kopf. „Auf gar keinen Fall, außerdem gibt es ein paar Dinge, an denen ich hänge.“

Kapitel 8 - Vergangenheit

Nach einer weiteren Stunde hatten sie geklärt, dass Blake in Absprache mit dem Anführer des Rudels einige Welpen nach London schicken würde. Sie sollten Abbys Sachen holen. David versprach ihren Chef dazuzubringen, sie umgehend zu entlassen und Emily gab ihr ihre Telefonnummer genau wie Chris. Für den Fall, dass sie weibliche Unterstützung brauchte oder spezielle Fragen hatte. Nachdem die wichtigsten Dinge abgeklärt waren, verabschiedete sich die Gruppe, um dem jungen Paar ein wenig Zweisamkeit zu gönnen.

„Wow, mir schwirrt der Kopf. Es kommt mir vor, als ob ich in einem Karussell sitzen würde, das sich zu schnell dreht." Abigail atmete durch. „Können wir vielleicht ein Stück gehen? Ich brenne darauf mehr von deiner Heimat zu sehen, außerdem brauche ich dringend frische Luft." Bittend sah sie ihn an.

„Selbstverständlich, ich werde dir jeden Wunsch erfüllen, solange es weder dir noch mir schadet." Bei dem Versprechen stand er auf, legte eine Hand auf seine Brust, anschließend verbeugte er sich ein wenig.

„Spinner." Sie sprang lachend auf, stieß ihn mit dem Ellenbogen an, bis er sie fest an sich zog.

„Das ist mein Ernst, Ealan. In der nächsten Zeit wirst du leider nur in Begleitung ausgehen können, damit sichergestellt ist, dass du niemandem etwas erzählst. Doch ich tue, was in meiner Macht steht, sodass du bekommst, was du möchtest." Er sah ihr tief in die Augen, packte ihr Kinn mit Daumen und Zeigefinger, um sie zu zwingen, seinem Blick standzuhalten. „Verstanden? Ich will wissen, wonach du dich sehnst, welche Bedürfnisse du hast, aber auch wenn irgendwelche Probleme dich plagen."

„Ich verspreche nichts, zu lange musste ich alles mit mir selbst ausmachen. Ava kenne ich zwar schon seit zwei Jahren, doch vorher stand ich allein da. Das hinterlässt Spuren." Offen betrachtete sie ihn. „Ich versuche es."

„Das reicht mir fürs Erste."

Erschrocken fiel ihr ein, dass ihre Freundin sich spätestens am Abend Sorgen machen würde. Obwohl sie sie ständig abgewimmelt hatte, rief sie jeden Tag an. „Darf ich wenigstens Ava sagen, wo ich bin? Ich muss ihr ja nichts von eurer Welt erzählen." Bittend sah sie ihn an, als er sie wieder losgelassen hatte. „Sie wird vor Angst um mich sterben und sie ist die Einzige, die immer zu mir gehalten hat."

„Hast du ihre Nummer im Kopf?" Zärtlich lächelte er sie an.

„Nein, ich brauche mein Handy dafür." Verlegen zuckte sie mit den Schultern. „Seit ich alle Telefonnummer speichern kann, habe ich mir nicht mehr die Mühe gemacht, selbst zu wählen."

„Kein Problem, David sollte mir das Gerät sowieso geben. Es macht keinen Sinn, es mit nach Irland zu nehmen. Aber zuerst möchte ich dir ein Stückchen von meiner Heimat zeigen. Schottland ist ein Land mit vielen Facetten." In seiner Stimme hörte sie den Stolz auf sein Heimatland.

„Gerne, Bewegung tut mir jetzt bestimmt gut."

Sie zogen sich Schuhe und Jacken an, denn obwohl die Sonne schien, war es ziemlich kühl, anschließend verließen sie das Haus.

~~°~~

Der Wind pustete ihr die Bedenken aus dem Kopf, ließ ihre blonden Locken wehen, gleichzeitig kam es ihr vor, als ob er sie willkommen heißen würde. Sie hatte sich bei Cameron eingehakt, während sie durch den Ort schlenderten.

„Ab Mai kommen die Touristen, denn hier führt auch der West Highland Way entlang. Außerdem ist der Grey Mares Waterfall ein beliebtes Ausflugsziel, abgesehen von meiner Ice-Climbing-Halle." Cameron deutete auf ein Gebäude, das sich ganz in der Nähe befand. „Dort drüben ist dein zukünftiger Arbeitsplatz." Er verkniff sich die Bemerkung, dass sie es kaum nötig hatte, zu arbeiten. So gut kannte er sie inzwischen, dass sie ihren Beitrag leisten wollte.

Neugierig reckte sie den Hals, um das Bauwerk besser erkennen zu können, ehe sie seufzte. „Dann wird es in den sonnigen Monaten ziemlich voll, oder?"

Cameron lachte leise. „Nein, Schottland ist ein Urlaubsland für Individualisten. Es ist niemals wirklich überfüllt. Natürlich gibt es Orte, wo die Touris nerven, aber hier in den Highlands hält es sich in Grenzen." Er bemerkte ihr Interesse an seiner Kletterhalle. „Sollen wir rübergehen?"

„Lass uns bitte erst eine Runde drehen, anschließend sehe ich mir dein Reich gerne an." Sie schmunzelte, irgendwie konnte sie sich kaum vorstellen, dass er ein gut organisiertes Büro besaß.

Sie schlenderten an hübschen kleinen Häuschen vorbei, wobei Abby vor einem stehen blieb, dessen Garten mit etlichen Gartenzwergen gefüllt war. „Das ist so süß“, rief sie aus, gleichzeitig wünschte sie, dass sie ihr Smartphone zurückhätte, um ein Foto zu schießen. Ava fiel ihr ein, sie würde sich hier bestimmt auch wohlfühlen. „Kannst du ein Bild davon machen, bitte? Ich werde es Ava schicken. Sie liebt solche Figuren.“ Sie sah ihn fragend an. In dem Augenblick wurde ihr klar, was für eine Verantwortung er auf sich genommen hatte. Sie wusste ja nicht mal, welche Informationen sie ihrer Freundin geben durfte.

Cameron witterte ihre Unsicherheit, daher legte er einen Arm um sie. „Du darfst ihr alles mitteilen, ausgenommen unsere Besonderheiten.“ Er senkte die Stimme, damit nur sie ihn hörte. „Es ist völlig in Ordnung, ihr zu zeigen, wo du jetzt wohnst oder von mir zu erzählen. Sie ist deine einzige Freundin, wenn ich das richtig verstanden habe.“ Er ließ sie los, schoss einige Fotos, anschließend schlang er erneut einen Arm um sie.

„Es ist ungewohnt, dass ich dermaßen aufpassen muss. Ich war immer nur für mich allein verantwortlich.“ Abby seufzte leise. „Aktuell gibt es gefühlt an jeder Ecke einen Fallstrick.“

„So schlimm ist es nicht, in ein paar Tagen hast du dich daran gewöhnt. Chris ging es kaum anders.“ Bei den Worten musste er an Bea denken, die junge Wölfin hatte sich sofort um die Gefährtin seines Bruders gekümmert. „Ich werde später die Patentochter von Blake anrufen und sie bitten, vorbeizukommen. Bea hat ein besonderes Gespür für alle Lebewesen. Sie ist eine Seele von Mensch.“ Er führte sie in eine Seitenstraße, vorbei an weiteren gepflegten kleinen Vorgärten, bis zu einem Parkplatz.

„Das wäre toll. Ich brenne darauf, deine Leute kennenzulernen. Ihr habt tatsächlich einen richtigen Clan? Ich dachte, das wäre mittlerweile nur eine nette Touristenattraktion, die man zu den Highland-Games hervorholt." Die Hintergründe interessierten sie brennend. Natürlich wusste sie von den Kämpfen zwischen Engländern und Jakobiten, hatte im Geschichtsunterricht einiges gelernt, wobei sie seltsamerweise immer auf der Seite der Schotten gestanden hatte.

Cameron lachte laut auf. „Da irrst du dich, besonders in den Highlands stehen die Clans fest zueinander. Bei uns ist es noch mal etwas anderes, denn wir benötigen die Gemeinschaft aus bekannten Gründen." Er dachte einen Augenblick nach. „Alan ist unser Anführer, der Chieftain. Er gehörte zu den Engländern, die unsere Familie abgeschlachtet haben." Kurz sah er sich um, um sicherzustellen, dass niemand sie hören konnte. „Er zerbrach seinen Säbel, weigerte sich, an dem Massaker teilzunehmen, weshalb er sich eine Kugel von seinen eigenen Männern einfing."

Erschrocken blieb Abby stehen. „Du redest jetzt aber nicht von der Geschichte in Glencoe, oder?"

„Aye, das ist Teil meiner Vergangenheit. Meine Eltern wurden damals im Schlaf erschlagen, allerdings wird die Sache heute mit anderen Hintergründen dargestellt."

Abigail sah ihn erneut von der Seite aus an. „Ihr habt mir ja gesagt, dass ihr langsam altert, doch dass ihr so alt werdet, hätte ich niemals gedacht."

Er deutete auf einen Weg, der steil anstieg und durch ein Geländer gesichert war. „Lass uns zum Wasserfall gehen, er ist wirklich sehenswert, außerdem gibt es dort den einzigen Klettersteig in Schottland."

Begeistert stimmte sie zu, zumal sie bereits das Rauschen des Wassers hörte. „Klettern ist zwar nicht so meins, aber ich liebe die Natur in ihrer ganzen Vielfalt." Sie hakte sich wieder bei ihm ein. „Du willst mir also sagen, dass du dabei warst, als die Campbells die MacDonalds von Glencoe abgeschlachtet haben?" Sie schluckte, denn das war ein Trauma, an dem er bestimmt immer noch knabberte.

„Aye, ich war damals gerade geboren. Blake hat sich seitdem um mich gekümmert, so gut er konnte. Aufgezogen wurden wir von Hamish und Caitriona, ein Paar aus unserem Rudel." Er rieb sich über die Lider. „In den Geschichtsbüchern steht, dass der Befehl erfolgte, weil wir früher Vieh bei den Campbells gestohlen hatten. Darüber hinaus galten wir als Bedrohung, da wir uns angeblich wilder verhielten als die anderen Highlander. Das stimmt, doch ein Detail fehlt: Der Anführer der Campbells war einer von uns. Er hat uns aus Missgunst und Rache verraten."

Mittlerweile waren sie an einem kleinen Aussichtspunkt angekommen, das Wasser rauschte lauter, während man in der Ferne sehen konnte, wie es vom Felsen stürzte. Abby blieb stehen, legte beide Hände an seine Wangen, gleichzeitig sah sie ihn eindringlich an. „Das ist schrecklich. Es tut mir leid, dass ich solche Erinnerungen geweckt habe." Mitleid stand in ihren Augen.

Cameron schenkte ihr ein trauriges Lächeln. „Ich kann mich nur an die Geschichten erinnern, die von unseren Leuten stammen. Selbst die Gedanken an meine Eltern bestehen aus Erzählungen." Er beugte sich ein wenig vor, um sie zu küssen. „Wie gesagt, Alan gehörte damals zu den Sassenachs, so wie du, aber er weigerte sich, dem Befehl Folge zu leisten. Sie schossen ihren eigenen Mann nieder, wir konnten ihn nur retten, indem wir ihn gewandelt haben." Verlegen strich er sich durch die Haare. „Das heißt Hamish und die Rudelführer kümmerten sich darum. Ich war ja erst einige Tage auf der Welt."

„Dennoch ist es schlimm, wenn man so einen Verrat mitgemacht hat. Du weißt es, hast dadurch deine Familie verloren." Abby wollte sich gar nicht vorstellen, wie es gewesen sein musste. Sie hatte kein gutes Verhältnis zu ihrer Mutter, aber das war weitaus besser, als zu wissen, dass die Eltern von Feinden hinterrücks getötet worden waren.

„Blake ist zwar nur ein paar Jahre älter als ich, trotzdem hat er immer nach mir geschaut. Manchmal ist das ziemlich lästig." Cameron lachte. „Hast du noch Geschwister?"

„Nein, leider nicht. Ich bin ein Einzelkind" Abby zuckte leicht mit den Schultern, dabei richtete sie den Blick auf den Wasserfall. „Er sieht wunderschön aus."

„Das ist nur ein Vorgeschmack. Komm, wir gehen dichter ran." Er nahm ihre Hand, um sie mit sich zu ziehen. „Blake ist unser Treasurer, der Zahlmeister, wenn du es so nennen willst. Ich bin der Piper, somit dafür verantwortlich, Informationen weiterzugeben, die Leute zusammenzutrommeln und für Unterhaltung zu sorgen."

„Ihr habt tatsächlich noch die alte Hierarchie?" Abby kam aus dem Staunen kaum heraus. In ihrer Schulzeit hieß es immer, dass die Clans keine Bedeutung mehr hatten, sondern eher als Trachten- oder Heimatvereine gälten würden.

„Aye, gerade bei uns ist es sehr wichtig, dass wir eine Struktur haben. Sollten die Normalen herausbekommen, was wir sind, ist die Gefahr groß, dass wir in Versuchslaboren landen oder ein ganz übler Krieg entsteht. Deshalb sorgen die Wächter unter anderem für Ordnung." Cameron überlegte kurz, damit er sich nicht verzettelte. Es gab so viel, das er ihr erzählen wollte. „Mittlerweile gibt es einige Außenstellen, die sich um kleinere Delikte kümmern. Verstöße gegen die Geheimhaltung, die nicht so schwerwiegend sind, Streitigkeiten, die ohne Vermittler nur schwer geklärt werden können, solche Sachen eben."

Verstehend nickte Abby. „So wie unsere Ordnungsämter oder Schiedsleute."

„Genau, wir haben über die Jahre ein riesiges Netzwerk aufgebaut. Außerdem unterliegen alle Spezies der gleichen Rechtsprechung. Aktuell ist unser oberster Richter ein Erzdämon namens Ronwe."

Abwehrend hob Abigail eine Hand. „Bitte, ich versuche gerade damit klarzukommen, dass du ein ..." Vorsichtig sah sie sich um, ehe sie das Wort hervorbrachte. „... Werwolf bist." Sie flüsterte nur noch.

Cameron drückte sie an sich. „Ich bin trotzdem der Mann, der dich von ganzem Herzen liebt. Der dich beschützt, auf dich aufpasst und mit dir eine Familie gründen will."

Die Vergangenheit war vergessen, als ihr einfiel, dass ihre Periode ausgeblieben war. „Du hast gesagt, dass ich schwanger sein könnte." Einen Moment überlegte sie. „Nein, das war David. Oder Emily." Energisch winkte sie ab. „Ist ja auch egal. Meine Tage sind in der Tat verspätet, nur frage ich mich ...", weiter kam sie nicht.

„Ich kann riechen, ob du fruchtbar bist." Das schlechte Gewissen sah man ihm deutlich an. „Tut mir leid, ich hätte aufpassen müssen, aber ich war so davon überzeugt, dass wir zusammenbleiben, sodass der Gedanke, ein Baby mit dir zu haben, mich leichtsinnig gemacht hat."

Bei der Beichte blieb sie mitten auf dem Weg stehen, stemmte die Hände in die Seiten, verkniff sich allerdings gekonnt ein Schmunzeln. „Bei dem Thema darf ich bestimmt ein Wörtchen mitreden, oder?“

Cameron wurde blass, dass sie vielleicht gar keinen Nachwuchs bekommen wollte, damit hatte er nicht gerechnet. „Du willst keine Kinder?“

„Das stimmt so nicht, im Gegenteil.“ Lachend schüttelte sie den Kopf. „Es geht nur alles ziemlich schnell. Außerdem ist es unsicher, ob sich meine Periode deswegen verzögert. Ich hätte genauso aufpassen müssen.“

Erleichtert zog er sie an sich. „Wir können einen Schwangerschaftstest in der Apotheke holen, wenn du möchtest.“

Seufzend lehnte sie sich an. „Zu gerne würde ich noch etwas abwarten, aber das ist mehr als dämlich. Wir sollten wissen, was auf uns zukommt.“

Einen Moment genossen sie die Nähe des anderen, bis Cameron sie weiterzog.

Sie gingen durch einen Wald, der ihr fast verwunschen vorkam. Der Weg fiel ab und sie sah einen Bach, der munter über die Steine plätscherte. Eine Brücke führte hinüber, wo ein Wanderweg den Berg hinaufführte, doch ihr Liebster lenkte sie in die entgegengesetze Richtung. Jetzt hörte sie das Rauschen noch deutlicher, kurz darauf stand sie am Fuße des Wasserfalls. Die Anfänge der Via Ferrata, des Klettersteigs, wurden sichtbar, aber Abby sah nur die zerklüfteten Felsen, von denen das Wasser in glitzernden Kaskaden herunterstürzte. Eine ganze Weile beobachteten sie stumm das Schauspiel, das ihnen die Natur bot, während sie es genossen, zusammen zu sein.

„Fantastisch, aye?“

Sie nickte leicht, kaum in der Lage, etwas zu sagen. Wie schon früher zog sie das Land mit seiner Schönheit in seinen Bann.

Als sie den Rückweg antraten, keimt das Gefühl, hierher zu gehören, in ihr auf. Sie war sich sicher, dass sie Schottland lediglich aus ihren zwei Besuchen kannte, trotzdem fühlte sie sich hier wohler als in England. Wie konnte das sein? Von der Seite aus, musterte sie Cameron, lag es daran, dass sie zum ersten Mal mit einem Menschen unterwegs war, der sie tatsächlich liebte? War es ein Blick in die Zukunft, der ihr sagte, dass sie in das Land der mystischen Wesen, der Schlösser, Burgen, der Berge und der zahlreichen Seen gehörte?

„Was plagt dich?“ Cameron war ihr stummer Disput natürlich nicht entgangen. „Hast du ein Problem, Ealan?“

Lächelnd schüttelte sie den Kopf. „Nein, ganz im Gegenteil, ich fühle mich zum ersten Mal, als ob ich wirklich an diesen Ort gehöre.“

Überglücklich küsste er sie, für ihn gab es keine Probleme mehr, nur noch Herausforderungen.

~~°~~

An der Kletterhalle angekommen, hielt er ihr höflich die Tür auf, brachte sie in sein Büro, wo sie wie angewurzelt vor dem Schreibtisch stehen blieb. „Wie um alles in der Welt findest du hier überhaupt noch was?“ Entsetzt deutete sie auf das Chaos vor ihr auf der Tischplatte. Belege, Rechnungen, Anzeigen und etliche Papiere stapelten sich vor ihr.

„Ich hatte in der letzten Zeit wenig Lust, mich hiermit zu beschäftigen“, gab er verlegen zu, dabei schenkte er ihr ein charmantes Lächeln. „Du siehst, ich brauche dich ganz dringend.“

Erst jetzt wurde ihr bewusst, dass er genauso gelitten hatte wie sie selbst. Zum Glück waren es nur ein paar Tage gewesen, aber die reichten ihr völlig. Energisch streifte sie die Jacke ab, sah sich erneut kopfschüttelnd um, anschließend drehte sie sich zu Cameron. „Hol mir bitte einen Kaffee. Ich sorge zuerst einmal für Ordnung in dem Wirrwarr.“ Gerade als er sich an der Kaffeemaschine zu schaffen machte, rief sie ihn zurück. „Ich hab es mir überlegt, bring den Müll raus, denn das werde ich niemals tun.“ Sie würde ihre Vergangenheit ein für alle Mal hinter sich lassen und diese Aufgabe gehörte dazu, sie erinnerte sie zu sehr an die Demütigungen ihrer letzten Arbeitsstelle.

Lachend betrachtete er sie. „Du hast es gut drauf, mich herumzukommandieren.“ Gutmütig zuckte er mit den Schultern. „Du hast hiermit recht, ich habe das Chaos verursacht, da sollte ich helfen, es zu beseitigen.“ Er schnappte sich den überfüllten Mülleimer, doch sie hielt ihn kurz auf.

„Meine Kollegen haben solche Arbeiten immer auf mich abgewälzt.“ Jetzt holte sie tief Luft. „Ich werde mein altes Leben hinter mir lassen, das gehört dazu.“

Vergnügt zwinkerte er ihr zu. „So will ich das hören.“ Unter dem Gesichtspunkt verstand er sie viel besser. Ihm kam der Gedanke, dass er ihr möglichst schnell von seinen sexuellen Vorlieben erzählen sollte, doch den Punkt schob er noch vor sich her.

Kapitel 9 - Ein neues Leben

Abby fühlte sich in ihrem Element, im Grunde liebte sie ihren Job, nur wurde sie in London eher zum Dienstmädchen degradiert. Dort bekam sie immer die Aufgaben, die kein anderer erledigen wollte. Hier war sie im Prinzip für alles verantwortlich.

Sie sichtete die Unterlagen, sortierte und warf weg, was unwichtig war, darüber vergaß sie völlig die Zeit.

„Wir sollten so langsam Feierabend machen, du möchtest deine Freundin noch anrufen, aye?“ Cameron riss sie aus ihrer Arbeit, sodass sie ihn für einen Augenblick verständnislos ansah.

„Es kommt mir vor, als hätte ich gerade erst angefangen“, bemerkte sie, bis sie auf die Uhr sah. „So spät schon?“

„Du vergisst, dass du lange geschlafen hast.“ Er hob sofort die Hände, als sie sich verteidigen wollte. „Das war mehr als in Ordnung. Nach der Nacht hast du die Ruhe dringend benötig.“

Gemeinsam gingen sie durch die Kletterhalle, versicherten sich, dass alle Leute gegangen waren, ehe sie die Lichter löschten und die Tür abschlossen. Den Heimweg legten sie in ein paar Minuten zurück.

„Schön, dass ihr endlich heimkommt.“ David saß in der Küche, einen Becher Kaffee in der Hand, bei dem Anblick fiel Abby siedend heiß ein, dass Cameron ihn ja gebeten hatte, ihr

Handy vorbeizubringen. Neben ihm bemerkte sie auch Emily und Blake, auf dessen Schoß Chris saß.

„Tut mir leid, es war meine Schuld.“ Sie sah ihn bittend an. „Ich habe mich durch das Chaos in seinem Büro gearbeitet.“

David lachte laut auf. „Dann hast du meinen vollen Respekt. Niemand blickt dort durch. Der Bürokram ist absolut nicht sein Ding.“

„Das kann man wohl sagen, allerdings wollte er mich glauben machen, dass es nur wegen unserer Trennung so aussah.“ Jetzt drehte sie sich zu Cameron um. „Möchtest du etwas beichten?“

Verlegen trat dieser von einem Bein auf das andere. „Ja, nun, ich bin vielleicht nicht immer der Ordentlichste.“

Bei der Antwort lachte der Rest auf.

„Das ist die Untertreibung des Jahrhunderts“, bemerkte Blake schmunzelnd. „Er hat es nie geschafft sein Zimmer aufzuräumen, egal, wie sehr Caitriona geschimpft hat. Oft genug habe ich ihn gerettet.“

Bei der Aussage drehte Abby sich zu ihm. „Dann ist es auch deine Schuld. Du hast ihm den Hintern nachgetragen. Kein Wunder, dass er es nicht gelernt hat.“

Bei den harten Worten sah er sie verwundert an, bis er erneut auflachte. „Wahrscheinlich hast du recht, aber das ist jetzt dein Problem.“

Sie verdrehte kurz die Augen, bis sie in das Gelächter einstimmte. „Das wird bestimmt eine Lebensaufgabe.“

Cameron verschränkte die Arme vor der Brust. „So schlimm bin ich auch wieder nicht“, murmelte er.

„Egal, ich sorge schon für Ordnung.“ Abby legte ihre Hände an seine Wangen, um ihn herzhaft zu küssen.

Sie setzten sich zu den anderen und David gab ihr das Smartphone zurück. „Ich vertraue dir, darüber hinaus weißt du, welche Konsequenzen du zu erwarten hast."

Erstaunt musterte sie ihn. „Ich dachte, in der ersten Zeit bin ich so etwas wie eine Gefangene?"

„Nein, das bringen die Jungs gar nicht übers Herz. Außerdem besitzen sie eine verdammt gute Menschenkenntnis und einen noch besseren Geruchssinn." Chris zwinkerte ihr vergnügt zu.

„Was genau meinst du damit?" Abby wusste zwar, dass Cameron wittern konnte, ob sie fruchtbar war, aber weiter hatte sie darüber nicht nachgedacht.

„Sie riechen deine Hormone. Es ist quasi unmöglich etwas vor ihnen geheim zu halten, geschweige denn sie anzulügen." Christine zuckte leicht mit den Schultern. „David ist wesentlich besser darauf geschult, Dinge zu erschnuppern. Bei Blake oder Cameron hast du vielleicht eine winzige Chance."

Neugierig musterte Abby die Männer, die ihrem Blick, ohne zu zwinkern, standhielten. „Was für Gaben habt ihr noch?"

„Wir sind schnell, sehr schnell." Blake stellte ihr eine Tasse Kaffee hin, wobei sie kaum sehen konnte, dass er sie geholt hatte. „Außerdem altern wir wesentlich langsamer als die Menschen."

„Beeindruckend", murmelte sie, gleichzeitig kam sie sich fürchterlich normal vor. Würde sie ihren Wolf auf Dauer wirklich zufriedenstellen können?

„Ich bin in der Lage, deine Zweifel zu wittern", flüsterte Cameron ihr sofort zu.

David schmunzelte. „Wir haben auch ein ausgezeichnetes Gehör", antwortete er mit einem Blick auf seinen Cousin.

„Gut zu wissen." Sie drehte sich zu ihrem Liebsten. „Wir unterhalten uns, sobald wir alleine sind."

„Unsere Jungs fahren morgen nach London, um deine Klamotten zu holen. Sie bringen lediglich deine persönlichen Sachen her. Um die Möbel kannst du dich später kümmern." Blake lenkte das Gespräch geschickt auf ein anderes Thema, da er bemerkte, wie unangenehm es ihr war, in dieser Runde über ihre Zweifel zu reden.

„Danke, das ist super." Sie seufzte. „Ich muss sehen, dass ich aus dem Mietvertrag herauskomme. Außerdem sollte ich dringend mit meinem Chef sprechen." Genau in dem Augenblick klingelte ihr Smartphone, fragend sah sie Cameron an.

„Geh ruhig dran." David nickte ihr aufmunternd zu.

„Davies."

„Oh, mein Gott, Abby, geht es dir gut? Ich habe ständig versucht, dich anzurufen, in deiner Wohnung brennt kein Licht." Avas besorgte Stimme klang aus dem Gerät.

„Beruhige dich, Liebes. Es tut mir leid, dass ich dir nicht sofort Bescheid gegeben habe. Ich bin in Schottland. Cameron hat mich herholen lassen." Sie überlegte einen Moment, damit ihr keine unbedachten Worte herausrutschten. „Da er keine Ahnung hatte, wie ich reagiere, hat sein Cousin mir das Handy weggenommen."

„Willst du mir sagen, dass er dich entführt hat?" Ihre Fassungslosigkeit hörte man deutlich.

„Das ist etwas hart, ich bin glücklich hier, ehrlich." Abby lächelte, als ihr bewusst wurde, dass es der Wahrheit entsprach. „Es ist, als ob ein Traum wahr wird. Du weißt, wie sehr ich Schottland liebe."

„Klar, du hast es ja bei jeder Gelegenheit erwähnt, genau wie deine Vernarrtheit in den Musiker.“ Sie lachte erleichtert. „Ich habe dir ja gesagt, dass du auf dem Konzert ein Wunder erlebst.“

„Du hattest recht, Liebes. Du, ich rufe dich morgen noch mal in Ruhe an. Camerons Cousin und dessen Frau sind zu Besuch.“ Abby fiel es schwer, die Freundin abzuwimmeln, aber es kam ihr fürchterlich unhöflich vor, zu telefonieren, während die anderen am Tisch saßen.

„Kein Problem, ich freue mich, dass es dir wieder gut geht. Ich habe mir enorme Sorgen um dich gemacht.“ Erneut lachte Ava. „Ich wusste ja sofort, dass er nicht mit dir spielt.“

„Ja, du hattest recht. Wir hören uns morgen. Schlaf gut.“

Die Frauen verabschiedeten sich und Cameron zog sie an sich. „Siehst du, du darfst ihr erzählen, was dir wichtig ist. Abgesehen von dem Anteil, der sich um die magische Welt dreht.“

Dankbar kuschelte sie sich an ihn. „Trotzdem finde ich es schwierig, ständig aufpassen zu müssen, dass mir nichts Unbedachtes herausrutscht.“ Sie richtete ihren Blick auf David. „Werdet ihr uns auch hinrichten, wenn es unabsichtlich passiert?“

Sofort schüttelte der Wächter den Kopf. „Nein, in dem Fall wird deine Freundin den Eid leisten oder operiert werden. Bei unserem Gesetz geht es darum, die Gemeinschaft zu schützen. Die Informationen über uns in den falschen Händen wären katastrophal.“

Verstehend nickte Abby. „Ja, das hat Cameron bereits gesagt. Es tut mir leid, dass wir Menschen solche Ignoranten sind.“

„Nicht alle sind so“, mischte sich jetzt Emily ein. „Ich kenne einige, die sehr tolerant sind und uns niemals schaden würden.“

Dem konnte sie kaum widersprechen, trotzdem fand sie es unfair, dass die Paranormalen sich im Prinzip verstecken mussten.

„Wir fliegen morgen nach Irland zurück.“ David sah besonders seine Cousins an. „Ich schlage vor, ihr kommt uns in einem Monat besuchen. Bei der Gelegenheit kann Abby den Eid leisten, außerdem treffen wir uns so schnell wieder.“

„Das ist ein guter Vorschlag“, stimmte Blake zu. „Wir sehen uns sowieso zu selten.“

Cameron schaute zuerst in seinen Kalender, anschließend nickte er.

„Perfekt, dann haben wir lediglich einen letzten Punkt zu besprechen.“ Mit den Worten zog David die Blicke auf sich. „Wir müssen herausfinden, wer dich besucht hat, Abby.“

Verlegen zuckte sie mit den Schultern. „Es ist überhaupt nicht gesagt, dass es ihn tatsächlich gibt. Meine Eltern, meine Klassenkameraden, einfach alle waren der Überzeugung, dass ich schlichtweg spinne.“ Sie war noch nicht bereit, die Wahrheit anzuerkennen, obwohl sie tief in ihrem Inneren spürte, dass es sich um kein Hirngespinst gehandelt hatte.

Die Gestaltwandler sahen sie fast mitleidig an.

„Es ist bestimmt schwer, wenn niemand einem glaubt, besonders als Kind.“ Chris rieb sich über die Lider. „Trotzdem darfst du auf dein Bauchgefühl hören. Was glaubst du? Hast du es dir tatsächlich eingebildet?“

Abby dachte angestrengt nach, nur bekam sie lediglich Fetzen der Erinnerung zu packen. Kurz erkannte sie den Raben, graue Augen, blickten sie liebevoll an, viel mehr sah sie einfach nicht. „Ich würde es gerne wahrhaben, bin aber extrem unsicher." Sie seufzte leise. „Ich war fast ständig alleine, meine Eltern gaben mir das Gefühl, ungewollt zu sein, besonders, nachdem ich ihnen von den nächtlichen Besuchen erzählt habe. Ich sehnte mich nach jemandem, der mich liebte, der mit mir spielte und mir nicht andauernd sagte, wie unvollkommen ich bin." Der Psychologe damals hatte ihr genau das als Hintergrund erklärt. „Vielleicht habe ich mir alles eingebildet."

„Sollte dir irgendetwas einfallen, ruf mich umgehend an. Das ist wirklich wichtig." David deutete auf ihr Smartphone, das jetzt auf dem Tisch lag. „Ich habe meine Nummer eingespeichert."

Verwundert sah sie ihn an. „Wie hast du den Pin herausgefunden?"

Bei der Frage lachten die Wölfe auf.

„Wir besitzen einige Technologien, von der ihr Menschen nur träumen könnt. Unter anderem ist es für uns kein Problem ein Handy zu entsperren, aber wir verfügen genauso über Geräte, um Radaranlagen abzuschalten", erklärte David schmunzelnd. „Weshalb glaubst du, dass unsere Ärzte in der Lage sind, Erinnerungen zu entfernen?"

Daran hätte sie früher denken können! „Stimmt ja."

„Die meisten Errungenschaften bekommen die Wächter, weil sie immer einsatzbereit sein müssen. Es gäbe auch ein ziemliches Chaos, wenn alle so schnell fahren könnten, wie sie wollten." Blake rieb sich lächelnd über das Kinn. „Wobei ich euch darum echt beneide."

David schlug ihm freundschaftlich auf die Schulter. „Ein paar Vorteile stehen uns wirklich zu, immerhin setzten wir unser Leben für die Gemeinschaft aufs Spiel."

In dem Augenblick war Abby dankbar, dass ihr Freund kein Wächter war. Die Vorstellung, zu Hause zu sitzen und zu beten, dass er unverletzt zurückkam, bereitete ihr eine Gänsehaut.

„Lasst uns etwas zu essen bestellen." Cameron betrachtete seine Gefährtin mit schlechtem Gewissen. „Tut mir leid, ich habe völlig vergessen, dass du bestimmt Hunger hast nach dem langen Tag."

Sofort winkte sie lächelnd ab. „Kein Problem, ich besitze genug Reserven."

Sie entschieden sich für Pizza, und während sie darauf warteten, wärmten die Cousins alte Geschichten auf.

Cameron hatte einen guten Whisky auf den Tisch gestellt, ehe er Abby fragend ansah. „Möchtest du vielleicht einen Wein oder etwas anderes?"

Schmunzelnd lehnte sie ab. „Das letzte Mal, als ich einen Cocktail getrunken habe, ist mein Leben ziemlich aus den Angeln gehoben worden. Ich mag die jetzige Entwicklung, also verzichte ich lieber."

Emily hob ihr Glas in einem stummen Salut an. „Mir geht es genauso, zumal ich ja weiß, dass Alkohol den Gestaltwandlern nichts ausmacht. Leider ist das nicht bei allen Paranormalen so."

Neugierig betrachtete Abigail sie, um herauszufinden, was genau sie darstellte. Irgendwie hatte sie vermutet, dass sie ein normaler Mensch war.

„Wenn du Fragen hast, solltest du sie stellen, sonst bekommst du unter Umständen keine Antworten." Die Wächterin zwinkerte ihr zu.

„Ich finde es ziemlich unverschämt, deshalb halte ich besser meinen Mund. Am Ende verstoße ich gegen irgendein ungeschriebenes Gesetz." Abby legte den Kopf schief.

„Du überlegst angestrengt, was ich bin, richtig?" Emily lachte vergnügt. „Ich sehe es dir an deiner Miene an. Du hast recht, im Normalfall stellt man eine solche Frage lieber erst, wenn man sich gut kennt. In diesem Fall gehören wir ja quasi der gleichen Familie an. Ich bin eine Dämonin, okay, ich besitze nur einen ganz kleinen Anteil Dämonengene. Während einer großen Schlacht wurde ich so verzaubert, dass ich genauso langsam altere wie David."

Abbys Augen weiteten sich. „Du willst sagen, dass sie in der Lage sind, aus uns Normalen auch magische Geschöpfe zu machen?" Einerseits faszinierte sie die Vorstellung, andererseits jagte sie ihr Angst ein.

„Nein, unsere Jungs können dich lediglich in einen Gestaltwandler verwandeln. Aber nur mit deinem Einverständnis. Früher war es eine Tortur, die so mancher Mensch nicht überlebt hat. Heute haben unsere Ärzte einen Weg gefunden, der es ohne Schmerzen und Gefahr möglich macht." Emily sah sie freundlich an. „Deshalb brauchen sie deine Einwilligung."

Verstehend atmete Abigail auf. „Wer hat dich verzaubert? Wolltest du das?"

Jetzt lachte die Wächterin auf. „Oh, ja, ich habe darunter gelitten, dass ich viel schneller gealtert bin als mein Gefährte. Außerdem kam ich mir immer etwas minderwertig vor, bis herauskam, dass ich Dämonenblut besitze." Ein stummer Blickwechsel mit David entstand, bevor sie weitersprach. „Mithilfe von Drachenmagie altere ich langsamer."

Bei der Antwort stand Abby der Mund offen. „Drachen? Das ist eine Metapher, richtig?“

„Nein, wir reden von riesigen Echsen, die Feuer speien können.“ David musste sich beherrschen, um seine Stimme unter Kontrolle zu halten. „Sollte Jorgan jemals herausfinden, dass ich das gesagt habe, wird er mich verprügeln.“ Nach der Erklärung lachte er laut auf.

„Ihr habt einen echten Drachen in euren Reihen?“ Abigail konnte es kaum glauben. „Wie kommt es, dass er noch nicht aufgefallen ist? Oder bleibt er in einer Höhle?“

Bei der Annahme kicherte auch Emily los. „Das ist zu gut, entschuldige bitte, Abby, aber Jorgan ist ein Gestaltwandler. Seine ursprüngliche Form ist ein Drache. Er gehört zu den Wächtern.“ Ihr liefen jetzt die Lachtränen über die Wangen.

Etwas beschämt murmelte sie eine Erklärung. „Tut mir leid, ich bin von den alten Sagen ausgegangen.“

Cameron knurrte leise. „So witzig finde ich das nicht. Woher soll sie es denn wissen?“

Emily winkte ab und auch Chris beruhigte sich wieder. „Es geht weniger um sie, sondern mehr um die Vorstellung, dass Jorgan in einer Höhle haust“, erklärte Christine. „Er liebt sein Häuschen in der Siedlung der Wächter. Auf gar keinen Fall würde er das aufgeben.“

„Tut mir leid, wir haben dich wirklich nicht ausgelacht. Du kennst lediglich die Märchen oder Sagen.“ Emily legte eine Hand auf Abbys Arm. „Wenn du ihn kennenlernst, wirst du uns verstehen. Ehrlich, es ging um ihn, keineswegs um dich.“

„Ich werde einen Drachen treffen?“ Mit der Möglichkeit hatte sie so gar nicht gerechnet.

„Natürlich, er ist ja einer von uns und hält sich oft im Hauptquartier in Ballygannon auf.“ David zuckte unbekümmert mit den Schultern.

„Ich bin übrigens eine Selkie, eine vom Meervolk.“ Christine lenkte das Gespräch gekonnt in eine andere Richtung, als sie bemerkte, wie beeindruckt Abby davon war, dass zu den Wächtern ein Drachenwandler gehörte.

„Ich sollte mich schleunigst mit den alten Mythen und Sagen beschäftigen. Meermenschen, von denen habe ich bereits gelesen.“ Sie stutzte. „Gibt es Atlantis wirklich?“

Christine zuckte mit den Schultern. „Möglich, aber Genaues weiß ich nicht. Bisher ist es ein Mythos.“ Sie lächelte. „Mein Großvater ist einer der Meergötter, okay, die Menschen haben einen Gott aus ihm gemacht. Vieles ist anders, als es heute überliefert wird.“

Staunend richtete Abby ihren Blick erneut auf die junge Frau. „Du machst einen Scherz, richtig?“

„Nein, mein Opa ist Njörd, auch bekannt als Mananan Mac Lir oder Poseidon.“ Chrissi zuckte leicht mit den Schultern. „Er ist toll, nur wenn er wütend wird, geht man ihm besser aus dem Weg. Mit seinem Dreizack kann er Seebeben heraufbeschwören. Leider ist die Wissenschaft der Menschen mittlerweile so weit, dass sie es lokalisieren können. Das wurmt ihn enorm.“ In ihren Augen erkannte man, wie sehr sie ihren Opa liebte.

Abby schluckte. „Das muss ich erst einmal verkraften. Ich habe die Enkelin von Poseidon getroffen.“

„Ich bin immer noch Chris, die Sängerin der *Highland Werewolfs* und ich hoffe, wir werden Freundinnen.“ Offen streckte sie ihr die Hand hin, die Abigail gerne nahm.

„Wir sind alle für dich da, solltest du uns brauchen." Damit beendete Blake das Thema.

„Danke, das bedeutet mir sehr viel." Abby schluckte einen dicken Kloß herunter. Sie war stets die Außenseiterin gewesen, mit dem nur wenige zu tun haben wollten und plötzlich boten ihr so mächtige Wesen ihre Freundschaft an. Das musste sie erst einmal verstehen.

Kurz nach Mitternacht verabschiedeten sie sich, anschließend zog Cameron sie fest in seine Arme.

„Ich dachte schon, die gehen gar nicht mehr", murmelte er, bevor er sie verlangend küsste.

Abby drängte sich an ihn, ließ sich von seinem Geschmack berauschen, gleichzeitig durchströmte sie die Lust. „Du solltest froh sein, solche Leute an deiner Seite zu haben", tadelte sie halbherzig.

„Das bin ich, doch jetzt habe ich andere Gedanken." Mit den Worten hob er sie auf seine Arme, um sie ins Schlafzimmer zu tragen. Kurz überlegte er, ihr seine besonderen Neigungen zu beichten, entschied sich allerdings dagegen. An diesem Abend wollte er sich ganz vorsichtig herantasten, reden konnten sie später noch.

Kapitel 10 - Neue Erfahrungen

„Stark seid ihr auch noch“, murmelte Abby, die ihre Nase in seine Halsbeuge drückte, während sie ihre Arme um seinen Hals schlang. Es fühlte sich verdammt gut an, von ihm getragen zu werden. Bei ihrem früheren Freund durfte sie sich nicht mal auf seinen Schoß setzen.

„Du tust, als ob du Tonnen wiegen würdest“, bemerkte Cameron lachend. „Glaub mir, ich bin in der Lage, dich viel weiter zu tragen. Außerdem liebe ich alles an dir.“ Er setzte sie auf dem Bett ab, stellte sich vor sie, anschließend hob er ihr Kinn mit dem Handrücken an. „Es gibt überhaupt keinen Grund, sich vor mir zu schämen, aye?“

Zögernd nickte sie, denn so ganz stimmte sie da nicht zu, doch jetzt war der falsche Zeitpunkt für eine Diskussion.

„Gut, dass wir da einig sind. Vertraust du mir?“

Ohne zu überlegen, lächelte sie ihn an. „Mit jeder Faser meines Herzens.“

„Ich möchte etwas ausprobieren. Versprich mir, dass du sofort Bescheid sagst, wenn du Bedenken hast oder es dir missfällt.“

„Darauf kannst du dich verlassen.“ In ihren Augen glitzerte es verlangend, außerdem war sie neugierig, was er mit ihr vorhatte.

Einen Moment musterte er sie, überlegte, wie er vorgehen sollte, ehe er mit einem Schmunzeln nickte. „Steh auf und zieh dich aus. Ich will sehen, was mir gehört."

Bei den Worten runzelte sie die Stirn, beschloss allerdings sich auf das Spiel einzulassen. Insgeheim ahnte sie, worauf es hinauslaufen würde, was ihr sogar gefiel. In vielen Büchern hatte sie über dominant-sadistische Männer gelesen und sich heimlich danach gesehnt.

Sie stand auf, trat unschlüssig von einem Bein auf das andere, bevor sie den Pullover abstreifte. Das war relativ leicht, da sie noch ein T-Shirt und Unterwäsche trug. In der Tat kostete es sie enorme Überwindung, sich unbekleidet zu präsentieren, denn damit legte sie eine Schutzmauer ab.

Cameron setzte sich vor sie auf das Bett, musterte sie, gab ihr allerdings die Zeit, die sie benötigte. „Ich habe dich bereits nackt gesehen, Ealan." Er lächelte ihr aufmunternd zu.

Seufzend nickte sie. „Ich weiß, das macht es nicht einfacher." Sie schloss kurz die Augen, wobei sie feststellte, dass sie die Situation anmachte. Das war seltsam, da es sich genauso demütigend anfühlte.

Mit geschlossenen Lidern streifte sie die Jeans ab, ließ das Shirt folgen, anschließend nestelte sie am Verschluss ihres BHs herum, den sie kaum zu packen bekam.

„Sieh mich an."

Camerons Stimme klang dunkel und riss sie aus ihrer eigenen Gedankenwelt, in die sie sich vor Scham geflüchtet hatte.

Zögerlich gehorchte sie, blickte ihn an, nur um sofort in den grün-braunen Augen zu versinken. Für einen Moment stand die Zeit still, die Welt versank, übrig blieben nur sie beide.

Die tiefe Liebe, die sie deutlich erkennen konnte, gab ihr Halt, wärmte sie und hüllte sie in eine Geborgenheit ein, von der sie bisher lediglich geträumt hatte.

Ohne den Blickkontakt abzubrechen, erhob er sich, legte seine Hände an ihre Oberarme, um sie dichter an sich zu ziehen. „Es ist alles in Ordnung, meine Kleine. Du bist wunderschön, vergiss das nie." Zärtlich küsste er sie, drang mit sanfter Gewalt in ihren Mund ein, gleichzeitig strichen seine Finger über ihren Rücken, um den Verschluss zu öffnen.

Erst als er von ihr abließ, bemerkte sie, dass die Träger des BHs ihr bereits von den Schultern rutschten. Mit einem Lächeln streifte sie das lästige Stück Stoff ab, jetzt brannte sie darauf, ihn Haut an Haut zu fühlen.

Hektisch zog sie an seinem Hemd, doch er hielt ihre Handgelenke fest. „Du hast eine Aufgabe, aye?" Mit einem süffisanten Schmunzeln setzte er sich wieder, anschließend deutete er auf ihren Slip.

Sofort kehrte sie Unsicherheit zurück, was er deutlich roch, trotzdem zog sie schnell das letzte Kleidungsstück aus.

„Brav, so mag ich das. Dreh dich."

Abby schluckte, kam aber seinem Befehl nach, vorsichtig bewegte sie sich, während sie in sich hineinspürte. Es machte sie in der Tat an, sie stand auf diese Art der Demütigung, was ihr ein Lächeln ins Gesicht zauberte. Offensichtlich würden auch ihre geheimsten Sehnsüchte erfüllt.

Seit sie Bücher mit SM-Szenen gelesen hatte, sehnte sie sich danach, einmal eine Session erleben zu dürfen.

„Es scheint dir zu gefallen", bemerkte Cameron mit einem zufriedenen Unterton, gleichzeitig erhob er sich wieder, hob sie auf seine Arme, um sie in der Mitte des Bettes zu platzieren. „Möchtest du weitergehen?"

Begeistert nickte sie. „Wenn du von BDSM sprichst, sehr gerne.“ Bei seinem erstaunten Blick hätte sie fast laut gelacht. „Ich habe viel darüber gelesen, weshalb ich neugierig auf die Erfahrung bin.“

Verliebt musterte er sie. „Du bist wirklich ein Geschenk, über den Punkt habe ich mir ernsthaft Gedanken gemacht.“ Er wurde ernst. „Noch mal, du sagst mir sofort Bescheid, falls dir etwas missfällt.“

„Das verspreche ich dir.“

Er küsste sie, hielt sich allerdings nicht lange mit ihrem Mund auf, sondern zog eine heiße Spur über ihren Körper, saugte an ihren Brustwarzen, leckte über ihre erogenen Stellen, bis sie sich ihm verlangend entgegenbog.

„So ist es gut, ich will sehen, wonach du dich verzehrst.“ Er biss hart in ihren Nippel, nur um gleich darauf wieder daran zu saugen.

Mit Gewalt riss er sich von ihr los, ging zum Schrank, um ein paar Dinge herauszusuchen. Mit mehreren Seilen, Klammern, einem Flogger und einem Vibrator kam er zu ihr zurück, zeigte ihr kurz, was er eingesammelt hatte, anschließend wartete er ab, ob sie Einwände hatte.

Abby betrachtete erregt das Spielzeug, dabei stellte sie sich vor, wie es sich anfühlen würde, Schmerzen für ihn auszuhalten. Allein das Kopfkino, das sich jetzt vor ihrem inneren Auge aufbaute, sorgte dafür, dass es zwischen ihren Schenkeln noch heftiger pochte. „Ich möchte wissen, wie es ist, deine Sub zu sein“, brachte sie leise hervor. Ihre Stimme klang heiser, ihr Mund fühlte sich ausgetrocknet an, gleichzeitig kribbelte ihr gesamter Leib vor Verlangen.

„Du machst mich zum glücklichsten Mann der Welt." Cameron küsste sie erneut, bevor er nach den Klemmen griff. Sanft rieb er mit der Handfläche über ihre linke Brustwarze, bis sie sich hart zusammenzog. Sein Blick suchte ihren, anschließend setzte er eine Klammer.

Abby stieß zischend die Luft aus, es tat weh, war allerdings auszuhalten. Irgendwie hatte sie gedacht, ein echter Masochist würde keine Schmerzen, sondern nur Lust spüren. In diesem Augenblick wurde sie eines Besseren belehrt, es schmerzte, gleichzeitig sehnte sie sich nach mehr. Die Erregung stieg immer weiter an, sodass sie die Schenkel aneinander rieb.

„Bleib ruhig liegen", wies Cameron sie an, wobei ihm klar war, dass sie dazu außerstande war. Mit einem sadistischen Lächeln setzte er auch die zweite Klammer, genoss es, dass sie jetzt leise aufschrie. Einen Moment ließ er sie leiden, ehe er mit einem Finger sanft um die Klemmen kreiste. „Es ist schon vorbei, Ealan."

Sie schluckte, spürte in sich hinein, nur um pure heiße Gier zu erkennen. Vorsichtig nickte sie ihm zu, dabei hoffte sie, dass er noch nicht aufhören würde. Ihr Blick glitt zu den Seilen und dem Flogger, nur traute sie sich kaum, ihren Wunsch auszusprechen.

„Sag mir, was du willst." Natürlich hatte Cameron ihre Vorbehalte sofort erkannt. Sie sollte lernen, frei zu äußern, wonach sie sich sehnte.

„Bitte ...", weiter kam sie nicht, weil die Lust ihr die Kehle zuschnürte. Sie räusperte sich, ehe sie erneut ansetzte. „Ich möchte mehr. Zeig mir, wie es ist, dir ausgeliefert zu sein." Fast hätte sie die Lider geschlossen, aber seine warnend hochgezogene Augenbraue hielt sie davon ab. Instinktiv wusste sie, dass er ein solches Verhalten kaum zulassen würde.

„Sehr gerne, meine Kleine." Sofort griff er nach einem Seil, nahm ihr Handgelenk, um es am Kopfende festzubinden. Genauso verfuhr er mit der anderen Seite, ehe er sie eindringlich ansah. Tief sog er ihren Duft ein, prüfte auf diese Weise, wie sie sich fühlte. Lust herrschte vor, allerdings erkannte er auch Unsicherheit und eine Nuance Furcht. Zufrieden ging er ans Fußende, um ihre Fußgelenke zu fesseln, anschließend sah er sich sein Werk an.

Abby lag jetzt aufgespannt wie ein X vor ihm, nicht in der Lage, irgendetwas vor ihm zu verstecken. Die Erkenntnis, dass sie ihm einen sehr guten Einblick gab, beschämte sie, gleichzeitig erregte es sie.

Einen Moment blieb Cameron vor dem Bett stehen, betrachtete liebevoll sein Eigentum, während er es genoss, die Macht über sie zu haben. Sein innerer Wolf zerrte an seiner Kette, wollte die Situation ausnutzen, doch der Sadist in ihm besaß im Augenblick die Oberhand.

Geschmeidig ging er an ihre Seite, glitt mit den Fingerkuppen über ihre weiche Haut, strich über ihren Bauch, woraufhin sie die Muskeln anspannte. „Lass das, ich mag dich so, wie du bist." Streng sah er sie an, gleichzeitig ließ er eine Hand auf ihrem Bauchnabel liegen. „Du willst meine Sub werden? Dann akzeptiere, dass ich dich überall berühre."

Vorsichtig nickte sie, dabei verkniff sie sich die Bemerkung, dass sie ja keine andere Wahl hatte. Ehrlich gestand sie sich ein, dass sie es genoss, wie er mit ihr umging. „Ja, mein Laird."

In ihrer Antwort klang kein Spott mit, sodass er zufrieden schmunzelte. Die Anrede gefiel ihm. Erneut streichelte er sie, fuhr unendlich zart zwischen ihren Schamlippen entlang, womit er ihr ein lautes Stöhnen entlockte. Sofort hob sie ihm ihr Becken entgegen, aber er zog seine Hand zurück.

„So weit sind wir noch nicht, Ealan. Die Nacht ist jung." Vergnügt zwinkerte er ihr zu, anschließend nahm er den kabellosen Vibrator, schaltete ihn ein und hielt ihn an ihren Lustpunkt.

Lustvoll schrie sie auf, klammerte sich an die Seile, die ihr unerklärlicherweise Halt gaben, gleichzeitig bäumte sie sich auf. Die Vibration brachte sie augenblicklich in die Nähe der Erlösung, nach der sie sich sehnte.

„Es ist schön zu sehen, wie sehr du dich fallen lässt", raunte Cameron ihr zu, nachdem er das Toy wieder ausgeschaltet hatte. „Noch möchte ich dich nicht kommen lassen", erklärte er liebenswürdig.

Abby sah ihn flehend an. Er konnte sie doch nicht so unbefriedigt liegen lassen, oder? „Bitte!" Sie schluckte. „Ich tue alles, was du willst."

Mit einem leichten Lächeln schüttelte er den Kopf. „Das Betteln kannst du dir für ein anderes Mal aufheben. Vertrau mir, es wird dir gefallen." Er schaltete den Vibrator erneut ein, stellte ihn auf die unterste Stufe, bevor er ihn an ihrem Lustpunkt platzierte. „Bleib ruhig liegen, sonst ist das Vergnügen schnell vorbei", riet er ihr süffisant.

Abigail biss die Zähne aufeinander, drückte sich an die Matratze und klammerte sich an die Seile, die ihr Halt gaben. Auf keinen Fall wollte sie, dass das köstliche Gefühl zwischen ihren Schenkeln stoppte, ehe sie gekommen war.

Cameron verkniff sich ein Schmunzeln, während er den Flogger zur Hand nahm. Er hielt ihn so, dass sie ihn gut sehen konnte, wartete ab, ob sie Einwände hatte, ehe er den ersten Schlag auf ihre Oberschenkel setzte.

Abby sog vor Schreck die Luft hörbar ein, weil es dermaßen laut klatschte, bemerkte aber sofort, dass es kaum schmerzte. Beruhigt atmete sie aus, lächelte ihrem Herrn zu, der sie intensiv beobachtete.

Immer wieder trafen die Schnüre der Peitsche auf ihre Schenkel, sorgten dafür, dass sich die Haut rot verfärbte und das leichte Brennen ständig heftiger wurde.

Leise stöhnend bewegte sich Abigail, nicht in der Lage, noch länger still zu liegen, doch genau in dem Moment verrutschte der Vibrator. Enttäuscht stieß sie die Luft aus, gleichzeitig sah sie ihren Freund flehend an. „Legst du ihn bitte an die richtige Stelle?“

Cameron tat so, als ob er nachdenken müsste, anschließend schüttelte er den Kopf. „Ich habe dir befohlen, ruhig liegen zu bleiben, aye?“

Betroffen stimmte sie zu. „Das war unmöglich“, flüsterte sie.

Sofort packte er ihr Kinn, zwang sie ihm direkt in die Augen zu sehen. „Weshalb war es dir nicht möglich?“

Zu gerne hätte sie die Antwort verweigert, nur gab es in der Lage keinen Ausweg. „Weil ich so unendlich heiß bin. Ich habe das Gefühl, dass ich platze, falls ich keinen Höhepunkt bekomme.“ Ihre Wangen färbten sich tiefrot bei dem Geständnis, gleichzeitig schoss ihr eine Welle der Erregung durch den gesamten Leib.

Zufrieden ließ er sie los. „Das liebe ich, Ealan. Ich genieße es, die Macht über deine Lust zu besitzen, dich immer wieder an deine Grenze zu bringen.“ Er platzierte den Vibrator erneut an die richtige Stelle, woraufhin sie laut aufstöhnte.

Dieses Mal nahm sie sich fest vor, sich keinen Millimeter zu bewegen, doch als Cameron jetzt die Klammern an ihren Nippeln traf, zuckte sie schmerzhaft zusammen. Augenblicklich verrutschte das Toy und sie biss sich auf die Zunge, um einen Fluch zurückzuhalten.

„Tztztz, das müssen wir wohl noch üben", teilte er ihr süffisant mit, dabei bemühte er sich nicht mal darum, sein Lächeln zu verstecken. Spielerisch schlug er erneut auf ihre Brustwarzen, entlockte ihr einen gequälten Laut, der sein Sadistenherz höherschlagen ließ. Trotzdem beobachtete er sie genau, um sofort zu stoppen, falls es zu viel wurde.

Immer wieder trafen die Strippen des Floggers auf ihrem Leib auf und Abby bemerkte erstaunt, dass sie es auch ohne die Vibration genießen konnte. Mit geschlossenen Lidern lag sie vor ihm, nahm jeden Treffer tief in sich auf, spürte die Lust in sich hochkochen, bis sie das Gefühl hatte, es nicht länger abwarten zu können. „Bitte, ich flehe dich an, schenk mir einen Höhepunkt", murmelte sie. Es fiel ihr enorm schwer, die Worte über die Lippen zu bringen.

„Sieh mich an, Ealan." Cameron wollte in ihre Augen sehen, wenn er sie über die Klippe springen ließ. Es war für ihn ein ganz besonderer Anblick.

Mühsam öffnete sie die Lider, schluckte, dabei sah sie ihn flehend an. „Ich halte es kaum noch aus", gab sie leise zu.

Sanft strich er ihr die Haare aus dem Gesicht. „Du hast mich sehr stolz gemacht." Innerhalb weniger Sekunden hatte er die Kleidung abgestreift, den Vibrator zusammen mit dem Flogger auf den Boden gelegt, die Fesseln gelöst und schob sich jetzt über sie.

Sie wimmerte auf, als er an die Klammern kam.

„Ich nehme sie ab", warnte er, ehe er die Klemmen öffnete.

Gequält schrie sie auf, als das Blut in die Warzen schoss, gleichzeitig spürte sie seine Finger, die ihre Klitoris massierten. Die Mischung aus Schmerz und Lust trieb sie in den Wahnsinn.

Cameron hielt sie geschickt am Rand des Orgasmus, bis er mit einem harten Stoß in sie eindrang. Sie war so nass, dass er mühelos in sie gleiten konnte. Genüsslich bewegte er sich in ihr, holte sich an ihrem Leib, was er in diesem Moment so dringend brauchte. Selbstverständlich hatte ihn das Spiel mit ihr keineswegs kalt gelassen, trotzdem benötigte er noch eine kleine Weile.

Erst jetzt erlaubte er ihr den Höhepunkt, sorgte dafür, dass sie heftig kam, indem er erneut ihren Lustpunkt zusätzlich rieb.

Mit einem lauten Schrei kam Abby, flog bis zu den Sternen, während sie das Gefühl hatte, als würde die Anspannung in ihrem Leib explodieren. Vor ihren Augen sah sie helle Blitze, in ihren Ohren summte es und ihr gesamter Körper verkrampfte sich auf die schönste Weise. In diesem Augenblick verstand sie, warum die Franzosen den Moment den kleinen Tod nannten.

Auch Cameron erlaubte sich, die Beherrschung fallen zu lassen, als er fühlte, dass sich ihre Muskeln um sein bestes Stück zusammenzogen. Sein innerer Wolf verlangte jetzt nach seinem Recht, er wollte die Gefährtin markieren, seinen Anspruch auf sie für immer festlegen. Mit einem Knurren ließ er ihn von der Kette, stieß noch einmal tief in sie, ehe er sich in ihr verströmte.

Erschöpft, aber überglücklich blieb er einen Augenblick auf ihr liegen, anschließend rollte er von ihr, nur um sie sofort fest in seine Arme zu ziehen. „Du bist ein Wunder, Ealan."

„Das kann ich auch von dir behaupten, mein Laird.“ Sie lachte leise. „Immer wenn ich ein Buch gelesen habe, in dem der Mann dominant war, sehnte ich mich nach einem solchen Partner“, gab sie zu. „Dass du noch ein paar Extras aufzuweisen hast, hätte ich nie zu träumen gewagt.“ In dem Augenblick erschien eine Szene vor ihrem inneren Auge. Der Rabe hatte sich verwandelt, er trug eine ihrer Decken als Lendenschurz und sagte ihr, dass sie etwas Besonderes sei, was sie niemals vergessen durfte.

Irritiert forschte sie nach weiteren Erinnerungen, aber das Bild verblasste bereits.

„Was ist mit dir? Habe ich dir wehgetan? Rede mit mir, Ealan.“ Besorgt strich Cameron ihr über die Wangen, die jegliche Farbe verloren hatten.

Lächelnd schüttelte sie den Kopf. „Nein, du warst wundervoll, ehrlich.“ Sie atmete durch. „Ich konnte mich nur gerade an den Raben erinnern. Vielleicht bilde ich mir zu viel ein, oder auch nicht. Er hat mir damals gesagt, ich sei etwas Besonderes, das dürfte ich nie vergessen.“ Lachend rieb sie sich über die Lider. „So ein Blödsinn, ich sollte mittlerweile wissen, dass ich einfach nur Durchschnitt bin.“

Cameron drehte sich so, dass sie ihn ansehen musste, anschließend legte er beide Hände an ihre Wangen. „Du bist auf keinen Fall gewöhnlich, meine Kleine. Jede andere wäre in Ohnmacht gefallen, als David sich verwandelt hat. Du bist stark, mutig genug, der Realität ins Gesicht zu blicken, und schön.“

Verlegen verdrehte sie die Augen. „Natürlich, das sagst du, weil du mich liebst. Mein Umfeld sieht eher die Tatsachen.“

Seufzend ließ Cameron sie los, hier lag noch ein Haufen Arbeit vor ihm, bis sie selbst sehen konnte, was für ein toller Mensch sie war. „Vertrau mir einfach, du bist etwas Besonderes."

Zu müde, um ihm zu widersprechen, kuschelte sie sich an ihn. „Ich glaube dir, dass du das in mir siehst."

Damit gab er sich zufrieden und gemeinsam schliefen sie ein.

~~°~~

„Du willst also wirklich meine Sub sein?" Cameron musterte sie fragend, als sie am nächsten Morgen am Frühstückstisch saßen.

Offen begegnete sie seinem Blick. „Mehr als alles andere, aber vielleicht reiche ich nicht aus. Ich besitze keine Erfahrungen, nur Geschichten im Kopf." Sie zuckte leicht mit den Schultern.

„Noch mal, Kleines, du bist mehr als ich mir jemals erträumt habe. Du hast mich gestern schon enorm glücklich gemacht." Seufzend sah er sie an, da hatte jemand ganze Arbeit geleistet, indem er ihr jegliches Selbstvertrauen geraubt hatte. „Ich liebe es, wenn die Sub keinen Dom vor mir hatte. So kann ich dich nach meinem Geschmack erziehen, ohne auf Altlasten Rücksicht nehmen zu müssen." Er überlegte einen Moment. „Ich möchte, dass du mir eine Tabuliste erstellst."

Sofort stimmte sie zu, wartete jedoch ab, ob er auch ihre Vorlieben wissen wollte, doch die Frage kam nicht. Irgendwie enttäuschte sie es, gleichzeitig war sie erleichtert. Über ihre sexuellen Vorstellungen zu sprechen, fiel ihr enorm schwer, zumal es früher niemals ein solches Gespräch gegeben hatte.

„Deine Wünsche wirst du mir bei Gelegenheit beschreiben“, fügte er nach einer Weile hinzu, dabei glitt ein fast hinterhältiges Lächeln über sein Gesicht.

Entsetzt schüttelte sie mit dem Kopf, allein die Idee mit ihm über ihre geheimsten Gedanken zu reden, trieb ihr die Schamröte in die Wangen. „Das kann ich nicht“, brachte sie leise hervor.

Schmunzelnd betrachtete er sie. „Dann werde ich es dir beibringen.“ Er beugte sich zu ihr, küsste sie liebevoll, ehe er ihr tief in die Augen sah. „Vertrau mir und überlass mir die Führung. Abgesehen vom lästigen Bürokram jedenfalls.“

Bei der Einschränkung lachte sie laut auf. „Da gebe ich dir recht, in dem Punkt sage ich, wo es lang geht.“ Sie stand auf, um den Tisch abzuräumen, was ihr einen verwunderten Blick ihres Gefährten einbrachte. „Was? Wir sollten uns langsam an die Arbeit machen, oder?“

Vergnügt zwinkerte er ihr zu. „Ich könnte mir zwar etliche Dinge vorstellen, die ich jetzt lieber tun würde, hilft aber nichts, aye?“

„Genau, los beweg dich, das Geschirr räumt sich wohl kaum von allein in die Spülmaschine.“ Lachend wich sie ihm aus, als er nach ihr griff. „Irgendjemand muss ja für einen geregelten Tagesablauf sorgen.“ Bei den Worten lachte sie noch lauter.

„Du bist ganz schön frech“, bemerkte Cameron schmunzelnd. Ihm gefiel es, dass sie langsam aus sich herauskam, außerdem bot sie ihm auf diese Weise einen perfekten Einstieg in eine lustvolle Bestrafung.

Kapitel 11 - Neuer Alltag

Gemeinsam liefen sie das Stückchen zur Arbeit, wo Abby sich sofort um den Papierkram kümmerte, während Cameron in den Hallen nach dem Rechten sah. An dem Tag wollte er seine Kleine überreden, das Klettern zumindest mal zu versuchen. Vielleicht fand sie ja sogar Spaß daran.

Selbstverständlich hatten seine Mitarbeiter bereits geöffnet und die ersten Gäste waren schon gestartet. Jeder brauchte einen Partner, der ihn sicherte, wer alleine kam, dem standen die Leute der Kletterhalle zur Verfügung. Wenigstens so lange, bis sie sicher sein durften, dass niemand abstürzte. Natürlich wurden die Besucher auch mit Seilen abgesichert.

Überall wurde Cameron erfreut begrüßt, da er sich in der letzten Woche nur sporadisch hatte blicken lassen.

„Hey, Boss, endlich wieder glücklich?“ Seine beste Trainerin Tanja stieß ihn mit dem Ellenbogen an.

„Kann man so sagen. Danke, dass du die Stellung gehalten hast.“ Verlegen rieb er sich über das Kinn, gleichzeitig schmunzelte er. „Ich habe wirklich verdammtes Glück von so patenten Frauen umgeben zu sein. Meine Gefährtin bringt gerade Ordnung in das Chaos im Büro.“

„Als Freunde steht man zusammen, hättest du das Climbing-Center nicht gekauft, wären wir alle arbeitslos.“ Sie zwinkerte ihm zu, anschließend ging sie zu der Gruppe zurück, die sie im Augenblick betreute.

Ein Glücksgefühl durchströmte Cameron, als ihm bewusst wurde, dass er sich tatsächlich auf seine Mitarbeiter verlassen konnte. Dazu kam seine Familie, auf die er immer zählen durfte.

In der Eishalle starteten gerade einige Anfänger, sodass er gebraucht wurde. Er half den Leuten, die Sicherheitsgeschirre anzulegen, erklärte, gab Tipps und war völlig in seinem Element. Zwischendurch sah er kurz nach seiner Kleinen, brachte ihr einen Kaffee, bevor sie ihn aus dem Büro scheuchte.

„Du hast bestimmt was anderes zu tun, ich kann ich dich nicht brauchen“, bemerkte sie lachend, ehe sie an der Tasse nippte. „Ehe ich es vergesse, ich hätte gerne eine Kaffeemaschine hier im Raum.“ Sie zeigte auf einen freien Tisch an der Wand, von dem er nicht mal gewusst hatte, dass es ihn gab.

„Du bekommst alles, was du willst, solange du mich mit dem Kram verschonst.“ Er deutete auf die Papiere, die jetzt geordnet in verschiedenen Fächern lagen.

„Den Deal nehme ich sofort an, nur gibt es Dinge, die du einfach entscheiden musst.“ Sie hielt ihm einen Stapel mit Bewerbungen hin. „Um Leute einzustellen, fehlt mir die Ahnung vom Geschäft, außerdem kenne ich deine Mitarbeiter nicht.“ Sie zuckte leicht mit den Schultern. Der Rest bereitete ihr keine Probleme, darüber hinaus konnte sie ja jederzeit nachfragen.

„Kein Problem, ich sehe mir die Sachen an, sobald die Gruppe in der Eishalle sicher an der Wand ist.“ Cameron küsste sie, bevor er wieder verschwand. Die Büroarbeit war wirklich nicht sein Ding, umso besser, dass Abby sich da auskannte.

Der Vormittag verging wie im Flug, sodass sie erschrocken hochsah, als Cameron sie leicht am Arm berührte. „Bist du wahnsinnig? Ich könnte einen Herzinfarkt bekommen", schimpfte sie, als sie sich von dem Schreck erholt hatte.

„Tut mir leid, aber ich werde auf keinen Fall an meiner eigenen Bürotür anklopfen, außerdem warst du so in den Unterlagen versunken, dass du überhaupt nichts mitbekommen hast." Er musterte sie verliebt. „Los, wir essen mit ein paar meiner Mitarbeiter zu Mittag. Du musst doch Hunger haben."

Erst jetzt bemerkte sie, dass ihr Magen tatsächlich knurrte. So sehr hatte sie sich schon lange nicht mehr in die Arbeit vertieft. Ein verdammt gutes Gefühl keimte in ihr auf, wieder einmal bestätigte sich, dass sie hierhergehörte.

Gemeinsam mit ihrem Gefährten ging sie zum Aufenthaltsraum, wo bereits der Hausmeister und zwei Trainer saßen.

„Das ist Miles, er sorgt dafür, dass alles repariert wird, was repariert werden muss. Er kümmert sich auch um die Außenanlagen." Cameron deutete auf einen älteren Mann, der ihr freundlich die Hand reichte.

„Zum Glück bist du hergekommen, der Kleine war unausstehlich, abgesehen davon, dass seine Besuche hier sehr spärlich ausgefallen sind." Er zwinkerte ihr zu.

„Ja, ich habe eingesehen, dass man ihn keineswegs alleine auf die Menschheit loslassen kann." Abby sah provozierend auf ihren Freund. „Hast du irgendwelche Einwände?"

Sofort schüttelte er schmunzelnd den Kopf. „Absolut nicht. Ohne dich würde ich wahrscheinlich immer noch vor mich hin grübeln." Er deutete auf eine schlanke, durchtrainierte Frau.

„Meine beste Trainerin, Tanja, sie ist das Herz der Kletterhalle, kümmert sich um jeden, egal, wie unbegabt er ist."

Tanja reichte ihr lachend die Hand. „So schlimm ist es gar nicht. Die meisten Leute wissen schon, was sie erwartet. Ab und zu gibt es mal jemanden, der sich überschätzt, aber das ist uns doch allen mal passiert."

Da stimmte Abby ihr absolut zu, bevor sie sich zu dem Trainer wandte, auf den Cameron jetzt zeigte.

„Hier haben wir Charlie, er geht mit den Besuchern auch ins Außengelände, bevorzugt allerdings diejenigen, die etwas weiter sind." Er zwinkerte dem Mann zu.

„Richtig, die Anfänger halten mich in der Regel für zu anspruchsvoll." Er drückte Abigail kurz an sich. „Bei dir würde ich eine Ausnahme machen. Wollen wir später einen kleinen Ausflug in die Eishalle unternehmen?"

Bei den Worten schlug Cameron ihm leicht auf den Hinterkopf. „Benimm dich und hör auf, meine Freundin anzubaggern. Wenn sie mit jemandem klettert, dann wohl mit mir."

Abwehrend hob Abby beide Hände. „Ich gehe mit niemandem, das liegt mir überhaupt nicht." Sie sah ihren Liebsten offen an. „Außerdem haben wir da gar keine Zeit zu. Ich erinnere dich gerne an 1400 Schlösser und Burgen."

Jetzt blickten die Leute im Pausenraum erstaunt auf ihren Chef.

„Sag bloß, dass du ihr versprochen hast, ihr alles zu zeigen?" Tanja musterte ihn belustigt, zumal sie wusste, dass er nur ungern zum Sightseeing ging.

Seufzend hob Cameron die Schultern, um sie augenblicklich wieder fallen zu lassen. „Ich wurde erpresst, ehrlich.“ Er setzte eine leidende Miene auf, woraufhin seine Mitarbeiter noch lauter lachten.

„Hey, das stimmt so nicht. Du hast da was gutzumachen“, protestierte Abigail, der die ausgelassene Stimmung sehr gut gefiel. So etwas hatte es in London niemals gegeben.

Sofort zog er sie in seine Arme. „Du hast ja recht, trotzdem ist es eine harte Strafe.“ In seinen Augen schimmerte es zärtlich, während er sie betrachtete.

„Du solltest mit *Fort William* anfangen, dann hast du zwei Bauwerke auf einen Schlag“, bemerkte Miles mit einem breiten Schmunzeln. „Außerdem lernt sie auf diese Weise die Umgebung kennen.“

„Ich wäre ja eher für Eilean Donan Castle, dort wurden etliche Filme gedreht, unter anderem Highlander“, mischte sich Charlie ein.

Sofort besaß er Abbys Aufmerksamkeit, doch genau in dem Augenblick kam der Lieferant, der das Essen lieferte. Verwundert betrachtete sie ihren Freund.

„Ich habe mir erlaubt, für dich mitzubestellen.“ Er seufzte gespielt theatralisch. „Um ehrlich zu sein, habe ich mich kaum getraut, dich noch einmal zu unterbrechen. Der Kaffeeautomat wird übrigens morgen aufgestellt.“

Staunend musterte sie ihn. „Was? Ich habe von einer handelsüblichen Kaffeemaschine gesprochen, damit ich nicht ständig zwischen den Besuchern herumlaufen muss.“

„Für dich ist mir nichts zu teuer, außerdem ist es genauso ein Vorteil für den Rest.“ Er zwinkerte ihr verschmitzt zu. „Die Maschine ist längst überfällig und so bekommst du etwas vom Leben außerhalb des Büros mit.“

Der Gedanke, dass sie Kontakt zu den Mitarbeitern hatte, gefiel ihr, sodass sie ihren Liebsten anlächelte, ehe sie sich über ihre Pizza hermachte.

Eine Weile aßen sie schweigend, bis die anderen wieder an ihre Arbeit mussten, auch Cameron wollte gehen, aber Abigail hielt ihn zurück.

„Es ist toll, wie du dich um mich kümmerst, allerdings ist es unnötig, dass wir uns das Essen bestellen. Ab morgen denke ich daran, dass wir uns was mitnehmen." Sie sah ihn offen an. „Ich kann kochen, ehrlich. Außerdem ist es für mich auf jeden Fall gesünder."

Sofort runzelte er die Stirn. „Noch mal, Abby, ich liebe dich, so wie du bist. Wenn du also Fastfood magst, dann iss es." Er zog sie an sich, drückte sie einen Moment an sich. „Meine Familie hat dich nicht angelogen, wir besitzen wirklich genug Geld, sollte das der springende Punkt sein."

Seufzend schmiegte sie sich an ihn. „Es ist so ungewohnt für mich. Abgesehen davon, dass ich ständig zu hören bekommen habe, dass ich endlich abnehmen soll, war auch oft sparen angesagt. Mein Vater verdiente zwar nicht schlecht, aber von Reichtum waren wir weit entfernt." Sie schloss kurz die Augen. „Ich komme mir vor, als ob ich in einem Traum gelandet wäre, aus dem ich jederzeit wieder aufwachen kann."

Lachend zwickte Cameron sie in den Arm. „Besser?"

„Du Kindskopf, ich weiß, dass ich wach bin oder zumindest hoffe ich es." Sie überlegte, wie sie ihm ihre Situation erklären konnte. „Aktuell erlebe ich in fast allen Dingen das Gegenteil von dem, was ich gewohnt bin."

Verstehend nickte er, stützte für einen Moment sein Kinn auf ihren Scheitel, bevor er sie ein Stückchen von sich schob. „Dann schlage ich vor, dass du dich daran gewöhnst. Ich für meinen Teil werde dich weiterhin verwöhnen, weil du es verdient hast." Er küsste sie, riss sich anschließend mit Gewalt los und kehrte zu seiner Arbeit zurück.

„Verrückter Kerl", murmelte sie lächelnd. „Das habe ich gehört", ertönte es aus dem Gang hinter dem Aufenthaltsraum, was sie erstaunte. Stimmt, da war ja etwas von wegen ausgezeichnetem Gehör gewesen.

Abby ging gut gelaunt in ihr Büro, wo sie sich fröhlich an die ausstehenden Bestellungen machte. Kurz kamen die Zweifel wieder hoch, doch die schob sie schnell zur Seite, jetzt wollte sie die Situation genießen, solange sie andauerte.

~~°~~

„Ich kann unmöglich schon Feierabend machen. Die Rechnungen müssen noch überwiesen werden", protestierte Abigail, als Cameron sie am frühen Nachmittag energisch aus dem Raum zog.

„Die können bis morgen warten oder liegt eine Mahnung dabei?" So weit hatte er es nie kommen lassen, da war er sich sicher.

Schnell schüttelte sie den Kopf. „Nein, das weißt du genau. Trotzdem ist es falsch. Normalerweise dauert ein Arbeitstag mindestens acht Stunden." Sie stemmte die Füße in den Boden, wie ein kleines Maultier. Auf keinen Fall wollte sie es ausnutzen, dass sie mit dem Chef liiert war.

Mit einem tiefen Seufzer blieb Cameron stehen. „Du darfst die verlorene Zeit gerne in den kommenden Tagen nachholen, doch jetzt will ich mit dir einkaufen gehen. Wie du vielleicht festgestellt hast, ist der Kühlschrank ziemlich leer und du möchtest für uns kochen." Dass er einen Schwangerschaftstest besorgen würde, behielt er vorerst für sich. Stattdessen packte er sie am Arm, um sie weiter zum Ausgang zu ziehen.

„Ich komme mir wie ein Schmarotzer vor“, beklagte sie sich, ging aber trotzdem mit ihm, weil er ihr keine andere Wahl ließ. „Die Geschäfte haben bestimmt auch später noch offen.“

„Du hast in den vergangenen fünf Stunden mehr gearbeitet als jede Sekretärin, die ich in meinem Leben hatte. Glaub mir, ich kann das sehr gut beurteilen.“ Er legte einen Arm um ihre Schultern, während er sie nach Hause brachte. „Du bist effektiv, weißt, was du tust, und arbeitest schnell.“

Das Lob schmeichelte ihr, besonders da ihr letzter Chef oft das Gegenteil behauptet hatte. „Ich möchte einen richtigen Arbeitsvertrag“, verlangte sie plötzlich, woraufhin Cameron aufstöhnte.

„Wenn es sein muss, bekommst du ihn, aber jetzt fahren wir zuerst nach *Fort William*.“ Seine Stimme ließ keinen Widerspruch zu, sodass sie sich fügte.

Ehrlich gestand sie sich ein, dass sie sich auf den Ausflug freute, zumal sie bereits einiges über das Städtchen gehört hatte. Wie sie wusste, fuhr von dort auch der Harry-Potter-Zug über den bekannten Viadukt. Sie würde vieles dafür geben, einmal mitfahren zu dürfen. Eilig schob sie die Gedanken von sich, zuerst sollte sie ihr normales Leben regeln und an erster Stelle stand, dass Cameron sie genauso behandelte wie den Rest der Mitarbeiter, zumindest, solange sie im Büro war.

„Was genau stört dich an einem frühen Feierabend?“, erkundigte er sich trügerisch sanft.

Abby zuckte leicht mit den Schultern. „Im Grunde nichts, nur die Tatsache, dass ich heute meinen ersten Arbeitstag habe. Dazu kommt, dass wir bereits später erschienen sind, da ist es kaum die feine Art auch noch so zeitig zu gehen.“

Sie sah ihn von der Seite aus an, während sie auf sein Haus zusteuerten.

„Ich bin der Chef, sollte ich ein Problem damit haben, sage ich es dir sofort, versprochen.“ Er atmete durch. „Hast du vielleicht Angst, dass die Kollegen neidisch werden?“

„Ja, zum Teil, auf Mobbing kann ich wirklich verzichten, das hatte ich lange genug.“ Kurz dachte sie an die Firma, für die sie in Oxford gearbeitet hatte, gleichzeitig unterdrückte sie ein Schaudern. Dort wurde sie von allen gemobbt, beschimpft und ausgelacht, das war einer der Hauptgründe, weshalb sie nach London gezogen war. Abgesehen von dem schlechten Verhältnis zu ihren Eltern.

Cameron betrachtete sie eindringlich. „Möchtest du darüber reden?“

Langsam schüttelte sie den Kopf. „Nein, zumindest jetzt nicht. Es ist vorbei.“ Sie schob die Erinnerungen zur Seite. „Trotzdem will ich so etwas nie wieder erleben. Ein gutes Arbeitsklima, wie bei dir, ist sehr wertvoll.“

„Da stimme ich dir zu, deshalb sage ich dir auch, dass jeder seine Arbeitszeit in Absprache mit dem Rest frei einteilen darf. Es ist also völlig in Ordnung, dass du heute früher gehst, wenn du dafür an einem anderen Tag länger bleibst.“ Er schmunzelte über ihren erstaunten Gesichtsausdruck.

„Das klappt? Ich meine, es bleibt nicht alles an einem hängen?“ So eine Organisation konnte sie sich kaum vorstellen.

Lächelnd nickte er. „Ja, das funktioniert hervorragend, weil jeder auf jeden Rücksicht nimmt. Meine Mitarbeiter sprechen sich ab, springen ein, falls jemand einen Termin hat.“ Er schloss die Haustür auf, schob sie hinein, nur um sie sofort wieder an sich zu ziehen. „Du hast bisher offensichtlich keine sehr kollegialen Leute um dich gehabt, aye?“

Zaghaft schüttelte sie den Kopf. „Nein, ich war ständig der AvD."

Irritiert sah Cameron sie an. „Was ist das?"

„Der Arsch vom Dienst", erklärte sie lachend. „Ich dachte, das kennt jeder. Auf mich wurde immer alles abgeschoben."

Verstehend nickte er. „Das ist endgültig vorbei, du wirst sehen, in meinem Betrieb unterstützt man sich gegenseitig oder man geht." Er schnappte sich seinen Autoschlüssel zusammen mit dem Portemonnaie. „Und jetzt fahren wir nach *Fort William*."

Galant öffnete er ihr die Beifahrertür seines Hummers, ehe er sich hinter das Lenkrad setzte.

„Mit dem Monster fährst du in den Highlands herum?" Abby staunte nicht schlecht. Ihr gefiel das Auto, trotzdem stellte sie es sich ziemlich schwierig vor, auf den engen, teilweise katastrophalen Straßen damit herumzufahren.

„Aye, ich bin es gewohnt, außerdem weichen die Touristen mir freiwillig aus." Er lachte leise, gleichzeitig ließ er den Motor an, der mit einem tiefen Grollen zum Leben erwachte.

Die Fahrt dauerte nur gute fünfzehn Minuten, in denen Abigail die Aussicht bewunderte. Zuerst fuhren sie am Loch Leven entlang, ehe sie auf den *Loch Linnhe* stießen, an dessen Ufer das ehemalige Fort lag. Die Natur beeindruckte sie, besonders weil die Sonne sich im Wasser des Sees spiegelte. Die Berge brachten etwas Erhabenes in die Szenerie und Abby drückte sich die Nase an der Fensterscheibe platt. Genau so hatte sie sich die Highlands immer vorgestellt, rau, wild, eben wunderschön.

Die wenigen Erinnerungen an den Urlaub vor etlichen Jahren am *Loch Ness* kamen ihr in den Sinn. Damals war sie ähnlich fasziniert gewesen, obwohl ihre Mutter ihr kaum Zeit gelassen hatte, um die Gegend auf sich wirken zu lassen. Schon als Kind konnte sie stundenlang an einem See stehen oder in den Himmel schauen, was ihre Eltern nie verstanden hatten. Im Prinzip waren sie von einer Sehenswürdigkeit zur nächsten gehetzt, um auch möglichst viel mitzunehmen.

Cameron bemerkte ihr Interesse, deshalb steuerte einen Aussichtspunkt an. Auf dem kleinen Parkplatz hielt er, half ihr beim Aussteigen und ging mit ihr ein paar Schritte, bis sie eine fantastische Sicht auf den Loch Leven hatte. Er stellte sich hinter sie, legte beide Arme um sie und gab ihr Zeit, um die Natur in ihrer vollen Schönheit zu genießen. „Mit dir zusammen sehe ich meine Heimat in einem völlig anderen Licht“, raunte er ihr zu, als sie sich leicht an ihn lehnte.

„Es ist wunderschön.“ Sie deutete auf eine Spiegelung. „Ich habe noch nie gesehen, wie sich ein Berg in einem See spiegelt. Das ist einfach nur toll.“ Begeistert drehte sie sich in seiner Umarmung um. „Danke, ohne dich hätte ich das niemals erlebt.“ Leidenschaftlich küsste sie ihn, gleichzeitig flutete Dankbarkeit ihr Herz.

Sie stiegen wieder ein, um ihren Weg nach *Fort William* fortzusetzen.

„Die Stadt ist tatsächlich mal eine Befestigungsanlage gewesen. Vorher gehörte das Land dem Clan Cameron, doch die Sassenachs haben ihnen einen Teil weggenommen und Oliver Cromwell hat die Grundsteine der Festungsanlage gelegt.“ In seiner Stimme klang mit, dass er das Vorgehen keineswegs gut fand.

„Ist es ein Problem, dass ich Engländerin bin? Ich meine, werden deine Leute mich vielleicht ablehnen?“ Abby rutschte bei dem Gedanken unbehaglich auf dem Beifahrersitz herum.

Kurz überlegte Cameron, dabei wägte er die Fakten ab. „Wir haben sehr unter deinen Landsleuten gelitten, andererseits ist unser Anführer ein ehemaliger Sassenach." Er legte eine Hand auf ihren Oberschenkel. „Ich denke, dass sie dich lieben, sobald sie dich kennenlernen."

Ganz sicher war sie sich da nicht, doch für den Moment nahm sie seine Antwort so hin. Aktuell konnte sie nur abwarten und hoffen, dass er sich nicht täuschte.

„Zurück zur Geschichte. Das alte Fort kann man noch sehen, es liegt direkt am *Loch Linnhe*", erzählte Cameron munter weiter. Für ihn stand fest, dass sein Clan seine Gefährtin vorbehaltlos akzeptieren würde.

Kapitel 12 - Geschichte

Als Cameron parkte, sah Abby sich neugierig um, doch das Erste, was ihr auffiel, war der Bahnhof. „Wir wollten einkaufen, richtig?“ Irritiert sah sie ihren Freund an.

„Aye, trotzdem möchte ich dir etwas zeigen.“ Er stieg aus, öffnete ihr höflich die Beifahrertür, ehe er ihre Hand nahm. Gemeinsam gingen sie zum Bahnsteig, wo eine alte Dampflok stand.

Begeistert zog Abigail ihr Handy aus der Tasche, um Fotos zu schießen. „Wow, das ist der Zug, der Harry Potter nach Hogwarts bringt“, murmelte sie, gleichzeitig glitt ein Lächeln über ihr Gesicht.

„Dachte ich mir doch, dass es dir hier gefällt. Gehe ich richtig in der Annahme, dass du eine Leseratte bist?“ Cameron schmunzelte. Irgendwie hatte er bereits geahnt, dass ihr Leben bis vor Kurzem daraus bestanden hatte, zu Hause herumzusitzen. Was lag da näher, als zu lesen?

Lächelnd nickte sie, lief allerdings weiter am Zug entlang, um sich alles genau anzusehen, bis er sie am Ärmel festhielt. Ohne ein Wort zog er sie zu einem Waggon, öffnete die Tür und schob sie hinein.

„Dürfen wir das denn? Wir haben doch keine Fahrkarte.“ Ein wenig unsicher sah sie sich um, bis sie das Abteil entdeckte. „Wow, das ist in den Filmen zu sehen.“ Sofort waren ihre Bedenken verschwunden.

Cameron lehnte mit verschränkten Armen an der Wand, während er seine Kleine beobachtete. Sie war so einfach glücklich zu machen.

Eine Weile später stiegen sie wieder aus und gingen zum Parkplatz zurück.

„Möchtest du gerne mitfahren?" Im Grunde musste er die Frage nicht stellen, aber das Leuchten in ihren Augen gefiel ihm sehr gut.

„Ja, absolut, das ist ein Traum. Nur ist das bestimmt teuer." Sie tat so, als ob sie sich umsehen würde. Egal, ob ihr Freund Geld besaß oder nicht, sie wollte auf keinen Fall den Eindruck erwecken, dass sie ein Schmarotzer war.

Ohne auf ihr Ablenkungsmanöver zu achten, packte er ihr Kinn, zwang sie ihn anzusehen, dabei schüttelte er den Kopf. „Wie oft muss ich dir das noch sagen? Es spielt keine Rolle, ob es viel oder wenig kostet. Mir geht es nur darum, dass du glücklich bist." Streng blickte er sie an. „Also? Willst du?"

Schnell schluckte sie ihren Stolz herunter. „Ja, das ist einer meiner größten Träume, seit ich in den Studios in London war", gab sie ehrlich zu.

„Gut, ich schaue, was ich machen kann." Lächelnd ließ er sie los, um anschließend ihre Hand zu nehmen. Er steuerte auch auf das Kaufhaus Morrisons an, doch dann ging er quer über den Parkplatz auf die Straße zu.

„Ich dachte, wir wollten einkaufen?" Sie deutete auf den Laden, der jetzt zu ihrer Rechten lag.

„Später, zuerst trage ich ein wenig meiner Schuld ab." Cameron schmunzelte, zog sie mit sich, bis sie beim alten Fort waren.

Eine große Tafel informierte sie über die Geschichte, wobei sie ja bereits einen kurzen Einblick von ihrem Freund bekommen hatte.

In der Nähe der Infotafel gab es Bänke und Tische, die zum Verweilen einluden, außerdem gab es weitere Hinweisschilder, sie halfen, sich die Festung besser vorzustellen.

Langsam schlenderten sie einen Weg entlang, der sie auf den Rest einer Wehrmauer brachte. Hier hatte man neben Blumenkästen auch Kanonen aufgestellt, von denen Abby annahm, dass sie nur der Zierde dienten.

Sie kamen an einem Torbogen an, der sie an das Ufer des *Loch Linnhe* führte. An dieser Stelle blieb Cameron stehen, Erinnerungen überflutete ihn.

„Was ist?" Natürlich hatte Abigail sofort bemerkt, dass etwas nicht stimmte.

Mit einem gezwungenen Lächeln schüttelte er den Kopf. „Alles in Ordnung, Kleines. Wir befinden uns nur an einem sehr geschichtsträchtigen Ort." Er atmete durch. „Wir sind direkt am Ufer des *Loch Linnhe.* Oder besser am ehemaligen Eingang zum Fort. Strategisch war dieser Platz ...", weiter kam er nicht, da Abby beide Hände an seine Wangen legte.

„Es ist völlig unnötig, dass du dich verstellst, Liebster. Ich merke doch, dass irgendetwas mit dir ist." Sie sah ihm tief in die Augen. „Gemeinsam bedeutet auch, dass wir Sorgen und Probleme teilen."

Er biss die Zähne aufeinander, schluckte und zog sie fest in seine Arme. „Hier wurden viele meiner Landsleute zwangsweise auf Schiffe gescheucht. Man trieb sie wie Vieh an Bord. Das war das endgültige Ende der Highland Clans." Seufzend drehte er sie so, dass sie mit dem Rücken an seiner Brust lehnte, anschließend legte er seinen Kopf auf ihren

Scheitel. „Wir haben versucht, die Landlords zu bekämpfen, sind aber gescheitert."

Abby nickte leicht. „Ich weiß, vor dem Gesetz war die Vertreibung rechtmäßig. Moralisch ein Unding." Sie wollte sich gar nicht vorstellen, was die Bauern damals mitmachen mussten.

„Diejenigen, die nach Amerika verschifft wurden und überlebten, hatten noch Glück. Viele starben, weil sie keine Möglichkeit mehr hatten, ihren Lebensunterhalt zu verdienen." Cameron biss die Zähne aufeinander. „Zuerst die Schlacht bei Culloden, dann diese unerhörte Ungerechtigkeit. Es hat nie wirklich aufgehört."

„Kanntest du die Leute, die man vertrieben hat?" Sie war kaum in der Lage, die Frage zurückzuhalten.

„Aye, bei etlichen handelte es sich um Familien, mit denen ich befreundet war." Er drückte sie fest an sich, weil er gerade jetzt ihre Nähe spüren musste. „Zum Glück ist die Zeit vorbei, allerdings erklärt es, weshalb die Sassenachs bei uns nicht so gut angesehen sind."

„Ich kann mir vorstellen, dass es auch viele Engländer gegeben hat, die dieses Vorgehen verabscheut haben", wandte Abigail ein. „Du hast erwähnt, dass euer Chieftain sogar sein Leben riskiert hat."

„Das stimmt, nur bei den Clearances war es etwas anderes, man hat nur wenig davon erfahren. Die Berichte sprachen von den Highlandern als minderwertige Rasse, ein Haufen Wilder." Jetzt klang seine Stimme bitter.

„Lass uns gehen, wenn dich das so aufwühlt." Abby drehte sich in seinen Armen um, sah ihm in die Augen und wollte ihn zu den Treppen drängen.

„Nein, es ist schon okay. Immerhin ist es mehr als zweihundertdreißig Jahre her.“ Er lächelte ihr zu. „Du willst bestimmt schauen, ob du Muscheln findest.“ Bei den Worten deutete er auf den Strand, gleichzeitig schob er die Bilder der großen Schiffe, die hier geankert hatten, zur Seite.

Kurz überlegte sie, ob sie besser doch zurück zum Auto gingen, folgte dann aber seinem Vorschlag. Vielleicht brauchte er die Zeit am Fort, um über die Erinnerungen hinwegzukommen.

Gemeinsam sammelten sie Muscheln und kleine bunte Steine, bis ihre Jackentaschen voll waren.

„Gehen wir jetzt einkaufen?“ Vorsichtshalber fragte Abby nach, da sie keine Ahnung hatte, was Cameron plante.

„Ja, allerdings machen wir vorher einen Abstecher zum Craigs Burial Field, einem uralten Friedhof.“ Er nahm ihre Hand, zog sie mit sich, dabei führte er sie sicher über die Straße, die sehr stark befahren wurde.

Es war nur ein kurzer Spaziergang, bis sie an einem riesigen, steinernen Torbogen ankamen, wo Abigail stehen blieb. Eine Gänsehaut bildete sich auf ihrem Rücken, deshalb schüttelte sie leicht den Kopf. „Was ist das hier?“

„Ein Gräberfeld, weshalb?“ Aufmerksam betrachtete Cameron sie.

„Der Bogen dort jagt mir Angst ein.“ Sie lachte verlegen. „Das ist kindisch, lass uns reingehen.“ Energisch machte sie ein paar Schritte auf den Friedhof zu, doch Cameron hielt sie am Arm zurück.

„Erstens sollst du nichts tun, was dich ängstigt, zweitens ist es gut, wenn man auf seinen Instinkt hört, und drittens hast du recht.“ Er deutete auf die Inschrift auf dem Stein.

„Das war einmal der Eingang des Forts. Durch diese Pforte sind die Menschen getrieben worden, die man loswerden wollte."

Erstaunt las sie die Worte, gleichzeitig schüttelte sie es erneut. „Weshalb habe ich am Ufer des *Loch Linnhe* nichts gespürt?" Sie konnte sich das kaum erklären.

„Wahrscheinlich, weil das Wasser über die Jahre die alten Erinnerungen weggespült hat. Es ist auch gut möglich, dass die Leute an der Stelle bereits aufgegeben hatten. Das eigentliche Verbrechen wurde viel früher begangen." Unschlüssig zuckte er mit den Schultern. „Hast du solche Ahnungen öfter?" Die Frage klang harmlos, trotzdem erschien sie ihm verdammt wichtig. Immerhin musste es einen Grund geben, weshalb ein Gestaltwandler sie besucht hatte.

„Ja, ich bin in der Lage, bei etlichen Gebäuden zu spüren, ob dort etwas Schlimmes passiert ist. Manchmal klappt das auch bei einem einfachen Gelände." Sie schüttelte sich erneut. „Bei einem Schulausflug stand ich in der Nähe eines Felds, auf dem man früher die Galgen aufgestellt hatte. Es fühlte sich an, als ob ich gelähmt wäre. Du kannst dir kaum vorstellen, wie meine Lehrerin getobt hat, als ich nicht weitergegangen bin. Meinem Ruf hat es enorm geschadet, immerhin war ich ja die Seltsame." Sie trat einen Schritt zurück, rieb sich über die Oberarme und wurde im gleichen Moment an Cameron gezogen.

„Das ist eine Gabe, die du niemals außer Acht lassen solltest. Wahrscheinlich klappt es auch bei Menschen." Er legte seine Arme um sie, als ob er sie von der gesamten Umwelt verstecken wollte. In seiner Nähe würde sie sich nie fürchten müssen, zumindest soweit er das verhindern konnte.

„Solange ich meine Gefühle heraushalte, es sich also nicht um Freundschaft oder Beziehungen dreht, kann ich in der Tat meine Mitmenschen sehr gut einschätzen", stimmte sie nachdenklich zu. „Das ist kaum etwas Besonderes, richtig? Ich meine, jeder, der ein wenig Menschenkenntnis besitzt, spürt, wenn jemand ihm was Böses will."

Bei der Erklärung lachte Cameron leise auf. „Nein, Ealan, viele haben diese Gabe verloren. Was denkst du, weshalb es Betrügern so einfach gemacht wird?" Er legte einen Arm um ihre Schultern, so brachte er sie zurück zum Parkplatz.

Beim Einkaufen verhielt Abigail sich sehr still, weil sie über die Worte ihres Partners nachdachte. Sie sollte eine einzigartige Fähigkeit besitzen? Das wäre ja mal was ganz Neues! Immer hatte man sie auf die eine oder andere Weise spüren lassen, dass sie minderwertig war.

Cameron beobachtete sie nachdenklich, sobald er sicher sein durfte, dass sie es nicht bemerkte. An seiner Kleinen war mehr, als sie selbst wusste.

Zum Schluss fuhr er mit ihr zur Apotheke, eine Diskussion unterband er mit einem einzigen Blick. „Ich werde kein Risiko eingehen, deshalb habe ich darauf verzichtet, dich zum Klettern zu überreden." Eindringlich sah er ihr in die Augen. „Glaub mir, ich passe auf dich und auch auf unser Kind auf, solltest du schwanger sein."

~~°~~

„Ich kümmere mich jetzt um den Haushalt." Abby sah ihren Gefährten an, als sie die Einkäufe verstaut hatten.

Sofort schüttelte Cameron den Kopf. „Auf gar keinen Fall! Zuerst machst du den Test, anschließend hast du noch eine Aufgabe, möchtest bestimmt deine Freundin anrufen und ich habe eine Putzfrau."

Verwundert überlegte sie. „Was liegt denn an?"

Gespielt entsetzt stieß er die Luft aus. „Du hast es tatsächlich vergessen?" Mit gerunzelter Stirn musterte er sie. „Oder vertraust du meinen Fähigkeiten als Dom so sehr?"

Bei der Frage fiel es ihr siedend heiß ein: Cameron erwartete eine Tabuliste von ihr. „Ich gebe zu, dass ich es völlig verdrängt habe, aber ich vertraue dir auch." Sie drehte sich zu ihm, um ihm ihr charmantestes Lächeln zu schenken. „Nach dem Tag hatte ich einfach andere Dinge im Kopf."

„Das verstehe ich, trotzdem ist es ein guter Zeitpunkt, um deine Aufgabe zu erledigen, aye?" Er deutete mit dem Kinn auf das Wohnzimmer. „Du findest Papier und Stift in der Schublade unter dem Fernseher. Doch als Erstes machst du den Test."

Zuerst wollte sie protestieren, die Vorstellung, in seinen Sachen zu kramen, behagte ihr nicht, nur daran musste sie sich wohl gewöhnen. Gehorsam schnappte sie sich den Schwangerschaftstest, um im Bad zu verschwinden. Abby fühlte sich zerrissen, irgendwie gefiel ihr die Idee, ein Kind von Cameron zu bekommen, andererseits war es viel zu früh. Sie kannten sich kaum. Bei dem Gedanken schüttelte sie den Kopf, es kam ihr vor, als ob sie den Musiker schon seit Jahren kennen würde.

Mit einem Seufzen packte sie den Test aus, las sich die Anweisungen durch, ehe sie ihnen folgte. Die Minuten schienen wie Stunden, während sie auf das Ergebnis wartete.

Immer wieder überlegte sie, was ihr lieber war, nur konnte sie sich nicht entscheiden.

Endlich erschien ein Streifen, der ihr sagte, dass sie kein Kind bekam, einerseits war sie erleichtert, andererseits traurig. Eilig lief sie in die Küche zurück. „Wir müssen wohl noch üben." Sie hielt ihm das Stäbchen unter die Nase, gleichzeitig beobachtete sie ihn genau. „Enttäuscht?"

Schmunzelnd zog er sie an sich. „Nein, überhaupt nicht. So haben wir viel mehr Möglichkeiten, unsere Neigung auszuleben. Außerdem habe ich dich ein wenig länger für mich." Zärtlich küsste er sie, anschließend gab er ihr einen kleinen Klaps. „Los jetzt, mich interessiert brennend, was auf deiner Tabuliste steht."

Mit einem feinen Lächeln ging sie ins Wohnzimmer, nahm die nötigen Unterlagen heraus, ehe sie sich einen bequemen Platz auf der Couch suchte. Wo sollte sie anfangen? Im Grunde kannte sie sich überhaupt nicht aus.

Gedankenverloren starrte sie vor sich hin. Vor ihrer ersten echten Erfahrung hätte sie jeglichen Schmerz auf die Liste gesetzt, nur jetzt? Es hatte ihr gefallen, wobei das eine starke Untertreibung war. Sie setzte den Stift an, um sofort wieder zu stoppen, bis ihr endlich etwas einfiel. Mit gerunzelter Stirn schrieb sie Dinge auf, die sie Cameron niemals zutrauen würde. Aber irgendwas musste sie ja angeben. Nach einer halben Stunde rief sie leise nach ihm.

Einen Moment später saß er neben ihr.

„Tut mir leid, ich kenne mich wirklich kaum aus", erklärte sie, als sie ihm den Zettel hinhielt.

Lächelnd nahm er die Liste entgegen. „Das ist völlig in Ordnung. Ich freue mich, dass du mir so sehr vertraust." Er überflog, was sie geschrieben hatte, dabei nickte er zustimmend. „Das entspricht auch meinen Tabus. Sollte dir dennoch was einfallen, was du zufügen möchtest, sag mir einfach Bescheid."

Erleichtert lehnte sie sich an ihn. „Ich komme mir vor, als ob ich eine Prüfung geschafft hätte", murmelte sie.

„Weshalb? Du kannst bei der Aufgabe keinen Fehler machen. Ich akzeptiere deine No-Gos, etwas Gegenteiliges kommt gar nicht infrage." Erstaunt musterte er sie.

Abby zuckte mit den Schultern. „Ich habe mir Gedanken gemacht, ob du sauer bist, weil ich Dinge aufgeschrieben habe, die selbstverständlich sind. Immerhin sieht es so aus, als ob ich dir zutraue, dass du mir ernsthafte Verletzungen zufügst."

„Das sehe ich anders. Falls ein solcher Punkt gefehlt hätte, müsste ich überleben, ob du vielleicht weitergehen möchtest, als ich bereit bin mitzugehen." Er hob eine Hand, als sie ansetzte zu protestieren. „Es gibt genug verrückter Menschen, die eine Narbe oder Schlimmeres als Trophäe ansehen."

Mit aufgerissenen Augen sah sie ihn an. „Dein Ernst? Es existieren Subs, die verstümmelt werden wollen? Die am Ende mit Narben aus der Session gehen und das gut finden?"

„Ja, definitiv. Ich verurteile niemanden, nur steige ich an der Stelle aus." Er deutete auf den Zettel. „Die Hardcore-Schiene überlasse ich lieber anderen. Daher bin ich mit der Liste sehr zufrieden. Was möchtest du denn erleben? Nenn mir eine Fantasie, die wir heute umsetzen."

Entsetzt sah sie ihn an. „Woher soll ich ...", weiter kam sie nicht, da er ihr einen Finger auf die Lippen legte.

„Keine Ausreden, Ealan, ich gehe jetzt zurück, um das Abendessen zu kochen. Danach erwarte ich eine Antwort." Er küsste sie zärtlich, anschließend überließ er sie ihren Überlegungen.

Abigail sah ihm fassungslos hinterher, dabei überlegte sie angestrengt, was sie ihm sagen sollte.

„Auf dem Schreibtisch im Probenzimmer steht ein Computer, falls du recherchieren möchtest", rief Cameron ihr aus der Küche zu, als ob er ihre Gedanken gelesen hätte.

Eilig ging sie in das andere Zimmer, startete das Gerät und surfte durch das Internet, in der Hoffnung, auf Inspiration zu stoßen. Wobei sie ehrlich zugeben musste, dass sie schon ein paar Ideen im Kopf hatte, sich nur nicht traute, sie auszusprechen. Verdammt, weshalb war sie nur so verklemmt? Missmutig schloss sie die den Browser, gleichzeitig überlegte sie sich eine möglichst neutrale Formulierung ihrer Sehnsüchte. Gab es das überhaupt?

Viel zu schnell rief Cameron sie zum Abendessen und erst jetzt bemerkte sie, dass es fantastisch roch. Er hatte einen deftigen Eintopf gezaubert, bei dessen Anblick ihr das Wasser im Mund zusammenlief. „Wow, das sieht toll aus."

„Zuerst probieren, dann loben." Schmunzelnd schaufelte er ihr eine Portion auf den Teller, ehe er ihr gespannt zusah.

„Dich behalte ich, du kannst supergut kochen." Sie lachte leise über sein erleichtertes Ausatmen.

„Puh, da habe ich ja Glück gehabt." Cameron gab ehrlich zu, dass es ihm Spaß machte, für sie zu kochen und sie auf diese Weise zu umsorgen. Früher hatte er oft einen Lieferdienst gerufen, weil ihm der Aufwand zu groß war, jetzt genoss er die Mahlzeit in vollen Zügen.

Gemeinsam räumten sie den Tisch ab, anschließend setzten sie sich ins Wohnzimmer.

„Hast du dir etwas überlegt?" Er kam ohne Umschweife auf den Punkt.

Zaghaft nickte sie. „Ja, allerdings habe ich keine Ahnung, ob das möglich ist." Sie atmete durch, versuchte irgendwie zu unterdrücken, dass sie rot wurde. Verdammt, sie war es einfach nicht gewohnt, über Sex zu reden!

„Sag es mir, damit wir es herausfinden können." Aufmunternd zwinkerte er ihr zu, während er sie gespannt ansah. Ihm gefiel es, dass sie vor Verlegenheit auf ihrem Platz herumrutschte.

„Ich möchte gerne Bondage erleben." Sie stieß den Satz hervor, ehe sie es sich anders überlegen konnte. „Ein Hängebondage. Vielleicht schenkst du mir in der Position einen Höhepunkt?" Abby traute sich kaum mehr, ihn anzusehen, ihre Wangen brannten, gleichzeitig schlug ihr Herz ihr bis zum Hals. War das wirklich normal? Der Wunsch, ihm hilflos ausgeliefert zu sein, und auch noch von Seilen getragen von der Decke zu baumeln, kam ihr ziemlich verrückt vor.

„Das lässt sich machen." Schmunzelnd hob er ihr Kinn mit dem Handrücken an. „Ich hatte den Eindruck, dass dir der Flogger gut gefallen hat. Möchtest du in der Richtung eine Bitte äußern?"

Fast hätte sie den Kopf geschüttelt, doch in dem Moment bemerkte sie das Blitzen in seinen Augen. „Ja, ich würde gerne mehr erfahren. Andere Schlaginstrumente", brachte sie hervor.

„Zum Beispiel welche?"

Natürlich ließ er sie nicht so einfach davonkommen, das hätte sie sich ja denken können. Jetzt musste sie Farbe bekennen. „Ich habe von Sessions mit einem Rohrstock oder einer Bullwhip gelesen“, gab sie leise zu. „Das fand ich sehr anregend.“

„Dein Wunsch ist mir Befehl, lass uns ins Schlafzimmer gehen.“ Er stand auf, reichte ihr eine Hand, die sie seufzend nahm.

Worauf hatte sie sich da bloß eingelassen?

Kapitel 13 - Session

„Setz dich, ich brauche ein paar Minuten, um alles vorzubereiten.“ Liebevoll streichelte er ihr über die Wange, anschließend holte er einen Bondagering, den er an einem Deckenhaken befestigte, wo vorher ein Glasbehälter gefüllt mit Muscheln gehangen hatte. Er testete mit seinem eigenen Gewicht, ob der Ring hielt, ehe er die restlichen Utensilien aus dem Schrank heraussuchte.

Lächelnd betrachtete Abby die Vorbereitungen, den Haken hatte sie bis jetzt übersehen. Aufregung, eine erregende Furcht und Vorfreude breiteten sich in ihr aus. Zweifelnd sah sie auf die dünnen Seile, die Cameron für sie bereitlegte, ob die sie halten konnten? Schnell konzentrierte sie sich auf die positiven Gefühle, in dem Punkt vertraute sie ihm völlig.

„Ich möchte dich nackt sehen.“ Cameron zog sie an ihren Händen hoch, sah ihr tief in die Augen, bevor er sie leidenschaftlich küsste. Genüsslich schob er seine Zunge in ihren Mund, berauschte sich an ihrem Geschmack, ehe er sie losließ, um sie erneut intensiv zu mustern. „Denk daran, dass du mir gehörst, während du dich ausziehst.“

Abigail schluckte den Kloß in ihrem Hals herunter, atmete durch, anschließend widmete sie sich ihrer Aufgabe, die ihr immer noch sehr schwerfiel. Sie musste sich überwinden, um ihre Kleidung abzulegen, nicht nur weil sie sich selbst unansehnlich fand. Es fühlte sich jedes Mal an, als ob sie ihre

Schutzschichten verlieren würde. Einerseits ein erregendes Gefühl, da sie sich auf diese Weise ihrem Herrn gegenüber auslieferte, andererseits verunsicherte es sie. Stück für Stück streifte sie ihre Kleider ab, legte sie ordentlich zusammen, bis sie keinen Grund mehr hatte, um die Session zu verzögern. Jetzt bekam sie Angst vor der eigenen Courage. Wollte sie das wirklich? Kurz dachte sie daran, abzubrechen, aber in dem Augenblick zog Cameron sie an sich.

Er hatte sie genau beobachtet, ihr die Zeit gelassen, die sie benötigte, um sich auf die bevorstehende Suspension einzulassen, allerdings bemerkte er deutlich, dass sie seinen Zuspruch brauchte.

Mit einem Schmunzeln legte er beide Arme um sie, hüllte sie komplett ein. Auf diese Weise gab er ihr Sicherheit. „Ich tue nichts, was du ablehnst. Ein einfaches Stopp reicht aus", beteuerte er zärtlich.

„Ich weiß, trotzdem komme ich mir ziemlich wahnsinnig vor." Sie drückte sich an ihn, sog die Geborgenheit in sich auf, nach der sie sich so lange verzehrt hatte. „Das ist unnormal", murmelte sie.

Cameron lachte leise. „Nein, das ist etwas Besonderes. Um BDSM zu leben, bedarf es tiefes, gegenseitiges Vertrauen. Sich auszuliefern, dazu benötigt man Stärke."

Über die Worte dachte sie einen Moment nach. Sie sollte stark sein? Im Augenblick kam ihr eher das Gegenteil in den Sinn. Andererseits hieß es ja schon ein Risiko einzugehen, wenn man sich auf einen anderen Menschen einließ.

Cameron schob sie ein Stückchen von sich, bis er ihr ins Gesicht sehen konnte. „Bereit?" Verständnis lag in seinem Blick.

Abby sprang über ihren Schatten, indem sie vorsichtig nickte. „Tut es weh?"

Bei der Frage lachte er laut auf. „Die Suspension? Nein, vielleicht hast du später ein paar Spuren, aber Schmerzen lassen sich verhindern." Er legte eine Handfläche an ihre Wange. „Ich passe auf dich auf, immer."

Kurz schmiegte sie sich in die einfache Zärtlichkeit, ehe sie ihm zunickte. „Was muss ich tun?"

Wieder lächelte er sie liebevoll an. „Lockerlassen und mir vertrauen." Er drehte sie um, nahm ihre Hände, um sie auf ihren Rücken zu ziehen. Vorsichtig schob er ihre Ellenbogen aufeinander zu, bis sie ihre eigenen Handgelenke gut umfassen konnte, jetzt sicherte er die Position mit einem Seil. „Sollten deine Finger kribbeln oder ein anderes Körperteil einschlafen, sag mir sofort Bescheid."

Stumm nickte sie, da ihr das Sprechen gerade sehr schwerfiel. In ihr tobten die widersprüchlichsten Gefühle, einerseits fühlte es sich verdammt gut an, die Verantwortung abgenommen zu bekommen, andererseits war es beängstigend.

Cameron achtete auf jede ihrer Reaktionen, sog ihren Duft ein, um augenblicklich reagieren zu können, falls sie Panik bekam. Zufrieden bemerkte er, dass sie zwar unsicher und ein wenig ängstlich war, aber sich mit jedem Knoten, den er setzte, mehr ergab. Mit einem Schmunzeln roch er ihre Erregung. Während er ein Seil nach dem anderen um ihren Oberkörper schlang, ließ er es sich nicht nehmen, immer wieder über ihre Brustwarzen zu streicheln. Er fesselte sie, sodass ihre Brüste schön angehoben wurden, ein Anblick, den er auskosten wollte. Langsam drehte er sie herum, betrachtete sie mit einem Blitzen in den Augen, ehe er sich vorbeugte, um an den harten Nippeln zu saugen.

Abby stöhnte auf, drängte sich ihm ein wenig entgegen, gleichzeitig schloss sie die Lider, um den Moment besser genießen zu können. Lust flutete durch ihre Adern, jagte ihr eine wohlige Gänsehaut über den gesamten Leib. Wie gerne hätte sie durch seine Haare gestreichelt.

Cameron hielt sie an der Taille fest, während er zart in die Warzen biss, die sich bereits steil aufgerichtet hatten. Langsam strich er über ihren unteren Rücken bis zu ihren Pobacken, die er kräftig knetete. Ihr Vertrauen sorgte dafür, dass seine Jeans spannte, dazu kam, dass sie verdammt gut schmeckte. Ihr Duft drang in seine Nase, was ihn zusätzlich erregte. Jetzt sollte er besser weitermachen, sonst würde er sie auf das Bett werfen und die Session beenden.

Mit Gewalt riss er sich los, sah ihr tief in die Augen, anschließend nahm er ein Seil, das er um ihre Hüften schlang, ehe er es zwischen ihren Beinen durchzog. Ein sadistisches Lächeln umspielte seine Lippen, während er ihren Lustpunkt mit dem Hanfseil reizte. Gleich war sie ihm hilflos ausgeliefert, eine Situation, die er liebte.

Abigail genoss die Spannung, die sich immer weiter in ihrem Körper ausbreitete. Das Wissen, nichts mehr tun zu können, half ihr, sich fallen zu lassen und den Kopf auszuschalten. Obwohl es widersprüchlich klang, sorgte die Fesselung dafür, dass sie sich frei fühlte.

Dem Gedankengang folgte sie, bis erneut eine Welle der Erregung durch ihren Leib lief, weil er an dem Schrittseil zog. Stöhnend sah sie ihn an, leckte sich über die geöffneten Lippen, die sich zu trocken anfühlten.

Wie gebannt starrte Cameron sie an, ob sie wusste, wie verführerisch sie in dem Moment wirkte? Wahrscheinlich nicht.

Vorsichtig schob er sie unter den Deckenhaken, bevor er ihre Beine fesselte, kurz überlegte er, ob er ihre Füße gleichzeitig vom Boden ziehen sollte, verwarf den Gedanken allerdings wieder. Diese Bondagesession wollte er in vollen Zügen auskosten. „Bereit für deinen ersten Flug?“ Er hatte die Seilenden durch den Ring gezogen und hielt sie jetzt locker in den Händen.

Abby atmete tief ein, anschließend nickte sie leicht. „Ja, mein Laird.“ Ihre Stimme klang belegt, man hörte ihr an, wie erregt sie war.

Cameron zog an den Seilen, bis sie die Spannung deutlich spürte. „Lehn dich in die Fesselung“, wies er sie ruhig an, ehe er ein Bein vom Boden zog. Sofort drehte sie sich, was ihr ein erschrockenes Quietschen entlockte. Mit einem Schmunzeln gab er ihr Halt, wartete einen Augenblick, bis er sie komplett hochzog.

Einen Moment dachte sie, dass sie fallen würde, bis ihr bewusst wurde, dass das Seilgeflecht sie hielt. Es war ein unbeschreibliches Gefühl, fast als könnte sie fliegen. Lachend hob sie den Kopf, als sie bemerkte, dass Cameron vor ihr hockte.

„Alles in Ordnung, Ealan?“ Eindringlich sah er sie an.

Kurz fühlte sie in sich hinein, anschließend nickte sie begeistert. „Ja, es ist toll.“ Sie strahlte vor Begeisterung.

„Möchtest du dein Kopfkino ausleben?“ Jetzt überließ er ihr bewusst die Entscheidung, da er sie auf keinen Fall überfordern wollte.

„Ja, bitte, ich sehne mich danach.“

Cameron legte seine Hände an ihre Wangen, sah ihr tief in die Augen, ehe er sanft in ihren Mund eindrang. Genüsslich strich er über ihre Zähne, kostete den Moment aus.

Abigail kam ihm zuerst zaghaft, dann immer forscher entgegen. Sie umspielte seine Zunge, neckte ihn und erlaubte sich, sich von ihren Gefühlen leiten zu lassen. Jedes Mal, wenn ihre Zungenspitzen sich berührten, fühlte es sich an, als ob ein erregender Stromstoß durch ihren Leib jagen würde.

Atemlos ließen sie voneinander ab, blickten sich verliebt an, wobei die Zeit stehen blieb.

Für Abby war es, als ob sie in einer grünen Wiese versinken würde, geborgen, umsorgt und völlig frei. Sie erkannte ihren Seelengefährten jetzt deutlich, nur an seiner Seite konnte sie vollständig sein.

Cameron beendete den Blickkontakt als Erster, sanft streichelte er ihr über die Wange, anschließend holte er den Vibrator. „Möchtest du ihn spüren?“ Mit einem sadistischen Lächeln hielt er das Toy vor ihre Nase.

„Ja, mein Laird, ich bitte darum.“ Ihr war es immer noch unangenehm, um solche Dinge zu betteln, doch die Sehnsucht nach einem Höhepunkt ließ sie über ihren Schatten springen.

„Zuckerbrot und Peitsche, mein Herz.“ Bei der Ankündigung zeigte er ihr einen Rohrstock. „Für jeden Schlag, den du mir schenkst, bekommst du einen Moment Genuss.“ Kurz wartete er ab, ob sie einen Einwand hatte, aber sie nickte nur.

Zuerst hielt er ihr den Vibrator an ihren intimsten Punkt, sorgte dafür, dass sie vor Erregung aufschrie. Auch das liebt er: Die Macht über ihre Lust zu besitzen, jederzeit abzubrechen, um von vorne anzufangen.

Abigail wimmerte leise vor Gier, es fühlte sich fantastisch an und sie hatte das Gefühl, als ob sie in der nächsten Sekunde kommen könnte. Genau in dem Augenblick zog Cameron das Toy weg.

Frustriert stöhnte sie auf, schluckte allerdings einen Protest herunter. Sie war den Deal eingegangen, also sollte sie ihren Teil einhalten.

Die Erregung war kaum abgeflacht, als ein brennender Schmerz auf ihrem Po explodierte. Hart biss sie die Zähne aufeinander, verkrampfte sich, bis die Pein sich in pure heiße Lust verwandelte. Sofort spürte sie die Vibration, die sie direkt auf einen Höhepunkt zutrieb. Genau in dem Augenblick, als sie dachte, er würde ihr jetzt schon einen Orgasmus schenken, stoppte der Reiz wieder und ein weiterer Treffer setzte ihren Hintern in Flammen. Abby schrie auf, ihre Gefühle mischten sich, sodass sie kaum in der Lage war, zu unterscheiden, welches gerade vorherrschte. Nur eins wusste sie: Sie wollte auf keinen Fall, dass er aufhörte!

Wimmernd bewegte sie sich, als Cameron den Vibrator erneut an ihre Klitoris hielt. Ein kehliges Stöhnen entkam ihr, was ihm sagte, dass sie kurz vor dem Höhepunkt stand. Er überlegte, sie zu erlösen, legte das Toy jedoch auf den Boden, um den Rohrstock zur Hand zu nehmen. Er drehte sie, sodass sie ihn ansehen konnte. In ihren Augen schwammen Tränen, gleichzeitig roch er ihre Erregung. Ja, seine Kleine war enorm heiß. „Genug?"

Hektisch schüttelte sie den Kopf. „Bitte, lass mich nicht so hängen." Flehend blickte sie ihn an. „Ich brauche mehr."

„Du bekommst, was du benötigst", versprach er heiser, küsste sie hart, anschließend glitt er mit seinen Fingerspitzen über ihre Rückseite. An ihrem Hintern angekommen, betrachtete er die Striemen, die sich deutlich auf der weißen Haut abzeichneten. Ein Muster, das ihm ausgesprochen gut gefiel. Kurz spielte er mit ihrer Klitoris, entlockte ihr einen leisen Aufschrei, ehe er den nächsten Schlag setzte. Vorsichtig tastete er sich an ihre Grenze heran, steigerte die Intensität, gönnte ihr aber auch immer wieder den Genuss, bis er bemerkte, dass sie am Ende ihrer Kräfte ankam. Sofort warf er den Stock zur Seite, streifte sich in Rekordzeit die Kleider vom Leib, um in sie einzudringen.

Seine Kleine war so bereit für ihn, dass er sich mühelos bis zum Anschlag in ihr versenken konnte. Unermüdlich stieß er in sie, hielt sie mit einem Arm fest, während er gleichzeitig ihren Lustpunkt massierte.

Getragen von den Seilen spürte sie seine Berührungen viel intensiver. Abby ließ sich komplett fallen, gab jede Kontrolle auf und fühlte sich fast schwerelos. Es kam ihr vor, als würde sie schweben, Zweifel verstummten genauso wie ihre Gedanken, jetzt zählten nur noch Cameron und sie.

„Komm für mich, Ealan."

Allein seine Worte sorgten dafür, dass sie über die Klippe sprang, mit einem leisen Schrei kam sie, gleichzeitig explodierte in ihrem gesamten Körper die Lust. In ihren Adern schien Feuer zu fließen, während sich ihre Muskeln auf die schönste Weise zusammenzogen. Nur am Rande hörte sie den gutturalen Laut ihres Gefährten, der sich in ihr verströmte.

Gemeinsam flogen sie zu den Sternen, erschufen ihr eigenes Universum, in dem sie zu einer vollständigen Person verschmolzen. Ihre Seelen verbanden sich auf einer Ebene, die nur sie erreichten.

Tränen liefen Abby über die Wangen, was Cameron erschrocken bemerkte. Sofort zog er sich aus ihr zurück, hockte sich vor sie, um sie anzusehen. Ihr Duft sagte ihm, dass die Erregung abklang, nur konnte er sich auf ihren Gefühlsausbruch keinen Reim machen. „Habe ich dir wehgetan?" Besorgt strich er ihr eine Strähne aus den Augen.

„Nein, ganz im Gegenteil, ich bin erschüttert, weil es so wunderschön war." Abigail schniefte, während sich ein Lächeln auf ihrem Gesicht ausbreitete. „Ich liebe dich."

Erleichtert küsste er sie, ehe er sie langsam herunterließ. Eilig löste er die Seile, versicherte sich, dass es ihr tatsächlich gut ging, ehe er sich mit ihr aufs Bett legte.

Eng in seine Arme gekuschelt, schloss sie die Augen, ließ das Erlebte noch einmal auf sich wirken. Ihr Hintern brannte auf eine gute Weise, in ihr hallte ein Rest ihrer Erregung nach, außerdem fühlte sie sich zum ersten Mal im Leben wirklich angekommen.

„Du bist ein Wunder, Ealan", murmelte Cameron, der sie träge streichelte. „Nie hätte ich mit einer Gefährtin wie dir gerechnet."

Zu müde, um zu antworten, verbarg sie ihr Gesicht an seiner Brust.

„Deine Freundin wird auf den Anruf wohl noch warten müssen." Er lachte leise auf, als sie erschöpft den Kopf hob.

Abigail lächelte. „Du schaffst mich, mein Laird." Seufzend setzte sie sich auf, Ava wartete und sie hatte eine Erklärung einfach verdient. „Darf ich duschen?" Jetzt fühlte sie sich ziemlich klebrig.

„Natürlich, meine Kleine." Zufrieden blickte er ihr nach, als sie ihre Klamotten einsammelte, ehe sie aus dem Zimmer lief. Zumindest hatte sie ein winziges Stück ihrer Schamhaftigkeit abgelegt.

~~°~~

„Sorry, Liebes, dass es so spät geworden ist. Aber Cameron hat mir heute *Fort William* gezeigt. Okay, einen Teil davon." Abigail versuchte ihr schlechtes Gewissen zu überspielen, indem sie schnell redete. „Stell dir vor, ich habe die Dampflok aus den Harry-Potter-Filmen gesehen."

Ava lachte. „Beruhigst du dich bitte mal? Ich verstehe kaum, was du sagst."

„Tut mir leid, ich bin unmöglich." Abby schluckte. „Ich schäme mich, dass ich mich so habe hängen lassen", gab sie leise zu.

„Du liebst ihn, was solltest du denn sonst tun? Eine Party feiern?" Avas Stimme klang spöttisch. „Vertrau mir, ich kann dein Verhalten absolut nachvollziehen. Aber ich brenne darauf zu erfahren, was genau passiert ist. Erzähl!"

Der Aufforderung kam Abigail gerne nach, wobei sie natürlich alles wegließ, was mit der magischen Welt zu tun hatte. „Heute hat er mir versprochen, dass wir mit DEM Zug fahren. Ava, ich glaube, ich träume."

In dem Moment kam auch Cameron ins Wohnzimmer und setzte sich neben sie. Eng zog er sie an sich, ehe er sie leicht in den Oberarm zwickte. „Weißt du jetzt, dass du wach bist?" Mit einem Schmunzeln sah er sie an.

„Das hat wehgetan, du Schuft. Ich weiß, dass ich nicht schlafe." Kopfschüttelnd sah sie ihn an, doch in ihren Augen erkannte er die tiefe Liebe, die sie für ihn fühlte. „Tut mir leid, Süße, aber Cameron ist gerade hereingekommen."

Als sie sich verabschieden wollte, stoppte er sie. „Lass dir Zeit, um mit deiner Freundin zu plaudern. Ich warte gerne auf dich." Kurz überlegte er. „Vielleicht hat Ava ja auch Lust übers Wochenende herzukommen?"

Bei dem Vorschlag sah Abigail ihn mit hochgezogener Augenbraue an. „Wo soll sie denn schlafen?“ Vorsichtshalber hielt sie eine Hand auf das Smartphone.

„Wir können ein Luftbett im Probenraum aufstellen oder die Couch ausklappen.“ Sein Lächeln wurde breiter. „Ich habe nur gesagt, dass ich kein Gästezimmer besitze.“ Damit kam er ihrem unausgesprochenen Vorwurf zuvor.

„Cameron schlägt gerade vor, dass du übers Wochenende herkommst.“ Sie wollte sich nach dem Telefonat mit ihrem Gefährten unterhalten, jetzt war Ava dran.

„Das klingt nach einer tollen Idee, aber da hat mein Bruder Geburtstag und ich bin eingeladen.“ Ava überlegte einen Moment. „Ich schaue später mal in meinen Kalender, anschließend schicke ich dir gerne einen anderen Vorschlag. Los! Kümmere dich um deinen Freund. Wir telefonieren einfach morgen weiter.“ Ohne auf einen Einwand zu achten, verabschiedete sie sich.

Abigail legte das Smartphone lächelnd auf den Tisch. „Du hättest mich also auch auf der Couch schlafen lassen können?“

Cameron zuckte unverbindlich mit den Schultern. „Die Möglichkeit bestand, allerdings bin ich verpflichtet, auf dich aufzupassen. Stell dir vor, dir wäre kalt geworden und du hättest dich erkältet. Das wäre meine Schuld gewesen.“ Er setzte seinen besten Hundeblick auf. „Oder willst du lieber getrennte Betten?“ In ihren Augen erkannte er die Antwort bereits, sodass er sich bequem zurücklehnte.

„Natürlich nicht, du Schuft, ich bitte mir für die Zukunft aus, keine Ausflüchte mehr zu hören.“ Sie kuschelte sich an ihn, genoss seine Nähe, dabei driftete sie langsam in die Traumwelt.

Cameron lächelte vor sich hin, sein Leben könnte kaum schöner sein. Auf jeden Fall wollte er Abby schnellstmöglich mit den für ihn wichtigsten Menschen bekannt machen: Hamish, Caitriona, Bea und Alan. Bea war zwar Blakes Patentochter, aber sie hatten verdammt viel Zeit zusammen verbracht, sodass die quirlige Werwölfin ihm sehr am Herzen lag. Er nahm sich vor, sie gleich als Erste anzurufen, ein wenig weibliche Gesellschaft tat seinem kleinen Schwan bestimmt gut. Zuerst trug er sie allerdings ins Schlafzimmer, sie hatte sich eine erholsame Nacht wirklich verdient.

~~°~~

Am nächsten Morgen wachte Abby zufrieden auf, streckte sich, bis ihr Blick auf die Uhr fiel. Verdammt, sie hatte verschlafen! Das konnte doch nicht wahr sein, Cameron hielt es offensichtlich für unnötig sie zu wecken. Mit einem Fluch sprang sie aus dem Bett, streifte sich einen Jogginganzug über, ehe sie sich auf die Suche nach ihrem Freund machte.

Aus der Küche erklang ein helles Lachen, sodass sie sich in die Richtung wandte. Irritiert bemerkte sie, dass Cameron weiblichen Besuch hatte, dabei schloss sie aus, dass es sich um Chris handelte. Neugierig betrat sie den Raum, wo ihr Gefährte mit einer jungen, sehr hübschen Frau am Tisch saß. „Guten Morgen, störe ich?“ Das klang zickiger als geplant, trotzdem verschränkte sie die Arme vor der Brust. Sie war sauer, weil er sie einfach hatte schlafen lassen.

Sofort stand er auf, zog sie an sich, bevor er sie auf den Küchentisch zuschob. „Ich hoffe, wir haben dich nicht geweckt, mein Kleines.“

Er küsste sie, drehte sich allerdings schnell wieder zu seinem Besuch. „Das ist Bea, Blakes Patentochter."

Die junge Frau kam zu ihr, umarmte sie stürmisch, anschließend lächelte sie sie an. „Es ist so schön, dich kennenzulernen. Jetzt haben meine beiden Lieblingsmenschen ihre Partnerin."

Abby setzte sich und für den Augenblick war der Groll vergessen, mit so einer herzlichen Begrüßung hatte sie nicht gerechnet. „Freut mich, dass ich jemand aus Camerons Familie treffe." Verlegen rieb sie die Hände aneinander. „Tut mir leid, dass ich so harsch war."

Sofort winkte Bea ab. „Das ist völlig in Ordnung, du musstest ja annehmen, dass etwas im Busch ist."

„Vertrauen ist wohl kaum deine Stärke. Glaubst du wirklich, dass ich mich mit einer Affäre in meiner Küche vergnüge, während du nebenan schläfst?" Cameron schüttelte ungläubig den Kopf. „So gemein könnte ich gar nicht sein."

Seufzend lehnte sie sich an ihn. „In erster Linie war ich sauer, weil du vergessen hast, mich zu wecken. Wir sollten schnellstens zur Arbeit." Sie wollte aufspringen, aber er hielt sie am Arm fest.

„Es ist Sonntag, Ealan." Besorgt musterte er sie. „Oder hast du in deinem letzten Job kein Wochenende gehabt."

„Keine Sorge, so blöd, dass ich durcharbeite, bin ich auch wieder nicht." Sie setzte sich gerade hin, damit sie ihn besser ansehen konnte. „Willst du mir jetzt tatsächlich erklären, dass die Kletterhalle geschlossen ist? An dem Tag, an dem die meisten Leute frei haben?"

„Nein, aber meine Angestellten sind fähig, den Betrieb, ohne mich aufrecht zu halten, darüber hinaus ist es kaum zwingend notwendig, dass du im Büro hockst." Er zog eine Augenbraue hoch. „Vermisst du die Arbeit dermaßen? Normalerweise hätte ich dich gestern schon davon abhalten sollen."

Bea lachte leise. „Du bist echt der Knaller, Cameron, anstatt dich zu freuen, dass deine Gefährtin endlich Ordnung in dein Chaos bringt, beschwerst du dich." Sie zwinkerte Abby zu. „Männer! Die versteht einfach niemand."

Lachend stimmte Abigail zu. „Da hast du recht, aber zu seiner Ehrenrettung muss ich sagen, dass ich mit den Wochentagen wirklich durcheinander gekommen bin." Sie zuckte leicht mit den Schultern, es war so viel auf sie eingeprasselt, dass sie solche Kleinigkeiten vergessen hatte.

„Verständlich, man wird ja kaum jeden Tag entführt." Bea sah den Freund mit gerunzelter Stirn an. „Auf die Idee kannst auch nur du kommen."

Sofort hob er beide Hände in einer unschuldigen Geste. „Das war Davids Vorschlag, immerhin ging es um die Geheimhaltung. Niemand wusste, wie sie reagiert, falls ich vor der Tür stehe."

„Es ist ja nichts passiert, im Gegenteil, eure Leute haben sich toll um mich gekümmert", warf Abby ein. „Die gesamte Situation fühlt sich für mich zwar surreal an, aber ich hoffe, dass sich das bald ändert." Ihr Verstand hatte immer noch nicht völlig akzeptiert, dass es paranormale Wesen gab.

„Wenigstens hast du keine Angst vor deinem Gefährten. Chris hatte mit ganz anderen Problemen zu kämpfen gehabt." Bea lächelte bei der Erinnerung, wie die Selkie in das Gathering geplatzt war. „Solltest du Gesellschaft oder Unterstützung brauchen, ruf mich an." Mit den Worten schob sie ihr einen Zettel mit ihrer Telefonnummer über den Tisch.

„Super gerne, vielleicht erfahre ich ja auf diese Weise die Dinge, die er mir lieber verschweigt.“ Schmunzelnd zwinkerte sie Bea zu, während Cameron gespielt entsetzt aufseufzte.

Sie frühstückten, dabei tauschten die Frauen sich aus und Bea ließ es sich kaum nehmen, die eine oder andere Anekdote aus ihrem gemeinsamen Leben mit den Brüdern zu erzählen.

Mehr als einmal wischte Abigail sich die Lachtränen aus den Augen, ehe sie um weitere Details bat.

Natürlich wählte die Wölfin die Situationen aus, in denen Cameron von einem Fettnäpfchen ins andere getreten war. Vor einiger Zeit hatte er Chris durch die Wildnis von Lochhaber geschleppt, um zu ihrer Patentante zu kommen. Dabei hatte er die befestigten Straßen auf der anderen Seite des Bergs übersehen. Genauso hatten er und seine Jungs im angetrunkenen Zustand das Lied „God save the Queen“ angestimmt, nur sang er lauthals „God shave the Queen“. Mitten in einem Londoner Pub führte das umgehend zu einer herzhaften Schlägerei, bei der die Polizei einschreiten musste.

Kopfschüttelnd betrachtete Abby ihren Gefährten. „Dich kann man wirklich keine Sekunde alleine lassen.“

Mit einem Lächeln stimmte er zu. „Ganz genau, das darfst du niemals vergessen.“ Zärtlich küsste er sie, heute konnte er auch darüber lachen, damals schämte er sich in Grund und Boden.

„Er hat einen Rüffel von unseren Alten bekommen, der mehr als harmlos ausfiel. Unsere Beziehung zu den Sassenachs ist immer noch angespannt.“ Bea lächelte vor sich hin, bis ihr auffiel, dass Abby plötzlich still geworden war. „Habe ich etwas Falsches gesagt?“ Irritiert sah sie von Cameron zu seiner Gefährtin.

„Ich komme aus Oxford." Abigail seufzte leise, weil sie annahm, dass die Wölfin sich jetzt distanzieren würde. „Ich kann ja verstehen, dass ihr uns hasst, aber nicht alle Engländer waren gegen die Highlander. Ganz im Gegenteil."

Sofort hob Bea abwehrend beide Hände. „Bitte, so habe ich das auf keinen Fall gemeint. Ich stecke niemanden in eine Schublade." Zerknirscht suchte sie nach einer Entschuldigung, doch Abby lachte bereits erleichtert auf.

„In dem Punkt reagiere ich wohl etwas zu sensibel." Sie seufzte. „Ich warte auf den Haken. Mein Leben hat sich so rasant gedreht, dass mir schwindelig ist. Noch nie durfte ich so glücklich sein", erklärte sie.

„Das verstehe ich gut, nur bei uns wirst du keinen Haken finden." Sie überlegte kurz. „Kann sein, dass Ethan sich mit dir anlegt, aber den darfst du ruhig ignorieren."

„Glaubst du wirklich, dass eure Leute mich so einfach akzeptieren? Sie kennen mich nicht, außerdem gehöre ich zu einem Volk, das euch das Leben zur Hölle gemacht hat." Natürlich dachte sie jetzt an die Geschichten, die Cameron ihr erzählt hatte.

„Wie du schon gesagt hast, gab und gibt es genug Engländer, die die Taten von damals verabscheuen. Man sollte die Vergangenheit ruhen lassen." Bea griff nach ihrer Hand, um sie vorsichtig zu drücken. „Falls dir jemand dumm kommt, sag mir Bescheid, ich stehe zu dir."

Dankbar lächelte sie die Wölfin an, während sie deutlich fühlte, dass sie eine Freundin gefunden hatte. „Was ist mit dir? Hast du auch einen Partner?" Abigail stürzte sich auf das nächste Thema zu, das ihr einfiel.

„Nein, ich bin Single. Abgesehen davon, dass ich noch sehr jung bin und wir unsere Dualseelen nicht so einfach finden, habe ich bis vor Kurzem kaum Kontakt zu Fremden gepflegt."

Aufmerksam betrachtete Abby sie. „Magst du mir erzählen, weshalb?"

Einen Moment überlegte Bea, ehe sie mit ihrer Erklärung begann. „Unser Volk wurde beim Massaker von Glencoe fast ausgerottet, nur unserer enormen Heilkraft ist es zu verdanken, dass ein paar wenige überlebten. Außerdem standen sogar einige Engländer auf unserer Seite." Sie zwinkerte ihr zu. „Daher mussten wir uns verstecken, dazu kam die Angst, erneut entdeckt zu werden."

Verstehend nickte Abigail. Sie konnte sich gut vorstellen, dass das Rudel sehr vorsichtig geworden war. Unter den Umständen einen passenden Partner zu finden, gestaltete sich bestimmt schwierig. „Aber die Geschichte ist mehr als dreihundert Jahre her. Hat sich seitdem nichts geändert?"

„Zum Glück hat sich die Gesellschaft gedreht und wir können heute in Sicherheit leben. Doch wir waren damals nur noch eine Handvoll Leute, die sich versteckt hielten, daher fehlte lange Zeit der Nachwuchs." Cameron legte einen Arm um seine Gefährtin.

„Außerdem kann meine Mutter sich nur teilweise in einen Menschen verwandeln. Man sieht ihr den Wolf immer an. Genau, wie man in ihr den Normalen erkennt, sobald sie sich verwandelt." Bea lächelte. „Erst Chris hat dafür gesorgt, dass sie sich in das Rudelleben integriert. Vorher hatte sie sich komplett zurückgezogen, was es mir nicht gerade einfach gemacht hat."

„Ist sie von eurem Clan ausgestoßen worden?" Bei der Frage hielt Abby die Luft an. Sie wollte sich nicht mal vorstellen, wie die arme Frau sich gefühlt haben musste.

„Nein, das ist kein Grund, um jemanden zu verstoßen." Cameron schüttelte entsetzt den Kopf. „Wir dachten, sie würde keine Hilfe wollen und haben sie in Ruhe gelassen. Zum Glück hat Chris das anders gesehen."

Bea lachte. „Ja, sie ist wie ein Wirbelsturm in unser aller Leben gestürmt." Man sah ihr an, wie sehr sie Blakes Gefährtin mochte. „Wir sind keine Horde gefühlloser Wilder", beteuerte sie.

„Das habe ich auch keineswegs angenommen. Immerhin durfte ich einen kleinen Teil schon kennenlernen." Abby lächelte vor sich hin, obwohl die Entführung sie erschreckt hatte, war es das Beste gewesen, was ihr passieren konnte. In ihre Gedanken hinein klingelte es an der Tür.

„Er ist zumindest pünktlich", murmelte Cameron mit einem Schmunzeln, nachdem er auf die Uhr geschaut hatte.

„Du erwartest Besuch?" Abigail schluckte, das hätte er ihr sagen müssen, denn sie saß immer noch im Jogginganzug in der Küche.

Cameron nickte leicht. „Ja, unser Chieftain kommt, um dich kennenzulernen."

„Ich gehe mich schnell frischmachen." Ohne eine Antwort abzuwarten, huschte sie ins Badezimmer.

Kapitel 14 - Familienbande

Cameron sah ihr lächelnd hinterher, anschließend ging er zur Tür, um Alan reinzulassen. Da Hamish und Caitriona zurzeit einen Kurztrip nach Paris unternahmen, war er der Erste, der seine Gefährtin kennenlernen sollte. „Schön, dass du es einrichten konntest. Komm rein." Er umarmte den Freund.

Alan schüttelte schmunzelnd den Kopf. „Glaubst du wirklich, dass es etwas Wichtigeres gibt, als deine Seelengefährtin in unserem Rudel willkommen zu heißen?" Er hob fragend eine Augenbraue.

Cameron zuckte kurz mit den Schultern. „Keine Ahnung, vielleicht?"

Der Chieftain schlug ihm leicht gegen den Hinterkopf. „Idiot! Wir freuen uns alle, dass du jemanden gefunden hast. Abgesehen davon, dass die Tatsache den Fortbestand unseres Clans sichert."

Sie gingen in die Küche, wo Alan auch Bea begrüßte, ehe er sich suchend umsah. „Wo steckt sie denn?"

„Sie ist ins Badezimmer geflüchtet", bemerkte Cameron mit einem Zwinkern. „Sieht so aus, als hätte sie ziemlichen Respekt vor dir."

Ratlos sah Alan von einem zum anderen. „Warum? Sie kennt mich nicht." Plötzlich runzelte er die Stirn. „Was habt ihr erzählt?"

Sofort beteuerten beide ihre Unschuld.

„Nur, dass du damals deinen Säbel zerbrochen hast und der Chef bist“, versicherte Bea mit einem Schmunzeln. „Wahrscheinlich reicht das bereits aus. Immerhin trifft man nicht jeden Tag den Anführer eines Werwolfrudels.“

Seufzend verbarg er sein Gesicht in den Händen, ehe er die zwei wieder ansah. „Könnt ihr euch vorstellen, dass sie aufgrund eurer Informationen Angst vor mir hat? Es hätte gereicht, mich als einen Freund vorzustellen.“

„Aber sie hätte ja eh erfahren, dass du der Boss bist. Genauso wird sie gleich sehen, dass du ziemlich harmlos bist.“ Bea hielt seinem wütenden Blick stand, dabei lächelte sie auch noch. „Du kannst das Gehabe sein lassen, ich kenne dich zu gut.“

Jetzt lachte Alan mit ihr. „Trotzdem mag ich es nicht, wenn du mich harmlos nennst.“ Er nahm dankbar eine Tasse Kaffee entgegen, anschließend sah er Cameron an. „Was ist das für eine Geschichte mit dem Raben?“

„Wow, die Buschtrommeln funktionieren ja perfekt.“ Verstimmt runzelte er die Stirn. „Bisher ist sie unsicher, ob es sich um ein Hirngespinst eines einsamen Kindes handelt.“

Verstehend nickte Alan. „Was denkst du?“

Bei der Frage dachte Cameron kurz nach. „Ich glaube, dass ein Gestaltwandler, aus welchem Grund auch immer, Kontakt zu ihr gesucht hat.“

Dem stimmte der Chieftain zu. „Es klingt zu detailliert, um es als Hirngespinst abzutun. Wir müssen schnellstmöglich herausfinden, was dahintersteckt.“

Jetzt stoppte Bea ihn. „Mal langsam mit den jungen Pferden, Chief. Sie ist gerade erst in unsere Welt geschubst worden, vielleicht lässt du ihr ein paar Tage Zeit, um mit der neuen Situation klarzukommen?“ Ärgerlich blitzte sie ihn an.

„Ich stelle es mir verdammt schwer vor, plötzlich mit der Tatsache konfrontiert zu werden, dass es sämtliche Fabelwesen wirklich gibt.“

„Friss mich nicht gleich, Kleine.“ Alan lächelte sie versöhnlich an. „Ich hatte kaum vor, über sie herzufallen. So viel Takt darfst du mir ruhig zutrauen.“

Verlegen senkte sie den Blick, in der Tat war ihr Temperament mit ihr durchgegangen.

Alan tätschelte ihr freundschaftlich die Hand. „Schon in Ordnung, ich bin ziemlich mit der Tür ins Haus gefallen. Außerdem kenne ich dich ja.“

Es war allgemein bekannt, dass Bea sich immer für die einsetzte, die Hilfe brauchten.

Ehe sie weiter diskutieren konnten, kam Abigail zurück. Sie hatte sich in Windeseile geduscht, die Haare geföhnt und die Zähne geputzt. Auf gar keinen Fall wollte sie den Chef des Rudels mit Mundgeruch belästigen. Jetzt stand sie unsicher in der Tür.

Cameron ging zu ihr, legte einen Arm um ihre Schultern, so führte er sie zum Tisch. „Das ist Abby.“ Er deutete auf Alan, der auch aufgestanden war. „Und das ist unser Chieftain, Alan. Lass dich nicht zu sehr von seinem Titel beeindrucken. Bei ihm gilt: Harte Schale, weicher Kern.“

Bei den Worten runzelte der Angesprochene die Stirn. „Stell mich bloß nicht als Weichei dar, Piper.“

Sofort spannte Abigail sich an, obwohl der Mann einen freundlichen Eindruck machte, spürte sie die Autorität, die er ausstrahlte.

„Keine Sorge, er tut nur so böse“, beruhigte Bea sie, während sie ihrem Anführer einen wütenden Blick zuwarf. „Jetzt mach ihr keine Angst.“

Lachend schob der Chieftain Camerons Arm von ihr, um sie fest an sich zu ziehen. „Herzlich willkommen in unserem Clan." Er ließ sie los, wobei er sich über ihre verwirrte Miene amüsierte. „Ich bin in der Tat sehr umgänglich."

Abigail lachte erleichtert auf. „Das merke ich gerade. Zuerst dachte ich, dass Sie tatsächlich sauer auf meinen Gefährten sind."

Alan winkte schmunzelnd ab. „Ich kenne ihn seit seiner Geburt, da weiß ich ihn einzuschätzen. Allerdings muss ich ihm immer mal wieder seine Grenzen zeigen."

Sie setzten sich und Abby nahm dankbar eine Tasse Kaffee von ihrem Liebsten entgegen.

„Ich hoffe, du lebst dich schnell bei uns ein. Falls du Probleme mit einem Rudelmitglied bekommst, wende ich bitte an mich." Bei den Worten sah er bezeichnend auf Cameron. „Dein Gefährte neigt leider dazu, manchmal etwas unüberlegt zu handeln."

Abigail lachte auf. „Das habe ich schon mitbekommen, darüber hinaus hat Bea mir einen kleinen Einblick gestattet." Sie deutete auf die junge Wölfin, die verlegen abwinkte. „Gibt es irgendwelche Regeln, die ich beachten sollte?" Offen begegnete sie dem Blick des Alphas.

„Ich denke, über die Geheimhaltung haben sie mit dir gesprochen, aye?" Alan sah jetzt von einem zum anderen.

„Natürlich, außerdem war David dabei, als ich ihr die Wahrheit erzählt habe." Cameron verzog beleidigt das Gesicht. „Als ob ich so etwas Wichtiges verschweigen würde."

„Beruhige dich, davon bin ich kaum ausgegangen." Alan wandte sich wieder an Abby. „Dann gibt es nichts, was zuzufügen wäre." Er lächelte. „Wir sind im Grunde eine völlig normale Familie."

Bei den Worten brachen die Werwölfe in lautes Gelächter aus, in das Abigail einstimmte.

„Es fällt mir schwer, das zu glauben, zumindest habe ich spezielle Erfahrungen mit euch gemacht.“ Sie schmunzelte, während sie die letzten Tage Revue passieren ließ. „Wussten Sie von dem Plan, mich zu entführen?“

Sofort schüttelte Alan den Kopf. „Nein, ich hätte einen anderen Weg eingeschlagen. Aber es ist wirklich unnötig, dass du mich siezt. Wir gehören praktisch einer Familie an.“

Fast wäre ihr der Mund offen stehen geblieben. Nahm er sie gerade so ohne weiteres in das Rudel auf? „Ich bin ein einfacher Mensch, bei mir gibt es keine besonderen Fähigkeiten“, stieß sie hervor.

„Das stimmt so nicht“, mischte sich Cameron ein. „Du hast einen sehr ausgeprägten Instinkt, ein Gespür für Dinge, die passiert sind. Wahrscheinlich auch ein überragendes Talent, die Normalen richtig einzuschätzen.“

Ärgerlich winkte sie ab. „Das ist wohl kaum eine erwähnenswerte Gabe. Ich will sagen, dass ihr Superkräfte, wie zum Beispiel mich in ein Tier zu verwandeln, superschnell oder stark zu sein, vergeblich sucht.“

„Ich sehe es wie Cameron, von einfach ist hier absolut keine Rede.“ Alan lächelte ihr zu. „Du bist die Gefährtin unseres Pipers, das ist Grund genug, dich im Rudel aufzunehmen. Darüber hinaus klingt es spannend, was er da über dich erzählt hat. Erklärst du es mir bitte genauer?“

Fast hätte Abby höhnisch gelacht, aber der Respekt hielt sie davon ab. „Ich bin oft in der Lage zu spüren, ob an einem Ort oder in einem Gebäude etwas Schlimmes passiert ist. Wie gesagt, keine sehr nützliche Fähigkeit, zumal man in der Regel nachlesen kann, was dort geschehen ist.“ Sie winkte leicht ab.

„Cameron sagt, dass es auch mit Menschen funktioniert?“, hakte Alan interessiert nach.

Zaghaft nickte sie. „Meistens, nur wenn es um mich persönlich geht, falle ich immer auf die falschen Leute rein.“ Ein bittersüßes Lächeln umspielte ihre Lippen. „Du siehst, es ist eine nutzlose Gabe.“

„Hast du mal versucht, deinen Instinkt zu trainieren?“ Der Chieftain ließ nicht locker, zumal er das Gefühl hatte, dass da mehr dahintersteckte.

„Nein, bisher bin ich davon ausgegangen, dass es etwas Normales ist. Menschenkenntnis hat doch jeder und das Gespür für die alten Gemäuer ist wahrscheinlich Einbildung.“

Cameron zog sie an sich. „Das stimmt nicht. Du hast es bereits gezeigt. Du solltest wirklich an dich glauben.“

Peinlich berührt schüttelte sie den Kopf. „Können wir bitte das Thema wechseln? Ich hasse es, dermaßen im Mittelpunkt zu stehen.“ Ärgerlich blitzte sie ihren Gefährten an, als er Luft holte, um ihr zu widersprechen.

Lachend hob er beide Hände in einer abwehrenden Geste an. „Friss mich nicht gleich auf.“

Abby sah ihn tadelnd an, ehe sie in sein Gelächter einstimmte. „Ich finde es viel spannender, dass ihr einem Clan angehört. Wie muss ich mir das vorstellen? Kann jeder eintreten, der den Nachnamen MacDonald trägt?“ Interessiert sah sie von einem zum anderen.

„Der Name allein reicht kaum aus, zumal es etliche Zweige dieser Sippe gegeben hat. Es gibt zum Beispiel auch heute noch den Clan MacDonald of Clanrand, der genauso vom Lord Lyon King of Arms anerkannt wurde, wie die restlichen Clans.“

Abby sah ihn fragend an. „Wer oder was ist das, Lord King of wie war das?"

Cameron und Bea stöhnten gemeinsam auf.

„Jetzt referiert er den gesamten Morgen", bemerkte die Werwölfin, gleichzeitig verzog sie das Gesicht.

„Möchtest du ihr erklären, wer das ist?" Alans Stimme klang trügerisch sanft, da er wusste, dass sie das Thema langweilte, somit würde sie es kaum erläutern wollen.

„Ne, lass mal." Mit einer widerwilligen Miene winkte sie ab.

„Dachte ich mir." Alan lächelte Abby an. „Ich fasse mich kurz. Lord Lyon King of Arms ist der Wappenkönig von Schottland, der oberste Richter, solange es sich um die Heraldik dreht. Er allein darf ein Wappen, einen Clan, einen Tartan oder ein Crest anerkennen." Mit einem spöttischen Lächeln betrachtete er Bea. „Zu lang für deinen Geschmack?"

Sie rollte mit den Augen. „Du weißt genau, wie gerne du dich in deinen Erklärungen verrennst, wenn es um dein Lieblingsthema geht." Sie wandte sich an Abigail. „Normalerweise erklärt er auch, wer gerade das Amt innehat, was für Aufgaben dieser zu erledigen hat, wie wichtig er ist und tausend andere Dinge."

Bei der Aufzählung schmunzelte sogar Alan. „So schlimm bin ich gar nicht", verteidigte er sich leise.

Abby ergriff sofort Partei für ihn. „Ich finde das interessant. Mir wurde immer beigebracht, dass die Clans keinerlei Bedeutung heutzutage haben. Sie werden oft als Belustigung für die Touristen abgetan." Sie zuckte bedauernd mit den Schultern. „Meistens jedenfalls."

„Einerseits ist es gut, wenn wir unter dem Radar bleiben, andererseits ist es keine direkte Lüge. Unsere Chieftains bekommen keinen Platz im House of Lords mehr, es sei denn, sie engagieren sich politisch.“ Alan überlegte kurz. „Nach den Highland Clearances wurde den Anführern so ziemlich jede Macht genommen.“

Davon hatte sie bereits gehört, deshalb nickte sie nur. „Aber so wie es aussieht, habt ihr ja trotzdem eine Art Hierarchie, richtig?“

„Die brauchen wir auch, da wir speziell sind“, mischte sich Bea ein. „Wobei die meisten anderen Clans an der gleichen Aufteilung festhalten. Mal mehr, mal weniger. Es ist unsere Tradition, unsere Vergangenheit, die wir in Ehren halten. Darüber hinaus ist es für uns wichtig, dass wir einer Sippe angehören, in der man sich gegenseitig unterstützt. Du darfst nicht vergessen, dass einige von uns bereits beim Massaker dabei waren.“ Sie warf einen bezeichnenden Blick auf Alan.

Das verstand Abby sehr gut, wie gerne würde sie auch eine Familie haben, in der sie wenigstens ein offenes Ohr fand. Sie musste an ihre Mutter denken, die sie ablehnte, und ihr nur half, damit es kein Gerede unter den Nachbarn gab. „Das ist schön, wenn man weiß, dass es Hilfe in den eigenen Reihen gibt.“ Ihre Worte klangen bitter.

Cameron zog sie an sich. „Du hast Alan gehört, du gehörst zu uns. Demnach findest du bei uns immer jemanden, der dir zur Seite steht.“ Er schmunzelte. „Sogar gegen mich, falls es nötig sein sollte.“

„Ehe ich es vergesse.“ Der Chieftain zog eine Visitenkarte aus der Tasche. „Hier meine Telefonnummer, sonst kannst du mich ja kaum erreichen. Im Telefonbuch unter Alan MacDonald zu suchen, könnte ein schwieriges Unterfangen werden.“

Die Gruppe lachte laut auf.

„Mich interessiert allerdings noch, ob Fremde irgendwie in den Clan kommen können?“ Aufmerksam blickte sie von einem zum anderen. „Früher wurde ja Leute aufgenommen, die sich dem Chief unterworfen haben. Jedenfalls wurde es uns so beigebracht.“

„Ja, das stimmt, damals schlossen sich viele Bauern der eigentlichen Familie an, um Schutz zu bekommen. Sie nahmen den jeweiligen Nachnamen an und schworen dem Anführer ihre Treue. Heute ist das schwieriger.“ Cameron lächelte. „Allerdings nicht unmöglich.“

„Abgesehen von den Gefährtinnen, gibt es bei uns auch die Vertrauten. Natürlich müssen da zuerst die Wächter oder unser Gericht zustimmen. Mittlerweile kann man den Eid an verschiedenen Stellen ablegen. Früher ging das nur in Ballygannon oder bei einem der Richter persönlich.“ Alan freute sich über ihr Interesse, zumal er wirklich gerne über solche Dinge redete.

„Ich verstehe.“ Sie sah Cameron an. „David hat gesagt, dass wir nach Irland kommen sollen. Habe ich ihn falsch verstanden?“

„David ist ein Schlitzohr, auch wenn man ihm das kaum ansieht“, warf Bea ein.

Cameron schüttelte leicht den Kopf. „In dem Fall war es ein Vorschlag, den ich jederzeit hätte ablehnen können. Aber wir sehen uns so selten, dass ich zugestimmt habe.“ Er musterte seine Gefährtin. „Oder gibt es einen Grund, weshalb du es vermeiden willst, nach Irland zu fliegen?“

„Nein, ich möchte eure Welt und besonders die Gesetze nur verstehen.“ Abby atmete tief durch. „Ich fürchte mich, dass ich einen Fehler mache, der dein Leben kosten könnte.“ Die Vorstellung bescherte ihr Albträume.

„So einfach ist das nicht mehr. Einen Ausrutscher verzeiht unsere Rechtsprechung, es geht um das bewusste Ausplaudern unserer Existenz.“ Alan zog ihre Aufmerksamkeit auf sich. „Niemand wird irgendwen töten, weil du unachtsam warst oder etwas falsch verstanden hast. Da gebe ich dir mein Wort. Sollten die Wächter das anders sehen, müssen sie zuerst an uns vorbei.“

Dankbar lächelte sie ihn an, dabei keimte das Gefühl in ihr auf, dass sie hier einen Freund gefunden hatte. „Ich hoffe, dass es erst gar nicht dazu kommt. Meine Beliebtheitsskala wird wohl kaum ansteigen, wenn ich für einen blutigen Kampf sorge, richtig?“ Irgendwie hatte sie gedacht, dass die Wölfe lachen würden, aber sie runzelten ernst die Stirn.

„Da bin ich unsicher“, antwortete Alan ehrlich. „Manch einer wünscht sich die vergangene Zeit zurück, in der sie ihr Recht mit dem Schwert, der Axt und sogar der Mistgabel verteidigen konnten.“ Seufzend strich er sich durch die Haare. „Du darfst nicht vergessen, dass unsere Ältesten mehr als fünfhundert Jahre auf dem Buckel haben.“

Ihre Augen weiteten sich, denn daran hatte sie in der Tat kaum noch gedacht. „Wie kommen sie überhaupt mit allem klar? Ich stelle es mir enorm schwierig vor.“

„Die technischen Errungenschaften lieben sie, nur den abgelegten Traditionen trauern manche nach“, erklärte Cameron mit einem Lächeln. „Es ist nicht so, dass wir darauf brennen, irgendjemandem den Kopf abzuschlagen. Schau dich um, die Menschen sind mit der aktuellen Situation unzufrieden, viele würden ihre Rechte gerne effektiver durchsetzen. Und unsere Leute kennen eben noch Zeiten, in denen Viehdiebstahl oder Plünderung eine Form der Kriegsführung war.“

Alan sah auf die Uhr. „Ich muss los, schön, dass du bei uns bist." Mit den Worten verabschiedete er sich, umarmte Abby, anschließend ging er.

„Ethan hat übrigens geschrieben, dass deine Sachen morgen kommen." Cameron deutete auf sein Smartphone, auf das er einen kurzen Blick geworfen hatte.

„Das ist gut, trotzdem werde ich heute mal waschen." In ihren Gedanken war sie noch in der Vergangenheit, in der die Leute mit Mistgabeln aufeinander losgegangen waren.

Bea lächelte sie an. „Das ist echt viel, was dir gerade um die Ohren gehauen wird. Wenn du mal raus willst, ruf mich an."

„Du gehst schon?" Irritiert musterte Cameron sie.

„Du hast ein Versprechen gegeben, das solltest du auch einlösen, aye?" Sie lachte ihn verschmitzt an. „Auf keinen Fall werde ich dich davon abhalten."

„Aber du könntest uns begleiten", warf Abby ein, der die Gesellschaft der Wölfin guttat.

„Lass uns die Tage eine Tour machen, jetzt möchte ich mich noch mal in meine Unterlagen vertiefen." Sie lächelte. „Immerhin studiere ich Jura, meistens jedenfalls."

Bei der Erklärung runzelte Cameron die Stirn. „Solltest du nicht in Edinburgh sein?"

Bea machte eine wegwerfende Handbewegung. „Es reicht, wenn ich zwei bis drei Vorlesungen besuche. Der Rest geht über ein Online-Portal." Sie schmunzelte. „Willkommen im 21. Jahrhundert."

~~○~~

Abby sah mit einem Lächeln auf ihr Smartphone, als Cameron sich zu ihr setzte.

Er hatte Bea zur Tür gebracht, da er sowieso ins Bad musste. „Alles in Ordnung? Oder hast du schlechte Nachrichten bekommen?“

„Nein, ganz im Gegenteil, ich habe gerade festgestellt, dass mittlerweile sechs Personen in meinem Telefonbuch stehen, die mir zu Hilfe eilen würden. Früher stand dort nur Ava.“ Ein besonderes Glücksgefühl breitete sich in ihr aus. „Es ist ein tolles Gefühl.“

„Du hast es verdient und glaub mir, weder Bea noch Alan geben ihre Telefonnummern an jeden.“ Er schmunzelte. „Du hast sie beeindruckt.“

„Ach was, das verdanke ich nur dem Status, deine Gefährtin zu sein.“ Sie winkte schnell ab, es war unwahrscheinlich, dass sie etwas anderes war als ein Mauerblümchen.

Cameron hob ihr Kinn an, zwang sie ihn anzusehen, gleichzeitig schüttelte er langsam den Kopf. „Es ist wirklich Zeit, dass du dich im richtigen Licht darstellst. Zu lange hat man dich kleingehalten.“ Sanft küsste er sie. „Du bist einzigartig durch dein Einfühlungsvermögen, deine Art, die jedem das Gefühl gibt, wichtig zu sein, deine Toleranz und so viele bezaubernde Eigenschaften, die man bei etlichen Leuten vergebens sucht.“ Er seufzte. „Ich wünsche mir, dass du dich einmal durch meine Augen siehst.“

Verlegen lächelnd senkte sie den Blick. „Es ist schwer, euch zu glauben. Ständig habe ich gehört, dass ich seltsam, ungeschickt, zu dick, zu dumm und zu wenig angepasst bin.“ Die Worte ihrer eigenen Mutter taten immer noch weh.

„Das sind Lügen, Ealan.“ Cameron knurrte leise. „Jeder, der in Zukunft so etwas zu dir sagt, wird es bereuen.“

Schmunzelnd strich sie ihm über die Wange. „Hör auf, die Zähne zu blecken, Wolf. Es hat keinerlei Bedeutung, da gebe ich dir recht. Jetzt gibt es ja Menschen, die mir das Gegenteil beweisen.“ Wie sie in der kommenden Zeit mit ihrer Mutter umgehen wollte, wusste sie hingegen nicht.

„Gut, genug Psychologie! Worauf hast du Lust?“ Cameron sah sie fragend an.

Kurz blickte sie aus dem Fenster, an dem dicke Wassertropfen herunterrannen. „Bei dem Wetter macht es sicherlich keinen Spaß nach Culloden zu fahren oder zu einer Wanderung aufzubrechen.“

Als sie das Schlachtfeld erwähnte, zuckte Cameron zusammen, hatte sich allerdings sofort unter Kontrolle, trotzdem war ihr seine Reaktion kaum entgangen.

„Sag mir bitte nicht, dass du dort gekämpft hast?“ Entsetzt erkannte sie die Antwort in seiner Miene.

„Doch.“ Das kleine Wort klang erstickt, denn jetzt rasten so viele schreckliche Bilder durch seinen Kopf, dass er das Gefühl hatte, sein Hals würde sich zuschnüren. „Das Schlachtfeld werde ich niemals wieder betreten“, brachte er mühsam heraus.

„Das verstehe ich, ehrlich.“ Sie schlang ihre Arme um ihn, gab ihm auf diese Weise Trost.

Cameron lehnte sich an sie, drückte sein Gesicht an ihre Brust, während er mit den Erinnerungen kämpfte, die sich in sein Gehirn gebrannt hatten. „Wir waren so dumm“, stieß er hervor. „Unsere Anführer lagen im Streit, die Soldaten hungerten seit Tagen, dann kam der verdammte Nebel dazu.“

Vorsichtig legte sie ihm einen Finger auf die Lippen. „Du musst mir nichts erzählen, ich habe mir bereits alles angesehen.“ Sie erinnerte sich plötzlich, dass sie sich geweigert hatte, das Schlachtfeld zu betreten und ihre Mutter war laut geworden. „Es ist nur ein Beispiel für eine Unternehmung. Es tut mir leid.“

Cameron hob den Blick. „Du konntest es nicht wissen. Damals wurden diejenigen abgeschlachtet, die das Massaker als kleine Kinder überlebten. Auch deshalb sind von uns nur noch so wenige übrig.“

Ihr wurde bewusst, dass er von seinem Zweig, den MacDonalds von Glencoe, sprach. „Wie hast du es geschafft, ein so positiver, fröhlicher Mensch zu werden?“ Das erstaunte sie in der Tat, jeder andere wäre verbittert.

Energisch schob er die Bilder von sich. „Es gab eine Zeit, in der ich auf die Engländer losgegangen bin. Hamish und Caitriona hatten wirklich Mühe mit mir, nur Blake war in der Lage, mich zu bändigen.“ Er schluckte, rieb sich über die Lider, um seine Tränen zu verstecken. „Heute schäme ich mich deswegen, aber damals war die Wut einfach zu groß.“

Verstehend nickte sie. „Das ist verständlich. Wer würde solche Erlebnisse ohne weiteres wegstecken?“

„Eines Abends habe ich eine Schlägerei in einem Pub angefangen, weil sich dort Besucher aus Portmouth aufhielten.“ Er seufzte. „Niemand konnte mich stoppen, ich war wie in einem Wahn. Vor meinem inneren Auge sah ich meine Kameraden fallen, erkannte die Feinde, denen ich auf dem Schlachtfeld nur entkommen bin, indem ich mich in einen Wolf verwandelte. Der Engländer lag vor mir, blutüberströmt.“

Abigails Herz krampfte sich vor Mitleid zusammen. Sie verstand, was ihren Gefährten angetrieben hatte, gleichzeitig betete sie, dass der Mann überlebt hatte.

„Eisd rium, a charaid! Die Worte rief der angebliche Gegner mir zu." Er schluckte schwer. „Es heißt: Hör auf, mein Freund. Ich hatte ihn die gesamte Zeit auf Gälisch beschimpft, was mir überhaupt nicht bewusst war. Dieser Ausruf brachte mich sofort wieder in die Gegenwart, zumal mir klar wurde, dass er zwar in Portmouth lebte, aber einer von uns war."

„Er war auch ein Werwolf?" Damit hatte Abby nicht gerechnet. „Weshalb hat er sich von dir zusammenschlagen lassen?"

„Blake hat es inszeniert, um mir vor Augen zu führen, wie schnell ich mich täuschen kann. Unwichtig zu erwähnen, dass ich verurteilt wurde, von meinem Clan sowie dem menschlichen Gericht. In dem Augenblick, als mir bewusst wurde, was ich getan hatte, habe ich mir geschworen, niemals wieder Bitterkeit oder Wut über meinen Verstand herrschen zu lassen." Er zuckte mit den Schultern. „Meistens gelingt es mir, ab und zu schieße ich übers Ziel hinaus, wenn ich mir einen Scherz erlaube, aber sobald die alte Verbitterung zurückkehrt, denke ich an den Abend damals."

Abigail drückte ihn fester an sich. „Ich bin so stolz auf dich. Kaum jemand hätte sich dermaßen geändert, nachdem er so viel Ungerechtigkeit erleben musste." Sie küsste ihn, legte ihre gesamte Liebe in diesen Kuss.

„Du hast einen ziemlich unperfekten Mann gewählt, Ealan", bemerkte Cameron schmunzelnd, als sie ihn wieder freigab.

„Dann passen wir perfekt zusammen." Sie lachte, stupste ihn mit der Nase an, ehe ihr eine Idee kam. „Früher gab es am *Loch Ness* ein Museum."

Bei den Worten stöhnte er entsetzt auf. „Hier in Schottland gibt es gefühlt eine Milliarde davon."

„Lass mich ausreden, das wird dir auch gefallen, falls es noch existiert.“ Sie stieß ihm den Ellenbogen in die Seite. „Irgendwas mit Exhibition Centre.“ Angestrengt dachte sie nach.

„Du meinst das *Loch Ness Exhibition Center* in *Drumnadrochit*?“

Sofort nickte sie begeistert. „Genau das, ich fand es damals sehr interessant.“ Gespannt wartete sie ab, was ihr Gefährte dazu zu sagen hatte.

„Stimmt, das ist es, zumindest für Touristen“. Er rieb sich über die Nase. „Ich weiß ein wenig mehr über Nessi.“

Jetzt besaß er ihre komplette Aufmerksamkeit. „Es gibt sie wirklich, richtig?“ Aufgeregt rutschte sie auf ihrem Platz herum. „Was ist sie?“

„Zuerst einmal ist es eine ganze Familie.“ Cameron legte einen Arm um sie, gleichzeitig freute er sich über ihre Begeisterung. „Es sind magische Wesen, keine Urzeitgeschöpfe. Du hast vielleicht die Kelpies gesehen, an denen wir vorbeigefahren sind?“

Natürlich erinnerte sie sich an die riesigen beleuchteten Skulpturen, die von der Autobahn sehr gut zu sehen waren. „Du willst mir jetzt erzählen, dass es die Wassergeister tatsächlich gibt?“ Skeptisch betrachtete sie ihn, achtete auf jedes Zucken in seinem Gesicht.

„Aye, sie verhielten sich früher ziemlich bösartig. Mittlerweile haben sie ihren Frieden mit den Normalen gemacht, was auch daran liegt, dass sie sich bedeckt halten müssen. Zu viele Fotos wären schädlich, darüber hinaus sorgt unsere Regierung dafür, dass keinem Menschen willentlich geschadet wird.“ Er lächelte über ihren erstaunten Blick.

„Ehrlich, ich nehme dich nicht auf den Arm. Sollen wir ihnen einen Besuch abstatten? Adelaide freut sich bestimmt.“

„Kann ich sie denn überhaupt verstehen? Sprechen sie Englisch?“ Irgendwie fand sie die Idee faszinierend und beängstigend gleichzeitig.

Cameron runzelte die Stirn. „Mist, das habe ich ja völlig vergessen. Wir unterhalten uns in der universellen Sprache der magischen Welt, die jeder schon beherrscht, wenn er geboren wird. Ist so etwas wie die Muttersprache der Paranormalen.“ Er überlegte kurz. „Ich übersetze dir gerne, was sie sagt. Trotzdem bleibt die Entscheidung dir überlassen.“

Plötzlich überkam sie die Abenteuerlust, deshalb nickte sie vorsichtig. „Du bist dir aber sicher, dass sie mich nicht umbringen?“ Abby hatte einige Geschichten über Kelpies gehört, die Menschen unter Wasser zogen, um sie dort zu fressen.

Cameron lachte leise. „Ja, bin ich. Wir sind seit einer kleinen Ewigkeit befreundet, außerdem gibt es bei jeder Spezies gute und böse Exemplare, aye?“

„Ja, bestimmt, also sind nicht alle darauf aus, uns Normale zu ertränken, um uns aufzufressen?“ Interessiert betrachtete sie ihn.

„Nein, andererseits mussten sie irgendwie überleben. Manche Jahre waren schwieriger als andere, da kamen einsame Wanderer gerade recht.“ Cameron zuckte leicht mit den Schultern. „Wir lebten genauso von der Jagd wie von der Landwirtschaft, da hat sich bis heute kaum etwas geändert.“

„Ihr fresst Menschen?“ Entsetzt starrte sie ihn an.

„Nope, natürlich nicht, das ist widerwärtig. Wir jagen Wild.“ Er stand auf, zog sie mit sich und kurz darauf befanden sie sich auf dem Weg zum *Loch Ness*.

Kapitel 15 - Ungeheuer oder nicht?

„Sag mal, Kelpies leben doch eigentlich in fließenden Gewässern oder täuscht die Sagenwelt sich da?“ Abby lehnte sich auf dem Beifahrersitz bequem zurück, während Cameron fuhr.

„Aye, sie wohnen meistens auf dem Grund eines Flusses, deshalb fahren wir zum Campingplatz bei *Drumnadrochit*. In der Nähe fließen der *Coiltie* und der *Enrick* zusammen, ehe sie im Loch Ness münden.“ Er sah kurz zu ihr. „Wir werden ein wenig laufen müssen. Sollten wir Glück haben, treffen wir sie am *Coiltie*. Ansonsten gehen wir bis zum See.“

„Das tut mir gut.“ Abby winkte ab, ein Spaziergang würde sie kaum davon abhalten, einen echten Kelpie kennenzulernen.

Auf der Fahrt sah sie aus dem Fenster, betrachtete versonnen die Landschaft, die jetzt leider im Regen unterging, trotzdem fühlte sie sich mit der rauen Wildnis verbunden. Fast hätte sie behauptet, dass sie nach Hause gekommen war. Leise lachend schüttelte sie über sich den Kopf, sie sollte langsam mit den Spinnereien aufhören, sonst würde sie auch unter den magischen Geschöpfen die Seltsame sein.

„Was geht dir durch den Sinn?“ Cameron blickte kurz zu ihr rüber.

Schnell winkte sie ab. „Alles und nichts. Ich bin immer noch damit beschäftigt, dass es Kelpies wirklich gibt. Das ist selbst für eine Träumerin wie mich sehr ungewöhnlich.“ Lächelnd legte sie eine Hand auf seinen Oberschenkel. „Außerdem fällt es mir schwer zu begreifen, dass sich mein Leben auf so einfache Weise geändert hat. Es ist, als ob ich einen Sechser im Lotto bekommen hätte."

„Manchmal braucht es nur einen kleinen Schubs und jemand, der an einen glaubt." Cameron schmunzelte. „Wer weiß, was mit der richtigen Unterstützung deiner Eltern aus dir geworden wäre." Sie hatte ihm ja bereits ein wenig von den Schwierigkeiten mit ihrer Mutter erzählt, sobald sie so weit war, würde er intensiver mit ihr reden. In der Beziehung zu ihrer Familie lag offensichtlich einiges im Argen.

„Wie gerne hätte ich jetzt die technischen Errungenschaften meines Cousins", murmelte Cameron, während er über die A82 fuhr. „Die Wächter besitzen spezielle Apparate, die verhindern, dass du geblitzt wirst", erklärte er auf ihren fragenden Blick hin.

„Du fährst so schon ziemlich schnell, finde ich." Sie deutete auf den Tacho, lehnte sich aber gleichzeitig bequem zurück.

„Aye, wir Gestaltwandler lieben die Geschwindigkeit. Es gibt wohl keinen, der nicht aufs Gaspedal tritt, wenn er die Gelegenheit hat." Er lachte leise. „Dir scheint es allerdings kaum etwas auszumachen."

Abby zuckte mit den Schultern. „Du sitzt am Steuer und ich vertraue dir." Damit war das Thema für sie beendet. „Damals am *Loch Ness* kam ich mir vor, als ob mich jemand beobachten würde", erzählte sie in ihre Gedanken versunken. „Trotzdem war es kein bisschen unheimlich, ganz im Gegenteil. Ich konnte stundenlang auf den See sehen, ohne mich zu langweilen."

„Loch, hier in Schottland heißt es Loch", korrigierte Cameron sie lächelnd.

Sie verdrehte leicht die Augen, ehe sie lachte. „Okay, ich merke es mir." Seufzend erinnerte sie sich an den Urlaub. „Meine Mutter hat oft mit mir geschimpft, weil sie so viel wie möglich ansehen wollte. Leider hat sie sich für nichts richtig Zeit genommen. Mir kam es immer so vor, als ob sie nur für die Leute, mit denen sie zu tun hatte, Fotos gemacht hat, um anzugeben. Dabei hat euer Land so viel zu bieten." Sie deutete auf den Fluss, an dem sie jetzt entlangfuhren.

„Aye, allerdings gibt es Menschen, die keinen Sinn dafür besitzen. Deine Familie scheint ein wenig oberflächlich zu sein." Er zuckte entschuldigend mit den Schultern. „Was ist mit deinem Vater?"

„Schon okay, du hast es richtig erfasst. Sie sind mehr an der Meinung der Nachbarn interessiert als an allem anderen." Abby versuchte die Bitterkeit aus ihrer Stimme herauszuhalten, was ihr nicht so ganz gelang. „Mein Dad ist fast nie zu Hause, er arbeitet sehr viel. Wir haben uns kaum etwas zu sagen, deshalb hat er sich immer aus den Streitereien herausgehalten." Manchmal kam es ihr vor, als ob sie gar nicht seine Tochter wäre, doch das behielt sie für sich.

„Hast du Geschwister?"

„Nein, ich denke, meinen Eltern hat es gereicht, mich erziehen zu müssen. Wie gerne hätte ich eine Schwester oder einen Bruder gehabt. Vielleicht wäre ich dann weniger einsam gewesen." Wieder seufzte sie, wobei die alten Zweifel hochkamen. „Wer weiß, ob ich den erfundenen Freund in dem Fall überhaupt gebraucht hätte."

„Ich glaube, dass es keine Fantasiegestalt war. Im Ernst, Ealan, du beschreibst die Situation zu genau." Er überlegte einen Moment. „Eventuell sollten wir mit deiner Mutter reden?"

„Eher friert die Hölle ein, als dass ich sie besuche. Ich werde sie nur aufsuchen, wenn es wirklich keinen anderen Ausweg mehr gibt.“ Energisch schüttelte Abby den Kopf. „Sie hat mir beim Abschied ins Gesicht gesagt, dass sie mich für lebensunfähig hält. Meine Mum glaubt, dass ich nach kurzer Zeit angekrochen komme, weil ich zu dumm bin, um alleine zu überleben. Darüber hinaus war sie froh, mich endlich los zu sein.“ Tränen traten ihr in die Augen, als sie sich an die harschen Worte erinnerte.

Cameron drückte ihre Hand, steuerte einen Parkplatz an und nahm sie fest in die Arme. „Es tut mir so leid“, flüsterte er.

Abby kämpfte gegen die Tränen an, sie wollte wegen dieser Person nicht losheulen, trotzdem vergrub sie ihr Gesicht an seiner Brust. Es tat verdammt gut, zu spüren, dass er da war. „Ich brauche sie nicht“, erklärte sie nach einer Weile.

Das ließ er so stehen, setzte den Blinker und fuhr weiter.

Als sie an Fort Augustus vorbeikamen, überlegte Cameron kurz, ob sie der kleinen Stadt einen Besuch abstatten sollten, entschied sich allerdings dagegen. Auf keinen Fall wollte er zu spät in *Drumnadrochit* ankommen, denn dann bestand die Gefahr, dass er Adelaide nicht mehr antraf. Dummerweise konnte er ihr keine Nachricht schicken, auf Handys verzichteten die Kelpies lieber.

Eine Weile fuhren sie am *Loch Ness* entlang, wobei Abigail die Aussicht genoss. Sie erinnerte sich an die wenigen Momente, in denen sie damals die Landschaft bewundern durfte. Meistens, wenn sie mit dem Auto unterwegs waren, allerdings hatte sie sich auch oft abends aus dem Hotel geschlichen. Am Ufer des Lochs fühlte sie sich auf eine besondere Art frei.

Nach etwas mehr als zwei Stunden parkte Cameron den Wagen auf einem Parkplatz, der zu einem Campingplatz gehörte.

„Das ist *Drumnadrochit*? Irgendwie habe ich das völlig anders in Erinnerung." Skeptisch sah Abby sich um, doch von dem kleinen Ort gab es keine Spur, stattdessen stand sie praktisch vor einem Wald.

„Nein, das Städtchen ist ein paar Meilen entfernt, aber von hier aus kommen wir schneller an den Fluss." Er deutete grob in die Richtung, in die sie gehen mussten. „Vielleicht haben wir Glück und Adelaide hört uns."

Sie sah ihn erneut misstrauisch an, ehe sie sich auf den Weg machten.

Zuerst überquerten sie die A82, ehe sie auf einem Trampelpfad entlangliefen, den Abigail alleine niemals gefunden hätte. Schon nach wenigen Minuten erreichten sie den *Coiltie*, wo der Untergrund extrem matschig wurde. Es regnete immer noch, sodass Cameron halblaut fluchte.

Abby zog ihre Kapuze tiefer ins Gesicht, während sie ernsthaft überlegte, den Ausflug abzubrechen und ihrem Freund klarzumachen, dass sie ihm kein Wort glaubte.

Genau in dem Augenblick rief Cameron nach Adelaide.

Spöttisch stieß sie die Luft aus, als ob irgendwer, der auf dem Grund des Flusses lebte, ihn hören könnte. Missmutig stapfte sie weiter am Rand des Wassers entlang.

„Du bringst einen Menschen zu mir?"

Die leise plätschernde Stimme ließ Abigail herumfahren, ehe sie die Frau mit ungläubigem Staunen anstarrte, die hinter ihnen stand.

„Aye, ich möchte dir meine Gefährtin vorstellen, Adelaide. Das ist Abigail.“ Cameron legte einen Arm um seine Liebste, während er die Kelpie ansah.

Auch Abby betrachtete sie neugierig. Sie erkannte hellblondes, leicht bläulich schimmerndes Haar, eine sehr schlanke Figur und ein spöttisches Lächeln. Das fremde Wesen blickte sie mit einer Mischung aus Interesse und Unsicherheit an, was sie erstaunte. „Freut mich, dich kennenzulernen.“ Kurz überlegte sie, ob sie ihr eine Hand hinhalten sollte, unterließ die Geste dann aber.

„Es ist schön, dass du seine Gefährtin bist, du scheinst anders als die restlichen Normalen zu sein.“ Adelaide musterte sie mit schiefgelegtem Kopf. „Du strahlst Ehrlichkeit aus.“

Verlegen lächelte Abigail. „Danke, allerdings bin ich ziemlich gewöhnlich.“

Als sie die Antwort gab, starrte sowohl die Kelpie als auch Cameron sie erstaunt an. „Was? Ich sage nur die Wahrheit. Bisher gibt es kaum etwas Außergewöhnliches an mir.“ Sie stemmte die Arme in die Seiten, während sie ihren Gefährten ansah.

„Das ist falsch. Du verstehst sie“, bemerkte er tonlos.

Verwirrt nickte sie. „Klar, sie spricht ein ausgezeichnetes Englisch.“ Abby verstand nicht, was ihn so aus der Bahn geworfen hatte.

„Das ist der Punkt, ich spreche so gut wie nie eine Fremdsprache, nur die allgemeine Sprache der magischen Welt.“ Adelaide lachte vergnügt. „An dir ist noch mehr dran, als ich dachte. Du bist eine von uns, nur sieht man es nicht.“ Erneut musterte die Kelpie sie eindringlich, betrachtete besonders ihre Augen.

„Die Paranormalen erkennen sich an einem ganz feinen Ring um die Iriden“, erklärte Cameron, der sie auf die gleiche Weise anstarrte. „Bei dir fehlt das Erkennungszeichen, trotzdem verstehst du uns. Das ist extrem ungewöhnlich.“

„Du machst mir Angst, wenn das ein Jux sein soll, ist er ziemlich dämlich, Cameron MacDonald!“, schimpfte Abigail wütend. Auf keinen Fall verstand sie irgendeine Sprache, die nur von Fabelwesen gesprochen wurde. Woher sollte sie die auch können? Obwohl sie von einem blöden Streich ausging, sagte ihr ihr Instinkt, dass niemand sie hier auf den Arm nahm. Was war nur los mit ihr?

„Bitte, Ealan, ich würde niemals auf diese Art meine Scherze mit dir treiben.“ Ihr Gefährte sah sie offen an. „Ich stehe vor einem Rätsel, dem wir schnellstens auf den Grund gehen müssen.“

„Das sehe ich genauso. Vielleicht trinken wir irgendwo zusammen etwas Warmes.“ Adelaide zwinkerte ihr zu. „Mich interessiert dein Geheimnis brennend.“

Der Wolf überlegte kurz. „Alles ist besser als im Regen zu diskutieren“, stimmte er zu, anschließend musterte er seine Gefährtin. „Möchtest du dich aufwärmen? Ich sende erst mal eine Nachricht an David. Das kann ich auch von einem Lokal aus.“

Stumm nickte sie, bis ihr ein Punkt auffiel, der sie stutzig werden ließ. „Ich dachte, du sprichst keine Fremdsprache, wie kommst du in einem Café klar?“ Triumphierend betrachtete sie die beiden. „Jetzt habe ich euch, richtig? Bitte, hört auf mit der Scharade.“

„Wir spielen dir nichts vor“, versicherte Cameron, wobei er sie wieder direkt ansah.

Adelaide seufzte leise. „Ich gehe niemals in die Geschäfte der Menschen. Heute würde ich aber gerne eine Ausnahme machen. Immerhin war ich der Auslöser, dass dein Geheimnis ans Licht gekommen ist."

Abigail verschränkte die Arme vor der Brust. „Ich glaube euch kein Wort. Du siehst darüber hinaus kaum wie Nessi aus." Störrisch verzog sie das Gesicht.

Adelaide lachte vergnügt. „Ich kann jede Gestalt annehmen. Früher bin ich oft als Pferd durch die Gegend gestreift. Ich wollte dich allerdings nicht erschrecken." Sie atmete tief ein und im nächsten Moment besaß sie einen sehr langen Hals, auf dem ein kleiner Kopf saß. „Besser? Entspricht das deiner Vorstellung vom Loch-Ness-Monster?"

Staunend betrachtete Abby sie. „Das kommt dem ziemlich nahe, was man so gesehen hat. Du lebst im Fluss, richtig?"

„Ja, da aber der Caledonian Canal durch das Loch fließt, halten wir uns auch dort auf", gab sie leise zu. „Meine Kinder sind manchmal zu wild, sodass Sichtungen aufkommen, deshalb hat unsere Regierung das Gerücht von Nessi gestreut. Die Touristen mögen die Idee, während die Leute hier von den Besuchern profitieren."

Verstehend nickte Abigail, anschließend richtete sie ihre Aufmerksamkeit auf Cameron, der mit dem Handy herumspielte. „Langweilen wir dich?" Sie deutete verstimmt auf das Gerät.

„Ganz im Gegenteil hör dir das bitte an." Er drückte auf die Abspieltaste und Abby erkannte ihre eigene Stimme, nur bemerkte sie jetzt, dass sie tatsächlich in der Sprache der magischen Welt redete.

„Wie kann das sein? Ich meine, ich hätte doch sofort wissen müssen, dass ich kein Englisch spreche." Verwirrt blickte sie von einem zum anderen.

Cameron zog sie eng an sich, gleichzeitig drängte er sie auf den Weg zurück, den sie gekommen waren. „Das klären wir bei einem Tee." Er nickte Adelaide zu und sie gingen zum Campingplatz, wo sie ins Auto stiegen, um nach *Drumnadrochit* zu fahren.

Direkt am Exhibition Centre gab es ein Café, das um die Uhrzeit leer war. Nachdem sie drei Tassen Tee bekommen hatten, setzten sie sich an einen Tisch am Fenster. Zum Glück verschwand die Bedienung im hinteren Bereich, sodass sie tatsächlich alleine war.

„Es ist faszinierend", murmelte Adelaide leise, dabei achtete sie darauf, dass niemand sie hörte.

Abigail trank einen Schluck, ehe sie leicht nickte. „Ja und beängstigend. Ich schwöre, ich habe keine Sekunde lang bemerkt, dass ich in einer anderen Sprache rede."

„Das liegt wahrscheinlich daran, dass du sofort davon ausgegangen bist, dass du dich auf Englisch mit uns unterhältst. Wie gesagt, wir lernen unsere Sprache nicht, sondern können sie von Geburt an." Cameron lächelte ihr zu. „Für uns ist es natürlich, uns auf diese Weise zu verständigen."

„Hast du jemals eine Fremdsprache gelernt?" Adelaide sah sie mit einem Lächeln an.

„Ja, ich kann mich in deutschsprachigen Ländern durchschlagen." Abby hatte keinen blassen Schimmer, was das mit dem aktuellen Thema zu tun hatte.

„Ist es dir schon mal passiert, dass du dich mit einem Deutschen unterhalten hast und ins Englische gerutscht bist, ohne es zu merken?"

Plötzlich wurde klar, was die Kelpie ihr erklären wollte. „Du hast recht, das geschieht öfter." Abigail überlegte. „Wenn das meine Muttersprache ist, bemerke ich unter Umständen nicht, dass ich wechsele. Vor allem, weil ich keine Ahnung hatte, dass ich das überhaupt kann."

„Genau, das hätten wir also geklärt. Jetzt müssen wir nur herausfinden, warum du unsere Sprache sprichst, wo du sie gelernt hast oder besser, weshalb dir jedes Merkmal eines magischen Wesens fehlt." Cameron betrachtete sie fasziniert. „Du bist ein Wunder, meine Kleine."

Abby tippte sich leicht an die Stirn. „Eher eine Katastrophe. Niemand vergisst, was er ist, außer mir."

Camerons Handy klingelt und mit einem erleichterten Seufzen erkannte er Davids Nummer. „Hey, Cousin, ich hätte nicht gedacht, dass ich dich so schnell wieder nerve. Hast du die Nachricht gehört? Warte ich stelle dich auf Lautsprecher."

„Natürlich, sonst würde ich wohl kaum anrufen. Gibt es eine Erklärung, weshalb deine Gefährtin in der universellen Sprache der magischen Welt redet?" Wie immer kam der Wächter sofort zum Punkt.

„Nein, deshalb hab ich dir die Aufnahme geschickt. Wir stehen vor einem riesigen Rätsel." Cameron fuhr sich durch die dunklen Haare. „Bitte sag mir, dass du eine Idee hast?"

„Tut mir leid, ich konnte keinen Hinweis auf etwas Paranormales bei ihr entdecken. Keiner von uns." David klang genauso ratlos, wie der Rest sich fühlte. „Vielleicht solltet ihr herkommen, damit Gerry sie sich ansehen kann."

„Wer ist das?" Abigail versuchte nicht zu misstrauisch zu klingen, was ihr gründlich misslang.

„Unser Arzt, er ist in der Lage, zu erkennen, ob du irgendwie manipuliert wurdest. Unter Umständen hat man dir künstliche Linsen eingesetzt oder so etwas“, antwortete David ruhig.

„Weshalb sollte jemand das tun? Ich meine, meine Mutter hat mich dafür ausgeschimpft, dass ich mich unnormal benehme, falls sie eine von euch ist, hätte sie doch bestimmt anders reagiert.“ Abigail ging ein Gedanke im Kopf herum, den sie nur zum Teil zu fassen bekam. „Ich befürchte, dass ich keine Alternative habe: Ich rede mit ihr.“

„Das ist eine gute Idee, wenn du möchtest, komme ich mit.“ Der Wächter machte den Vorschlag, als ob er noch in Schottland wäre.

„Du willst extra von Irland hierherfliegen, damit du mir die Hand halten kannst?“ Ungläubig betrachtete Abby das Telefon, niemals hätte sie mit einer solchen Unterstützung gerechnet.

David lachte laut auf. „Das Händchenhalten überlasse ich lieber Cameron, sonst reißt mir Emily den Kopf ab. Außerdem würde ich gerne Patricia mitbringen, sie hat eine besondere Gabe. Aber das erklärt der Kleine dir nachher.“

Abigail fühlte sich dezent überfordert, sodass sie hilfesuchend auf ihren Gefährten sah.

„Lass uns darüber nachdenken. Aktuell sind wir mit Adelaide in *Drumnadrochit.* Wir besprechen das Vorgehen in Ruhe, anschließend melden wir uns. Oder hast du Einwände?“ Cameron wartete die Antwort seines Cousins ab, ehe er sich verabschiedete. Natürlich war David völlig einverstanden, dass sie sich zuerst überlegten, wie sie die Sache lösen sollten.

„Wie geht es jetzt weiter?“ Adelaide blickte die beiden mit einem Blitzen in den Augen an. „Ich finde es toll, so aufregend war es in den letzten hundert Jahren nicht.“

Cameron schüttelte lächelnd den Kopf. „Du bist unmöglich, weißt du das? Abby muss erst mal damit klarkommen, dass sie womöglich etwas anderes ist, als sie selbst weiß."

Entschuldigend zuckte die Kelpie mit den Schultern. „Tut mir leid, aber es ist wirklich langweilig, wenn man lediglich Touristen erschrecken darf." Sie drehte sich leicht in Abigails Richtung. „Wir sorgen dafür, dass der Rummel um Nessi erhalten bleibt, doch mehr dürfen wir nicht tun. Auf Dauer ist es enorm eintönig."

Abby lachte leise. „Ich verstehe dich, nur für mich ist die Situation extrem schockierend. Bisher dachte ich, dass ich ein gewöhnlicher Mensch mit einem ziemlichen Dachschaden bin." Sie rieb sich über die Lider. „Jetzt glaube ich sogar, dass der Rabe real war." Auf den fragenden Gesichtsausdruck von Adelaide erzählte sie die Kurzversion ihrer Kindheitserinnerungen.

„Das klingt nach einem Verwandten", bemerkte die Kelpie nachdenklich. „Wer sonst würde nachts mit einem Kind spielen?"

„Du hast recht, aber weshalb hat man mir meine Herkunft vorenthalten?" Abigail runzelte die Stirn. „Glaubt ihr, dass ich adoptiert wurde? Vielleicht verstehe ich mich mit meiner Mum deshalb nicht?"

„Das kann nur deine Mutter uns verraten." Cameron seufzte. „Wir sollten uns überlegen, ob David und Patricia uns begleiten."

„Was für eine Gabe hat diese Frau? Wer ist sie überhaupt?" Abby wäre im Moment am liebsten weggelaufen, weit weg von dem Irrsinn, der über sie hereingebrochen war. Es widerstrebte ihr, ihre Familie zu besuchen, weil sie eine Menge Vorwürfe befürchtete, sobald sie mit Fremden auftauchte.

Ihre Mum hatte noch nie ein Blatt vor den Mund genommen, sodass sie sie oft genug vor anderen blamierte.

„Sie ist die Ehefrau von Steward. Er ist der Boss der Wächter“, setzte Cameron an.

Adelaide legte eine kühle Hand auf Abbys Arm. „Sie ist eine ganz bezaubernde Person, ehrlich, mitfühlend, vor allem aber gerecht. Vor ihr brauchst du gewiss keine Angst zu haben.“

Dankbar nickte Abigail ihr zu, in der Tat hatte sie befürchtet, dass es sich um eine Richterin oder etwas Ähnliches handelte. Irgendwie kam sie sich vor, als ob sie auf dem Prüfstand stände. Was absurd war, denn sie konnte am wenigsten für die Ereignisse.

„Sie kann die Gedanken der Menschen lesen. Manchmal klappt es auch bei einigen Paranormalen“, fügte Cameron hinzu.

Jetzt wurde Abby klar, weshalb ihr Scherz über das Gedankenscannen nicht angekommen war. „Das ist dein Ernst, richtig?“

„Absolut, wir vermeiden es normalerweise, über die Gaben der anderen zu sprechen, nur in dem Fall ist es okay.“ Er strich ihr die Haare aus dem Gesicht. „Keine Angst, zwischen uns wird sich nichts verändern, egal, was bei der Sache herauskommt.“

Daran hatte sie noch keinen Gedanken verschwendet, deshalb schüttelte sie leicht den Kopf. „Das glaube ich dir. Mir stellt sich eine Frage. Ich wurde mein halbes Leben lang gemobbt, von allen für verrückt erklärt, sogar von meiner eigenen Mutter. Jetzt muss ich feststellen, dass ich nie gesponnen habe. Warum? Weshalb hat sie mir das angetan?“ Sie atmete durch. „Es ist in jedem Fall besser, wenn David und seine Leute mitkommen. Ich befürchte, dass meine Mum uns vor der Tür stehen lässt."

„Gut, ich ziehe mich zurück." Adelaide deutete mit dem Kinn auf den Tresen, wo gerade die Bedienung erschien. „Ich komme nächste Woche auf einen Tee vorbei." Mit den Worten sprang sie auf, winkte ihnen noch mal zu, ehe sie ging.

Verwundert sah Abigail ihr nach. „Was hat sie?"

Cameron schmunzelte. „Sie ist auf die Wächter nicht so gut zu sprechen, da sie wegen ihrer Art schon ein paar Mal verwarnt wurde. Das ist zwar sehr lange her, aber sie hat ein verdammt perfektes Gedächtnis." Er lächelte sie an. „So wie es aussieht, gewinnst du die Herzen der Leute im Sturm. Adelaide hat mich vorher noch nie besucht."

Spöttisch lachte Abby auf. „Klar, ihr geht es doch nur um die Action. Ohne meinen Hintergrund würde sie kaum kommen."

Zweifelnd hob er eine Augenbraue. „Das glaube ich nicht." Cameron stand auf, hielt ihr eine Hand hin und zog sie von ihrem Platz hoch. „Lass uns nach Hause fahren. Wir sollten den Besuch in Oxford planen."

Gemeinsam verließen sie das Lokal, um den Heimweg anzutreten, wobei Abigail ziemlich schweigsam war. In ihrem Kopf schwirrten die unterschiedlichsten Gedanken, dabei schob sie die Vorstellung, was ihre Mum sagen würde, energisch zur Seite. Nette Worte hatte diese Frau kaum für sie übrig.

Kapitel 16 - Erschreckende Erkenntnisse

„Du bist dir sicher, dass wir selbst hinfahren sollen? Wir können auch David mit seinen Leuten schicken." Cameron sah seine Gefährtin besorgt an, als sie in seinem Cottage auf der Couch saß. Sie sah blass aus, außerdem roch er deutlich, dass sie es verabscheute sich mit ihrer Mutter auseinanderzusetzen.

Langsam schüttelte sie den Kopf. „Nein, ich will, dass sie mir ins Gesicht sagt, dass sie mich all die Jahre angelogen hat." Bedrückt starrte sie einen Moment vor sich hin. „Sie hat zugelassen, dass ich gemobbt wurde. Die ganze Zeit dachte ich, ich wäre unnormal, verrückt." Bitterkeit stieg in ihr hoch. Es war traurig, dass sie sich nie auf ihre Eltern verlassen konnte, aber zu wissen, dass sie die Schuld an der Situation trugen, tat noch mehr weh.

Cameron nahm sie fest in seine Arme. „Das ist vorbei, für immer. Jetzt passe ich auf dich auf. Außerdem steht eine starke Gemeinschaft hinter dir." Er küsste sie zärtlich, versuchte sie auf diese Weise zumindest kurz abzulenken. Ihn schmerzte es, sie so leiden zu sehen.

Dankbar kuschelte sie sich an ihn, tankte Kraft, ehe sie sich aufrichtete. „Wir sollten es so schnell wie möglich hinter uns bringen." Entschlossen straffte sie die Schultern. „Meinst du, David kann morgen schon herkommen?"

Jetzt lachte Cameron auf. „Das ist bestimmt kein Problem, allerdings kommen deine Sachen, vergessen?“ Neckend stupste er sie an, gleichzeitig bemerkte er ihre Erleichterung über den Aufschub. „Du sollst mir nichts vorspielen, Ealan! Ich weiß doch, wie schwer dir der Schritt fällt.“

„Du hast recht, im Augenblick würde ich lieber heiße Kohlen anfassen, als nach Oxford zu fahren.“ Sie seufzte. „Aber es ist an der Zeit, mich zu wehren, Antworten zu fordern und für mich selbst aufzustehen.“ Sie drehte den Kopf, um zu sehen, ob er sie verstand.

Zärtlich streichelte er ihr über die Wange. „Mein mutiger, kleiner Schwan!“ Wieder küsste er sie leidenschaftlich und dieses Mal schaffte er es, sie von ihren Gedanken abzulenken.

Mit Feuereifer kam sie ihm entgegen, nutzte die Gelegenheit, um ihren Grübeleien wenigstens für eine Weile zu entfliehen. Verlangend stieß sie seine Zungenspitze an, forderte ihn zu einem Duell auf, das sie zu gerne verlor.

Cameron nahm die Herausforderung an, legte eine Hand an ihren Hinterkopf, während er ihren Mund erkundete. Vorsichtig schob er seine Finger unter ihr Shirt, strich über die weiche Haut, an der Seite ihrer Brust entlang, was ihr eine Gänsehaut bescherte.

Ohne von ihr abzulassen, hob er sie hoch, um sie ins Schlafzimmer zu tragen. Hier setzte er sie auf dem Bett ab, ehe er sie eindringlich ansah. „Auch jetzt gilt: Wenn du etwas nicht möchtest, sag es mir, verstanden?“

Mit einem Lächeln nickte sie. „Ja, das mache ich, mein Laird, aber du hast bereits erkannt, was ich brauche.“ In ihren Augen blitzte das Verlangen und mit einer geschmeidigen Bewegung zog sie das Shirt über den Kopf.

Schmunzelnd trat er einen Schritt zurück. „Sehr gut, zeig mir, was mir gehört.“ Er verschränkte die Arme vor der Brust, während er ihr zusah, wie sie sich aus ihrer Kleidung schälte. Ihre Wangen färbten sich auf eine bezaubernde Weise rot, was ihm enorm gefiel. Seine Kleine war herrlich unverdorben und gleichzeitig offen für viele Dinge.

Abby verbot sich jeden Zweifel, stattdessen konzentrierte sie sich auf ihren Gefährten, der ihr zufrieden zulächelte. Allein durch seinen Blick gab er ihr Halt, dabei fühlte es sich fast so an, als ob sie ihn jetzt schon spüren könnte. Mutig lehnte sie sich zurück, als sie den BH losgeworden war, und strich mit ihren Fingerspitzen aufreizend über ihre Nippel. Als er schluckte, während seine Augen einen lustvollen, glasigen Schimmer bekamen, leckte sie sich über die Fingerkuppen, ehe sie ihre Brustwarzen leicht zwirbelte.

Neckend lächelte sie ihn an. „Gefällt dir, was du siehst?“ Gespannt hielt sie die Luft an, da sie eine negative Antwort erwartete.

„Mehr als ich sagen kann.“ Cameron räusperte sich, die Show, die sie ihm bot, heizte ihm gehörig ein. „Mach einfach weiter.“

Erleichtert gehorchte sie, feuchtete ihre Finger erneut an, bevor sie ihre Warzen verwöhnte. Immer wieder zog sie daran, drückte sie fest zusammen, um kurz darauf mit der gesamten Handfläche darüber zu streicheln.

Es fiel ihr schwer, ihm weiterhin in die Augen zu sehen, doch er hielt sie mit seinem Blick gefangen.

„Zieh die Hose aus“, wies er sie rau an.

Mit einem Lächeln gehorchte sie, dabei zog sie ihren Slip gleich mit aus. Jetzt lag sie komplett nackt vor ihm, was ihre Unsicherheit heraufbeschwor. Die Vorstellung, sich vor ihm zu befriedigen, erregte und erschreckte sie gleichzeitig.

Cameron setzte sich auf den Bettrand, anschließend strich er mit dem Zeigefinger über ihre Lippen.

Sofort nahm sie das stumme Angebot an, griff nach seinem Handgelenk, während sie seine Fingerkuppe mit der Zunge umspielte. Genüsslich saugte sie an ihm, stellte sich vor, dass es sich um ein anderes Körperteil handelte.

Leise stöhnend rutschte er auf seinem Platz herum, bis er es kaum mehr aushielt, sodass er sich mit sanfter Gewalt von ihr befreite. „Zeig mir, wie es dir am besten gefällt. Verwöhn dich!“ Sein Befehl ließ keinen Widerspruch zu, daher schloss sie die Augen, gleichzeitig schob sie ihre Hand bis zu ihren Schamlippen.

Ein harter Schlag auf ihren Oberschenkel sorgte dafür, dass sie ihn erschrocken ansah.

„Ich habe dir nicht erlaubt, wegzusehen. Du hältst die ganze Zeit Blickkontakt mit mir, aye?“

Sie erkannte, dass er mit ihrer Scham spielte, aber genau das heizte ihr noch mehr ein. Mit einem tiefen Atemzug spreizte sie die Schenkel, bevor sie mit einem Finger ihre Klitoris umkreiste.

„So ist es gut, zeig mir, wie du dich verwöhnst.“ Heiser raunte er ihr die Worte zu, während er sie fasziniert beobachtete. Er roch deutlich ihre Erregung, außerdem sah er die Feuchtigkeit auf ihren Schamlippen glitzern. Mit einem Stöhnen sog er ihren berauschenden Duft ein, woraufhin seine Jeans extrem spannte.

Ihre sinnlichen Bewegungen und die leisen Geräusche trieben ihn in den Wahnsinn, doch noch wollte er seinem Verlangen nicht nachgeben. Eilig streifte er seine Kleidung ab, holte einen Rohrstock aus dem Schrank, ehe er sich wieder zu ihr setzte. Jetzt beobachtete er sie genau, nahm jede kleine Nuance wahr, zumal er alle Sinne einsetzte.

Kurz bevor sie den Höhepunkt erreichte, schlug er auf die Oberschenkelinnenseite.

Erschrocken schrie sie auf, zog ihre Hand zurück, um ihn vorwurfsvoll anzusehen.

„Mach weiter", befahl er, ehe sie auch nur ein Wort herausbrachte. „Ich will, dass du kommst." Ein süffisantes Lächeln umspielte seine Lippen.

Abby schluckte, die Erregung hatte sie komplett im Griff, darüber hinaus sorgte der Treffer dafür, dass sie sich noch heißer fühlte. Angespannt nickte sie, kaum in der Lage, zu sprechen. Ihr Mund war trocken, ihr Puls raste und das Blut rauschte in ihren Adern. „Ja, mein Laird."

Beim Klang ihrer heiseren Stimme knurrte Cameron vor Verlangen, sein innerer Wolf zerrte an seiner Kette.

Wieder massierte sie ihre Klitoris, umkreiste sie, presste sie zusammen, ehe sie zwei Finger tief in ihre Weiblichkeit drückte. Unruhig bewegte sie ihr Becken im Einklang mit ihren Berührungen, gleichzeitig stöhnte sie leise.

Der Blick ihres Gefährten gab ihr Halt, spornte sie an und ließ sie zeitgleich vor Scham vergehen.

Ein erneuter Schlag sorgte dafür, dass sie zusammenzuckte, doch dieses Mal war sie darauf vorbereitet, sodass sie den Schmerz genießen konnte.

Langsam fing sie an zu schweben, fühlte nur noch die köstliche Anspannung in ihrem Körper. Um die Situation besser auskosten zu können, schloss sie die Lider. Sofort explodierte heiße Pein auf ihrem Oberschenkel, woraufhin sie die Augen aufriss.

„Ich habe dir einen Befehl gegeben, aye?“ Cameron sah sie offen an, während er einen zweiten Schlag auf ihren anderen Schenkel setzte. „Du solltest dich daran halten.“ Seine Worte klangen trügerisch sanft.

Abigail nickte zaghaft. „Ja, mein Laird, ich habe mich vergessen.“ Ihr Spiel begann von vorne, wobei sie dieses Mal darauf achtete, dass sie ihn ansah. Seltsamerweise intensivierte es noch ihre Gefühle, besonders weil sie in seinen Augen die gleiche Lust erkannte, die auch in ihr tobte.

Stöhnend wand sie sich auf dem Laken, biss sich auf die Lippen, um einen Lustschrei zurückzuhalten, als der Rohrstock ihre Haut erneut mit Schmerz überzog.

Jetzt zielte Cameron auf ihre empfindlichen Nippel, sodass sie aufjaulte. Vorwurfsvoll sah sie ihn an. „Was habe ich falsch gemacht?“

„Du hältst deine Gefühle zurück. Lass dich gehen, Ealan. Ich will dich hören.“ Er rieb mit dem rauen Stock über die getroffene Stelle, was sie sofort stöhnen ließ. „Zeig mir, wie sehr du es genießt.“

Abigail trieb sich erneut auf einen Höhepunkt zu, kostete die Berührungen aus, während sich ihr Leib anspannte. Sie war an einem Punkt angekommen, an dem die Schläge ihren Genuss nur vervielfachten. Sie spürte den Schmerz kaum, nur noch die Lust. Ihre Bewegungen wurden schneller, fester, gleichzeitig hieß sie jeden Treffer mit einem lustvollen Schrei willkommen.

Endlich schaffte sie es zum Orgasmus zu kommen und Tränen der Erleichterung liefen ihr übers Gesicht. Es tat so unendlich gut. Die gesamte Anspannung des Tages, die Ängste, die Sorgen lösten sich in dem Moment in Rauch auf.

Abigail glaubte zu schweben, fühlte sich schwerelos, als die angestaute Gier in ihr explodierte. Instinktiv hielt sie den Atem an, um den Augenblick festzuhalten, der viel zu schnell vorbeiging.

Cameron legte sich zu ihr, zog sie an sich, um ihr Halt zu geben, während sie sich langsam beruhigte.

Vorsichtig wischte er ihr die Tränen ab. „Alles in Ordnung?“

Glücklich strahlte sie ihn an. „Ja, mehr als das. Ich habe das jetzt tatsächlich gebraucht.“ Verlegen kuschelte sie sich an ihn, sie hörte sich ja wie eine Nymphomanin an, besonders in ihrer Situation. „Ich bin unmöglich, anstatt mir Gedanken über mich zu machen, lasse ich mir den Hintern versohlen.“ Ihre Worte klangen undeutlich, weil sie ihr Gesicht an seine Brust drückte.

Cameron lachte, gleichzeitig streichelte er über ihren Rücken. „Das ist etwas ganz Außergewöhnliches und ich liebe es an dir. Du hast völlig normal reagiert.“ Er schob sie ein Stückchen von sich, um ihr in die Augen sehen zu können. „Aktuell gibt es nichts, was du tun könntest, da ist es doch logisch, sich abzulenken.“

So gesehen gab sie ihm sogar recht, trotzdem kam sie sich ein kleines bisschen verrucht vor.

~~°~~

„Was machen wir denn jetzt? Meine Sachen kommen im Laufe des Tages, aber ich sollte im Büro sein." Verlegen sah sie Cameron an, als sie am nächsten Morgen das Frühstück beendet hatten.

Er schmunzelte. „Kein Problem, du bleibst heute hier." Natürlich wusste er, dass sie diese Lösung niemals akzeptieren würde, doch ihm machte es enorm Spaß, sie zu necken.

„Auf keinen Fall, bestimmt kannst du deinen Leuten eine Nachricht schicken, dass sie dich anrufen sollen, sobald sie angekommen sind." Abby sprang auf, gleichzeitig stemmte sie die Hände in die Seiten. „Ich muss mich um einen Haufen Arbeit kümmern, wenn ich dich daran erinnern darf." Erst jetzt entdeckte sie das amüsierte Schmunzeln in seinem Gesicht. „Schuft, du treibst deine Scherze mit mir."

„Natürlich tue ich das. Ich liebe es, dich auf den Arm zu nehmen."

Ehe sie in der Lage war, zu antworten, hob er sie tatsächlich hoch und küsste sie liebevoll. „Ich konnte es mir nicht verkneifen, Ealan. Meine Jungs rufen an, sobald sie angekommen sind."

Sie strampelte mit den Beinen. „Lass mich runter, du Spinner." Lachend befreite sie sich von ihm, nachdem sie wieder Boden unter den Füßen hatte. „Wie nennst du deinen Herrn?" Cameron runzelte streng die Stirn. „Hat dir der heiße Hintern gestern so gut gefallen?"

Sofort blitzte es in ihren Augen auf. „Oh, ja! Es war toll. Aber du sollst mich nicht hochheben, dazu bin ich zu schwer." Sie sah ihn seufzend an. „Außerdem müssen wir los, die Arbeit ruft."

Knurrend gab er ihr recht, zumal er wusste, dass sie auf keinen Fall zu spät anfangen wollte. „Du bist wie ein Feldwebel, hat dir das mal jemand gesagt?“

„Nein, allerdings habe ich mich auch nie getraut, meinem Chef zu sagen, was er zu tun hat.“ Lachend ging sie in den Flur, um sich Schuhe und Jacke anzuziehen. „Kommst du oder soll ich schon mal vorgehen?“ Schelmisch musterte sie ihn, doch in ihrem Blick erkannte er deutlich, dass sie lediglich versuchte, ihre Ängste zu unterdrücken.

Sanft zog er sie an sich. „Es ist alles gut, glaub mir. Was kann denn schiefgehen? Wir lieben uns, sind zusammen, daran wird sich nichts ändern.“

„Du hast ja recht, aber mir graut davor, meine Mutter zu treffen.“ Sie lehnte sich seufzend an ihn. „Immer, wenn ich Freunde oder diejenigen, die ich dafür hielt, mitgebracht habe, hat sie mich lächerlich gemacht. Meistens war ich kurz danach wieder alleine.“

„Das wird hier nicht passieren. Wir unterstützen dich und glaub mir, weder ich noch David oder die Frauen dulden, dass jemand dich demütigt.“ Er zwinkerte ihr zu. „Das erledige ich schon lieber selbst.“

Lächelnd schlang sie die Arme um seinen Hals. „Danke, dass du mich hast entführen lassen.“ Mit den Worten küsste sie ihn.

Gemeinsam machten sie sich auf den Weg zur Kletterhalle, wo Abby in ihrem Büro verschwand. Ehe sie mit ihrer Arbeit anfangen konnte, brachte Cameron die versprochene Kaffeemaschine.

„Alles in Ordnung?“ Er sah sie eindringlich an, nachdem er den Automaten aufgestellt hatte.

„Sicher, mir geht es wahrscheinlich besser, wenn der vermaledeite Besuch vorbei ist." Sie seufzte, jetzt bereute sie, dass sie den Tag Aufschub angenommen hatte, doch es nutzte ja nichts.

Jeder ging seinen Aufgaben nach, aber Abby bemerkte sehr schnell, dass sie ständig abgelenkt war. Immer wieder grübelte sie darüber nach, weshalb ihre Mum sie dermaßen angelogen hatte. Was war der Hintergrund? Wusste sie am Ende nichts über die magische Welt? Hatte man sie adoptiert? Das schien die logische Lösung zu sein, nur sah sie ihrer Mutter verdammt ähnlich, wenn man mal von der Figur absah. Ihr Gefühl sagte ihr, dass etwas ganz anderes dahintersteckte, nur was vermochte sie kaum zu sagen.

Endlich kam der ersehnte Anruf, dass ihre Sachen da waren und sie gestand Cameron mit hängenden Schultern, dass sie nur einen Bruchteil ihrer Arbeit erledigt hatte. „Es tut mir so leid, Liebster. Ich bin so abgelenkt, dass ich keinen geraden Satz hinbekomme." Tränen schimmerten in ihren Augen, als sie vor ihm stand.

Sanft packte er sie an den Oberarmen, hielt sie fest, während er langsam den Kopf schüttelte. „Was soll ich bloß mit dir machen? Glaubst du wirklich, dass ich unter den Umständen verärgert oder sogar enttäuscht bin?" Er schenkte ihr einen verständnisvollen Blick. „Ich habe damit gerechnet, dass du unkonzentriert bist. Das ist völlig verständlich, Ealan." Er zog sie an sich, gab ihr für einen Moment Halt, bis sie sich entspannte. „Selbst bei einem normalen Arbeitsverhältnis hätte ich keine großartige Leistung erwartet."

„Ich verstehe mich nicht. Wie du schon gesagt hast, es ändert nichts. Niemand kann mir mit seinem Wissen schaden, trotzdem steigere ich mich in unsinnige Ängste hinein." Sie seufzte. „Aber jetzt sollte ich deine Leute nicht länger warten lassen." Mit dem Kinn deutete sie auf die Tür.

„Noch bin ich an meinen Eid gebunden, Kleines." Er zwinkerte ihr zu, legte einen Arm um ihre Schultern und ging mit ihr zu seinem Cottage zurück.

Hier erwarteten sie drei jungen Männern, die Abby neugierig ansahen.

„Das ist also die Sassenach, die du zu deiner Gefährtin gemacht hast, Piper?" Ethan musterte sie mit abfälligem Blick.

„Pass auf, was du sagst und wie du dich verhältst", warnte Cameron mit einem Knurren. „Du hast bereits eine Verwarnung kassiert, willst du wirklich ausgestoßen werden?"

Sofort wurde der Welpe blass. „Ich entschuldige mich in aller Form, Piper."

Er verbeugte sich leicht, doch Cameron gab ihm einen Klaps auf den Hinterkopf. „Ich rate dir, in Zukunft erst das Gehirn einzuschalten, ehe du redest." Lachend zog er Abby an seine Seite. „Das ist Ethan, wie du gemerkt hast, ist er ziemlich grün hinter den Ohren."

Bei den Worten zuckte der junge Wolf getroffen zusammen.

„Ich freue mich, dich kennenzulernen." Sie schenkte ihm ein Lächeln. „Vertrau mir, ich wäre auch lieber in Schottland geboren als in England."

Ethan betrachtete sie misstrauisch, sog die Luft ein, bevor er breit grinste. „Das versteht sich von selbst."

Ehe er noch etwas sagen konnte, drängte sich ein anderer zwischen sie. „Ich bin Don und das ist Andrew. Es freut uns, dass du aufgetaucht bist. Cameron war genauso unausstehlich wie sein Bruder, das darfst du gerne glauben." Der Wolf umarmte sie, ehe sie von dem zweiten Mann begrüßt wurde.

„Danke, dass ihr meine Sache geholt habt. Ich hoffe, es hat keinen Ärger gegeben.“ Verlegen betrachtete sie die kleine Gruppe vor ihr.

„Nein, die Wächter hatten bereits alles geklärt, sodass die Leute von der Hausverwaltung uns erwarteten.“ Don rieb sich über den Nasenrücken. „Wir haben uns erlaubt, deinen gesamten Besitz mitzubringen. Ist doch Unsinn, dass du nochmal hinfährst. Schau bitte, ob nichts fehlt.“

„Das ist toll.“ Sie suchte noch nach Worten, aber die Welpen winkten lachend ab und machten sich daran, die Sachen ins Haus zu tragen.

Eine Weile waren sie damit beschäftigt, den Wagen auszuladen, anschließend tranken sie einen Tee zusammen, sodass Abby sie ein wenig besser kennenlernen konnte.

„Du bist also die arme Seele, die Ordnung in Camerons Chaos bringt?“ Don sah sie mit einem Lächeln an.

Sofort winkte sie ab. „So schlimm ist es gar nicht. Ich habe da andere Herausforderungen erlebt.“ Sie lächelte. „Was macht ihr so?“

„Ich studiere Maschinenbau, fürs Erste“, antwortete Andrew ihr. Er war etwas zurückhaltend, aber immer aufmerksam. „Er hat sich dem schnöden Mammon verschrieben.“ Mit den Worten deutete er auf Ethan, der abfällig schnaubte.

„Normalerweise wäre ich Mechaniker geworden, doch unser Schatzmeister hat dafür gesorgt, dass ich bei einer Bank lande.“ Unwillig schüttelte er den Kopf. „Es ist wie im Mittelalter, keiner darf selbst bestimmen, was er macht.“

Don stieß ihn mit dem Ellenbogen hart in die Seite. „Du redest Unsinn, Alter. Du weißt genau, dass du mit dem Schraubenschlüssel nicht umgehen kannst.“ Er zog eine

Augenbraue hoch, als Ethan knurrte. „Sonst wärst du wohl kaum aus der ersten Lehrstelle rausgeflogen."

Jetzt verzog der Welpe verlegen das Gesicht. „Da hatte ich eine schlechte Phase", verteidigte er sich lahm.

„Natürlich, die hast du seltsamerweise nie, wenn du in der Bank bist." Höhnisch musterte Andrew ihn. „Du solltest Blake dankbar sein, dass er sich für dich eingesetzt hat."

„Jungs, benehmt euch", mahnte Cameron, der den Streit damit im Keim erstickte. „Jeder hat seine Gaben, die er einsetzen kann. Ich bin eine totale Niete, sobald es um Zahlen und Anlagen geht."

Versöhnlich nickte Ethan, trotzdem betrachtete Abby ihn nachdenklich. Er kam ihr vor wie ein verängstigter Wolf, der nach allen schnappte, die ihm helfen wollten. Wahrscheinlich fühlte er sich ziemlich unverstanden, darüber hinaus schien er mit sich selbst unzufrieden zu sein. Eine explosive Mischung.

„Wir müssen langsam aufbrechen, die Autovermietung erwartet den Wagen bis spätestens siebzehn Uhr zurück." Andrew deutete auf die Uhr an der Wand. „Es war schön, dich kennenzulernen." Er reichte Abby höflich die Hand.

Der Rest verabschiedete sich auf die gleiche Weise und kurz darauf war das Paar wieder alleine.

Seufzend betrachtete Abigail das Chaos im Flur. „Ich werde dann mal sehen, wie ich das alles untergebracht bekomme."

„Warte ich helfe dir, gemeinsam geht es schneller." Cameron schnappte sich eine der Umzugskiste mit der Aufschrift Schlafzimmer, bevor er vor ihr in das betreffende Zimmer ging.

Zum Glück hatte David sich um den Verkauf der Möbel gekümmert, sodass sie jetzt komplett mit dem Umzug abschließen konnte.

Den restlichen Nachmittag und den gesamten Abend räumten sie die Kisten aus, dabei stellte Abigail fest, dass sie ziemlich wenig besaß, aber das störte sie nicht. Ihr Herz hing kaum an materiellen Dingen.

Als sie eine Schachtel öffnete, fiel ihr eine schwarze Feder in die Hand. Wie erstarrt betrachtete sie die Rabenfeder. „Es war also doch kein Hirngespinst." Die kleine Box mit den Schätzen aus ihrer Kindheit hatte sie völlig vergessen. Leise rief sie nach Cameron.

„Was ist? Du klingst seltsam?" Sofort kam er zu ihr, zog sie an sich, gleichzeitig sah er sich um, ob es irgendeine Bedrohung gab.

Unsicher hielt sie ihm die Feder hin. „Ich habe als Kind ein paar Dinge vor meinen Eltern versteckt, aber im Laufe der Jahre hab ich gar nicht mehr daran gedacht, dass ich die Kiste noch besitze." Sie schluckte. „Das hat er mir beim Abschied gegeben, einen Tag, bevor ich zwölf wurde."

Nachdenklich betrachtete Cameron den Beweis, dass sie es tatsächlich mit einem Gestaltwandler zu tun gehabt hatte. „Hast du sie jemals deiner Mutter gezeigt?"

Seufzend nickte sie. „Ja, um zu zeigen, dass ich keine Lügen erzähle. Sie hat behauptet, ich hätte sie draußen gefunden." Ein Kloß bildete sich in ihrem Hals. „Niemand glaubte mir, im Gegenteil, sie haben mich davon überzeugt, dass ich spinne."

Cameron legte seine Hand um ihre, während er sie in die Arme nahm. „Gib sie David, er wird sie vielleicht analysieren können. Unter Umständen findet er heraus, wem sie gehört."

Zaghaft stimmte sie zu, es war wichtig, dass sie ihren seltsamen Besucher wiedertraf, zumal sie ihrer Mum zutraute, alles abzustreiten.

Kapitel 17 - Besuch in Oxford

„Aufstehen, Ealan, wir müssen los."

Abby kam sich vor, als ob sie gerade erst eingeschlafen wäre, was sicher auch der Wahrheit entsprach. Obwohl sie sich am Abend enorm müde gefühlt hatte, lag sie lange wach, weil ihre Gedanken um den nächsten Tag kreisten.

David hatte ihnen eine Nachricht geschickt, dass sie sich vor Ort treffen würden, alles andere machte keinen Sinn.

„Bist du aufgewacht? Oder hast du nur die Augen offen?" Cameron zog ihr mit einem Lächeln die Decke weg. „Los jetzt, wenn wir pünktlich dort sein wollen, solltest du unter die Dusche springen. Es sei denn, du willst ungewaschen fahren."

Sofort schüttelte sie den Kopf. „Auf gar keinen Fall, deine Leute riechen so etwas." Ohne ein weiteres Wort verschwand sie im Badezimmer, dabei kämpfte sie gegen die Übelkeit an. Ihr Magen fühlte sich an, als ob er sich über Nacht verknotet hätte und ihr Herz klopfte ihr bis in den Hals. Weshalb fürchtete sie sich dermaßen vor der Begegnung mit ihrer Mum? Sie müsste sich wütend fühlen.

Immer wieder rief sie sich in Erinnerung, dass ihre eigene Mutter sie von vorne bis hinten belogen hatte. Natürlich schlich sich der Gedanke ein, dass sie es nicht besser wusste. Eventuell hatte die Frau tatsächlich keine Ahnung, dass die magische Welt existierte?

Kurz überlegte Abby, ob sie vielleicht ein Mutant war, der auf irgendeine Art diese universelle Sprache mitbekommen hatte, allerdings fühlte sich das zu weit hergeholt an.

Es klingelte und Abigail hörte die Stimme von Christine, was dafür sorgte, dass sie sich noch mehr beeilte. Auf keinen Fall sollte irgendjemand auf sie warten müssen.

Nach einer knappen halben Stunde kam sie in die Küche, wo sie Chris und Blake begrüßte, die sie nach Edinburgh fahren würden, von wo aus sie nach London fliegen wollten.

„Du siehst ziemlich fertig aus", bemerkte Blake besorgt. „David ist sehr gut in der Lage, die Befragung alleine durchzuführen, wenn es dich so belastet."

Energisch schüttelte sie den Kopf. „Ich möchte selbst hören, dass sie mich all die Jahre angelogen hat. Vielleicht kann ich dann mit ihr abschließen." Abby würde der Frau entgegentreten, der sie die schlimmsten Momente ihres Lebens verdankte. Einerseits brauchte sie die Bestätigung, dass sie sich gegen sie durchsetzen konnte, andererseits wollte sie Mut beweisen.

Chris legte einen Arm um sie. „Ich verstehe dich. Mir ist es genauso gegangen. Auf keinen Fall hätte ich einen Vertreter zu meinem Großvater geschickt."

Cameron und Blake lachten gleichzeitig auf. „Bei dir ist auch nur Gutes herausgekommen", erinnerte ihr Gefährte sie, bevor er auf die Uhr sah. „Wir sollten los, sonst hebt der Flieger ohne euch ab."

Gemeinsam machten sie sich auf den Weg nach Edinburgh, wobei Abigail während der Fahrt ihren Gedanken nachhing. Ihre Mutter würde ziemlich sauer sein, wenn sie am späten Abend ohne Ankündigung bei ihr aufschlugen, doch das war ihr egal. Sie wollte noch heute Antworten haben.

Am Flughafen gelangten sich schnell durch die Kontrollen, da sie nur leichtes Gepäck mitgenommen hatten. Jetzt hatte die Nervosität sie komplett im Griff, denn sobald sie in der Maschine saßen, gab es kein Zurück mehr.

„Sicher, dass du das durchstehst? Wir können ein anderes Mal zu ihr fahren und die Wächter erst einmal vorschicken." Besorgt musterte Cameron sie. Er hätte ihr gerne die gesamte Aufregung erspart, obwohl er ihre Beweggründe gut verstand.

„Ja, das werde ich, versprochen." Sie zwang sich, ihn anzulächeln. „Solange du an meiner Seite bist."

„Immer"

Das kleine Wort gab ihr Kraft, sodass sie sich aufrichtete, ihm zunickte, ehe sie auf das Gate zumarschierte.

~~°~~

„Wo treffen wir David mit seinen Leuten?" Nervös trat Abby von einem Bein auf das andere. Sie waren gerade durch den Zoll gegangen und befanden sich jetzt im Flughafengebäude von Heathrow.

„Er wartet draußen, bei der Enterprise Car Hire." Cameron nahm ihre Hand, um sie zu der Autovermietung zu bringen. „Zum Glück ist es ein offizieller Auftrag der Wächter, sodass wir um einiges schneller in Oxford sein werden." Bei den Worten musste er sich ein Grinsen verkneifen, er liebte die Geschwindigkeit.

„Du meinst, er rast wie der Teufel, weil niemand ihn blitzen kann?" Der Gedanke erschreckte Abby, die am liebsten doch noch eine Nacht dazwischengeschoben hätte.

Beruhigend strich Cameron ihr über den Handrücken. „Nein, er nimmt Rücksicht auf dich, außerdem hasst Emily es, wenn er so schnell fährt. Trotzdem sparen wir sicher eine gute Stunde."

Bei der Information atmete sie tief durch, gleichzeitig sagte sie sich, dass es besser war, die ganze Sache endlich hinter sich zu bringen.

Emily winkte ihr bereits zu, als sie das Gebäude verließen. „Schön, euch zu sehen." Sie blickte besorgt auf Abby. „Alles in Ordnung?"

„Ja, ich bin nur nervös, weil ich meine Mutter eigentlich nicht wiedersehen wollte." Abigail zwang sich zu lächeln, nur gelang es ihr lediglich, ein wenig die Zähne zu zeigen.

„Wir sind bei dir, auch um dich zu beschützen", versprach Emily, während sie die beiden in die richtige Richtung lenkte. „David hat mich hergeschickt, da er noch mit dem Mieten des Autos beschäftigt ist. Wir sind erst vor ein paar Minuten angekommen."

Vor Ort trafen sie auf Steward und Patricia, die Cameron freudig begrüßten.

„Wird Zeit, dass wir uns wiedersehen", bemerkte Stew mit einem Lächeln, ehe er sich an Abby wandte. „Herzlich willkommen in unserer Gruppe. Solltest du jemals Probleme mit dem Wolf hier haben, ruf mich an." Mit den Worten reichte er ihr eine Visitenkarte.

„Du bist unmöglich, Schatz." Patty stieß ihrem Mann einen Ellenbogen in die Seite, dann drehte sie sich zu Abigail. „Ich bin Patricia, freut mich, dich kennenzulernen." Sie umarmte die verdutzte Frau. „Wahrscheinlich weißt du schon, dass das mein Ehemann Steward ist." Sie lehnte sich vergnügt an ihren Gefährten.

„Ja, das war mir bereits klar.“ Abigail lächelte ein wenig überfordert. „Danke für eure Unterstützung, ich bin wirklich froh, dass ihr da seid. Meine Mutter ist etwas schwierig.“ Sie zuckte mit den Schultern, weil das eine arge Untertreibung war.

„Du bist zu höflich, um uns zu sagen, was für eine Furie sie ist, das ist ein netter Zug, doch völlig unnötig.“ Patricia zwinkerte ihr zu, natürlich stellte es kein Problem dar, ihre Gedanken zu lesen. „Ich verspreche dir, dass sie dich dieses Mal nicht dumm aussehen lässt. Wir verhindern es.“

Sprachlos starrte Abigail sie an. „Du weißt tatsächlich, was ich denke.“

„Klar, ich dachte, die Jungs hätten dich vorgewarnt.“ Tadelnd sah sie jetzt von David auf Cameron.

„Das ist richtig, trotzdem hab ich wohl einen Beweis gebraucht, um es wirklich zu verstehen“, verteidigte Abby die beiden sofort. „Es ist eine Sache, davon zu hören, aber eine ganz andere, es zu erleben.“

Patty stimmte ihr zu. „Da hast du recht, bei dir ist es einfach, wie bei allen Menschen, was mich verwundert. Irgendwie hatte ich eine Barriere oder etwas Verschwommenes erwartet wie bei einem Gestaltwandler.“ Sie tastete sich noch einmal in ihren Geist. „Magische Wesen sind nicht so leicht zu lesen“, erklärte sie mit einem Schmunzeln.

Zum Glück standen sie weit genug von den restlichen Leuten entfernt, sodass niemand auf sie aufmerksam wurde.

„Jetzt sollte ich aufpassen, was ich denke, richtig?“ Obwohl Abigail angespannt war, musste sie lächeln.

„Ach was, ich plaudere niemals deine Geheimnisse aus, das verspreche ich. Unsere Alphatiere dürfen alles essen, aber auf keinen Fall alles wissen.“ Sie hakte sich bei ihr ein, als David mit den Autoschlüsseln zu ihnen kam.

„Ihr habt euch bekannt gemacht, wie ich sehe. Gut, dann los.“ Er deutete auf zwei Mercedes-Limousinen, in die sie einstiegen.

„Du gewinnst die Herzen im Sturm, das hab ich dir schon einmal gesagt“, raunte Cameron ihr zu, als sie zu David und Emily in den Wagen stiegen.

Lächelnd winkte sie ab. „Sie ist nur freundlich, mehr nicht, außerdem merkt man mir an, dass ich nervös bin.“

Sofort drehte Emily sich zu ihr um. „Da bist du auf dem Holzweg, meine Liebe. Patty spielt niemandem etwas vor. Sie zeigt dir deutlich, wenn sie nur ihre Pflicht tut oder dich nicht leiden kann.“

Abby ließ die Worte so stehen, obwohl sie immer noch skeptisch war.

~~°~~

„Da sind wir also“, stellte Abigail seufzend fest, als David vor ihrem Elternhaus parkte. Man hörte ihr deutlich an, dass sie in diesem Augenblick lieber am anderen Ende der Stadt gewesen wäre. Auf der Fahrt hatte Emily sie mit Anekdoten aus Ballygannon unterhalten, die sie sich gerne anhörte. Es lenkte sie von ihren Grübeleien ab, aber jetzt stürmten sämtliche Fragen wieder auf sie ein.

„Wir sollten aussteigen, die Gardinen bewegen sich schon heftig“, schlug David mit einem sarkastischen Lachen vor.

„Hatte ich vergessen zu erwähnen, dass sie ungeheuer neugierig ist?“ Unschuldig schaut sie auf den Wächter, der ihr vergnügt zuzwinkerte.

Noch einmal holte sie tief Luft, doch ehe sie die Tür auch nur anfassen konnte, wurde sie bereits aufgemacht und Cameron hielt ihr eine Hand hin.

„Wenn das so ist, dann wollen wir ihr etwas zum Schauen geben, aye?“ Er half ihr galant aus dem Auto, zog sie an sich, ehe er sie mit der gesamten Liebe, die in ihm war, küsste.

Kurz dachte Abby, dass er tatsächlich eine Show abzog, bis ihr Gefühl ihr bestätigte, dass es keineswegs nur für ihre Leute war. Im Gegenteil, mit der Geste zeigte er ihr, dass er zu ihr stand, egal wer zusah. „Danke“, flüsterte sie, nahm seine Hand, anschließend ging sie energisch auf den Eingang zu.

Bevor sie in der Lage war, zu klingeln, riss ihre Mutter die Haustür auf, um sie bösartig anzusehen. „Was veranstaltest du denn für ein Theater? Was sollen die Nachbarn denken? Fährst hier mit zwei riesigen Wagen vor ...“ Ehe sie weiter meckern konnte, schob sich Steward vor Abigail.

„Entschuldigen Sie bitte, Frau Davies, dass wir Sie so überfallen, aber die Angelegenheit ist wichtig.“ Er sah sie von oben herab an, dabei stand in seinen Augen eine deutliche Warnung. Mit ihm sollte sie sich besser nicht anlegen.

Deidre Davies verschränkte die Arme vor der Brust, um zu zeigen, dass sie auf keinen Fall gewillt war, die Gruppe hereinzulassen. „Und wer sind Sie?“ Feindselig starrte sie an ihm vorbei auf Abigail.

„Das möchten wir Ihnen lieber drinnen erklären.“ Mit den Worten schob Stew sie in den Flur zurück, gleichzeitig folgte der Rest ihm.

„Was fällt Ihnen ein? Ich rufe die Polizei!“ Deidre zeterte sofort los, doch in ihren Ton mischte sich Unsicherheit.

„Willst du den Beamten tatsächlich sagen, dass du deine eigene Tochter vor der Tür hast stehen lassen? Das glaube ich nicht.“ Abby drängte sich an Stews Seite. „Ich habe Fragen an dich und meine Freunde stellen sicher, dass du sie auch beantwortest.“ Hart musterte sie die Frau, die sie geboren hatte.

„Was erlaubst du dir eigentlich? Du bist nur ein ...“ Sie stoppte erschrocken, weil Cameron ein leises Grollen ausstieß.

„Niemand beleidigt meine Gefährtin, dass das klar ist.“ Er starrte die Furie feindselig an, dabei bemühte er sich keineswegs, die Situation zu deeskalieren.

David legte ihm eine Hand auf den Arm. „Ruhig, so kommen wir keinen Schritt weiter.“ Er lenkte seine Aufmerksamkeit auf die Frau, die jetzt extrem verunsichert aussah. „Wir machen es kurz, stellen unsere Fragen und sind dann wieder weg.“

Zustimmend nickte sie. „Das erwarte ich, ich bin kaum auf Besuch eingerichtet.“ Auffordernd sah sie ihre Tochter an. „Was willst du? Geld gibt es nicht.“

Abigail lachte bitter auf. „Auf die Idee, dich um Unterstützung zu bitten, bin ich noch nie gekommen.“ Sie sah ins Wohnzimmer, weil die Tür offen stand. „Wo ist Dad?“

„Er ist auf Nachtschicht in seinem Nebenjob. Bist du hergekommen, um nach ihm zu sehen? Das wäre ja mal was ganz Neues.“ Spöttisch verzog Deidre das Gesicht.

„Genug jetzt, wir wollen wissen, weshalb Sie Abby eingeredet haben, dass der Rabe ein Hirngespinst ist.“ Steward konfrontierte sie sofort mit der wichtigsten Frage.

Deidre warf die Hände in die Luft, anschließend bedachte sie ihre Tochter mit einem Blick, der ihre Abscheu zeigte. „Hast du schon wieder mit dem Unsinn angefangen? Du solltest dich in Therapie begeben. Es gab niemals einen Vogel, der sich in einen Mann verwandelt hat." Kurz zögerte sie, ehe sie energisch mit dem Kopf schüttelte. „Ich habe keine Ahnung, was wir falsch gemacht haben. Immer denkt sie sich solche Geschichten aus. Wir hatten gehofft, dass sie damit aufhört, wenn sie erwachsen ist."

Noch einmal knurrte Cameron leise, bekam allerdings sofort einen Stoß in die Seite.

„Wie kommt es, dass Sie ihr glauben? Sie sehen wie vernünftige Menschen aus." Neugierig musterte sie die kleine Gruppe. „Oder sind Sie so esoterische Spinner?"

Patricia schob sich an ihrem Mann vorbei, sah der Frau direkt in die Augen, dabei ließ sie es zu, dass sich ihre Skleren schwarz verfärbten. „Du lügst! Du weißt genau, dass es sich um einen Gestaltwandler gehandelt hat." Ihre Stimme klang jetzt grollend.

Getroffen zuckte Deidre zusammen, fing sich allerdings sofort wieder. „Was fällt Ihnen ein? Sie sollten meiner Tochter die Wahrheit sagen." Abfällig stieß sie die Luft aus. „Solche Fabelwesen gibt es nicht."

„Weshalb denkst du dann an den Raben, der Abby ständig besucht hat? Er heißt Giordyn und ist ihr Großvater, sogar das ist dir bekannt." Patty funkelte sie wütend an. „Hör auf, Spielchen mit uns zu treiben."

Entsetzt fasste die Frau sich an den Hals. „Warum weißt du das?"

Bei dem Namen klingelte bei Abigail etwas. „Das stimmt, daran kann ich mich erinnern. Er hat sich mir genauso vorgestellt", murmelte sie, gleichzeitig überlegte sie angestrengt, ob sie noch weitere Details in ihrem Gedächtnis fand.

„Natürlich hat er das. Er konnte sich ja nicht fernhalten, obwohl ich ihn mehr als einmal gebeten habe", bemerkte Deidre wütend.

„Wie wäre es, wenn Sie uns die gesamte Geschichte erzählen würden?" Steward deutete mit dem Kinn auf das Wohnzimmer. „Es ist ziemlich unhöflich, uns hier im Flur stehen zu lassen."

Seufzend ging sie vor, wartete, bis alle saßen, dabei registrierte sie mit einem höhnischen Lächeln, dass Cameron Abby auf seinen Schoß gezogen hatte. Sie verzichtete absichtlich darauf, den Leuten etwas anzubieten, da diese sie an ihren schlimmsten Fehler erinnerten.

„Je eher Sie mit der Sprache herausrücken, desto schneller sind wir wieder weg." Aufmunternd nickte David ihr zu.

„Denken Sie daran, dass Patty jede Lüge aufspürt." Steward legte einen Arm um seine Frau, während er Abigails Mutter deutlich warnte, besser keine erfundenen Geschichten zu erzählen.

„Du bist eine Missgeburt, ein Fehltritt", begann sie, doch ein Blick von David stoppte sie. „Ihr wolltet die Wahrheit", verteidigte sie sich.

„Kommen Sie zum Punkt und unterlassen Sie irgendwelche Beleidigungen", forderte Stew sie harsch auf. „Wir können Sie auch zwangsweise mit nach Ballygannon nehmen, um Sie zu verhören."

Bei der Drohung schluckte sie, anschließend holte sie tief Luft. „Ich bin Abigails Vater auf einer Party in Schottland begegnet. Damals lebte ich in der Nähe von Glasgow." Sie betrachtete ihre Tochter mit Bitterkeit. „Sie war keineswegs geplant, aber ich war dumm. Die Musik spielte, wir tanzten ausgelassen und Alec, dein Erzeuger, sah verdammt gut aus." Deidre fuhr sich durch die Haare. „Ich hatte die gleiche Figur, wie Abby heute, sodass ich niemals mit seiner Aufmerksamkeit gerechnet hätte. Es kam, wie es kommen musste, wir landeten im Bett. Um ehrlich zu sein, hat er mir später gestanden, dass er in der Lage war, sich in einen Raben zu verwandeln, nur habe ich ihm kein Wort geglaubt." Sie schluckte erneut, dabei sah sie vorsichtig auf Cameron.

„Hat er Sie nicht gewarnt, dass Sie schwanger werden könnten? Normalerweise riechen wir so etwas", hakte David sachlich nach.

„Natürlich hat er das. Wie gesagt, ich war dumm, sodass ich behauptete, ich würde eine Spirale tragen. Ich hielt das ganze Gerede von magischen Wesen für ein Gerücht, einen Spaß", verteidigte sie sich. „Außerdem war ich angetrunken und geblendet von seinem Aussehen. Von Liebe hat keiner von uns gesprochen."

„Wie hat er dich überzeugt, dass es Gestaltwandler gibt?" Abigail sah gebannt auf ihre Mutter. Mit der Wende hatte sie nicht gerechnet.

„Als ich tatsächlich schwanger wurde, habe ich ihn kontaktiert. Er merkte sofort, dass ich ihn für einen Spinner hielt. Vor meinen Augen zog er sich aus, in dem Augenblick dachte ich noch, dass er mich vergewaltigen wollte, doch er verwandelte sich." Sie rieb sich über das Gesicht. „Ich erwartete ein Baby von einem Monster! Tag und Nacht betete ich, dass mein Kind keine Auffälligkeiten zeigen würde."

Kopfschüttelnd hörten die Gestaltwandler zu.

„Deshalb hast du mich leiden lassen? Weil du meinen Vater für ein Ungeheuer hältst?" Fassungslos sah Abby ihre Mutter an.

„Du hast keine besonderen Fähigkeiten, aber Giordyn musste dich ja immerzu besuchen. Du hast mich überall lächerlich gemacht mit deinen Geschichten." Anklagend deutete sie auf ihre Tochter. „Außerdem erinnerst du mich jede Sekunde an meinen größten Fehler."

„Hat Alec etwas von der Geheimhaltung gesagt? Gemeldet, dass Sie über uns Bescheid wissen?" Steward musterte die Frau mit Abscheu, für ihn war sie das wahre Monster.

„Er hat ständig davon gefaselt. Wollte mich nach Irland schleppen, wo ich in Ballygannon einen Eid schwören sollte." Feindselig sah sie die Wächter an. „Ich weiß genau, wer ihr seid, doch ich lasse mich nicht einsperren oder töten."

Sofort hob David abwehrend die Hände. „Niemand wird dir ein Haar krümmen, darauf gebe ich dir mein Wort."

Abfällig stieß sie die Luft aus. „Leere Versprechen habe ich von Alec auch immerzu bekommen. Aber ich war es, die am Ende gewonnen hat." Bösartig lachte sie auf. „Ich habe einen Jäger beauftragt, den Raben in unserem Garten abzuschießen. Hat mich eine Stange Geld gekostet, das war es wert."

Abby drehte sich der Magen um. „Du hast meinen Vater umbringen lassen?"

„Mitleid hatte dieses Tier wohl kaum verdient. Er war eine Missgeburt, ein Frevel an Gott." Deidre ereiferte sich immer mehr.

„Gott hat damit absolut nichts zu tun“, murmelte Cameron, der beide Arme um seine Gefährtin schlang, um ihr Sicherheit zu geben.

„Weshalb hat Giordyn sich niemals gerächt? Oder dich dazu gebracht, den Eid zu schwören?“ Patty sah sie eindringlich an. Wie gerne hätte sie den anderen mitgeteilt, dass die Furie log, leider war das nicht der Fall.

„Der alte Schwachkopf war nur an dem Baby interessiert. Wir schlossen ein Abkommen: Er hält die Klappe, dafür lasse ich ihn am Leben. Außerdem stellte sich schnell heraus, dass keine der unnatürlichen Gene auf Abigail übergegangen sind. Der einzige Vorteil, den dieses Kind hat.“

„Wird er jetzt getötet? Ich meine, richtet ihr meinen Großvater hin, weil er gegen die Geheimhaltung verstoßen hat?“ Aufgeregt gestikulierte Abby in Stews Richtung.

„Nein, natürlich nicht. Erstens ist kein Schaden entstanden, zweitens haben sie Deidre ständig unter Beobachtung gehabt und so sichergestellt, dass sie niemandem etwas erzählt. Außerdem gab es gute Gründe.“ Stew beruhigte sie lächelnd. „Aber du wirst mit uns kommen, um den Eid abzulegen. Da führt kein Weg dran vorbei.“ Er musterte die Frau mit Abscheu.

„Darauf kannst du lange warten. Ich bin ein freier Mensch.“ Deidre sah ihn herausfordernd an.

Abby atmete tief durch. „Können wir bitte erst eine Sache klären, ehe wir zur nächsten gehen?“ Sie betrachtete ihre Mutter mit einer Kälte, die sie sich selbst kaum zugetraut hätte. „Verstehe ich das richtig? Du hast meinen Vater umgebracht, mich in dem Glauben gelassen, dass ich nicht ganz sauber im Oberstübchen bin und mich dem Mobbing der anderen

Kinder überlassen, weil du in mir eine Missbildung der Natur siehst?"

„Du hast den Nagel auf den Kopf getroffen. Dumm warst du noch nie, zu meinem Leidwesen. Vieles wäre einfacher gewesen, wenn du dich leichter manipulieren lassen würdest. Immer musstest du jede Antwort hinterfragen. Lästig, dabei hätte es eine so schöne Mutter-Tochter-Beziehung sein können." Deidre tat so, als ob es Abigails Schuld war, dass sie sich kaum verstanden.

„Weißt du, wie der Rabe mit Nachnamen heißt?" Stew kam auf den Punkt zurück, der sie alle brennend interessierte.

Desinteressiert zuckte Deidre mit den Schultern. „Irgendwas Schottisches. MacGregor, Gordon oder so ähnlich."

Abby stand auf. „Ich habe genug gehört." Sie trat dicht an die Frau heran. „Du bist nicht länger mit mir verwandt, hörst du? Ich befreie dich von dem Monster, weil ich dich nie wiedersehen will. Komm nie in meine Nähe, das würdest du bereuen." Mit der Warnung drehte sie sich um und ging. Sie fühlte sich tief erschüttert, dass ihre eigene Mutter so bösartig war.

Gerade als sie das Haus verließ, flog ein Rabe auf. Der Vogel krächzte, kreiste einmal um ihren Kopf, ehe er eine Feder fallen ließ. Sofort erkannte sie den alten Spielgefährten. „Warte, bitte, ich flehe dich an. Wir müssen reden", rief sie verzweifelt, aber das Tier war schon nicht mehr zu sehen.

Kapitel 18 - Der Rabe

„Er wird sich bei dir melden, davon bin ich überzeugt." Cameron legte tröstend einen Arm um sie.

Immer wieder suchte sie den Himmel nach ihrem Großvater ab. „Vielleicht hat er auch Angst, weil er gegen die Geheimhaltung verstoßen hat."

Steward und Patty kamen mit Deidre im Schlepptau aus dem Haus. „Wir bringen sie nach Ballygannon, da sie sich weigert, den Eid zu schwören. Ihrem Mann haben wir einen Zettel hingelegt." Stew musterte Abby eindringlich. „Sollten wir zum Äußersten gehen, werden wir ihr die Erinnerung an deinen Vater sowie deinen Opa nehmen. Sie wird sich dir unter den Umständen vielleicht annähern."

Abigail zuckte mit den Schultern. „Das macht keinen Unterschied, weil mir klar geworden ist, was für ein selbstsüchtiges Ungeheuer sie ist." Sie überlegte einen Moment. „Könnt ihr mich genauso aus ihrem Gedächtnis streichen?"

Bedauernd schüttelte David den Kopf. „Nein, dann müssten wir zu viele Menschen manipulieren. Du bist bei ihr aufgewachsen." Er lächelte sie an. „Dein Stiefvater weiß zwar, dass du einen anderen Vater hast, aber mehr auch nicht."

„Wie gesagt, es macht keinen Unterschied. Ich werde mich von ihr fernhalten, sollte sie zu mir kommen, bekommt sie ihre eigene Medizin zu schlucken.“ Sie drehte sich um, um wieder in den Himmel zu starren.

„Ist das der Dank? Ich habe dich aufgezogen, dich beschützt, damit du dich von diesen Monstern fernhältst“, keifte Deidre jetzt hinter ihr los.

Wutentbrannt stürmte sie auf die Frau zu, holte aus und schlug ihr kräftig ins Gesicht. „Du hast nur deinen Vorteil gesehen. Weißt du, wie sehr ich gelitten habe? Du hast aus mir eine Außenseiterin gemacht, anstatt mir von meinem Vater zu erzählen oder mir die Situation zu erklären.“

Erstarrt stand Deidre vor ihr, während sie von Patty und Stew festgehalten wurde. „Ich räche mich. Du wirst keinen Tag glücklich mit dem Tier werden.“ Mit Abscheu in den Augen spuckte sie ihre Tochter an.

Sofort zerrten die Wächter sie weg, als Abby sich den Speichel von der Wange wischte. „Damit ist das wohl ausgestanden“, murmelte sie.

Cameron hielt sich mit Gewalt zurück, am liebsten würde er die Frau zwingen, vor seiner Gefährtin auf die Knie zu gehen, um sich zu entschuldigen. „Es tut mir leid.“ Er zog sie fest in seine Arme.

„Mir nicht, ich bedauere nur, dass mein Großvater weg ist.“ Sie seufzte leise. „Vielleicht denkt er, dass er hingerichtet wird. Oder er nimmt an, dass er keine Aufsichtspflicht mehr hat.“ Tränen brannten in ihren Augen. „Unter Umständen treffe ich ihn nie wieder.“

„Das glaube ich kaum. Er hat dieses unsinnige Abkommen mit deiner M... mit der Frau getroffen, nur um dich sehen zu können. Weshalb denkst du, dass er plötzlich für immer verschwindet?“ Er schob sie ein Stückchen von sich, damit sie ihn ansehen konnte.

Zaghaft zuckte sie mit den Schultern. „Warum ist er weggeflogen, anstatt zu mir zu kommen?“

Jetzt lachte Cameron auf. „Da gibt es einige Gründe, angefangen von der Anwesenheit der Wächter bis hin zu Unsicherheit.“ Er sah sie eindringlich an. „Ich bin davon überzeugt, dass er sich bald bei dir meldet.“

„Tut mir leid, dass ich das sagen muss, aber ihr seid verpflichtet, euch zu melden, sobald er bei einem von euch auftaucht“, mischte David sich ein. In seiner Mimik erkannte man deutlich, dass er lieber etwas anderes gesagt hätte.

„Du glaubst doch nicht im Ernst, dass ich ausgerechnet meinen Großvater verpfeife, oder?“ Fassungslos starrte Abby ihn an.

Der große Mann sah plötzlich ziemlich hilflos aus, während er mit den Schultern zuckte. „Es ist meine Pflicht, dich darauf hinzuweisen. Ich verspreche dir, dass ihm nichts passiert, dennoch müssen wir mit ihm reden. Es könnte sein, dass noch mehr Normale Bescheid wissen.“

Das verstand Abigail, trotzdem schüttelte sie den Kopf. „Ich spreche mit ihm, das ist alles, worauf ich mich einlasse.“ Wieder sah sie in die Richtung, in die er verschwunden war. „Wenn er sich überhaupt bei mir meldet.“

„Das ist so sicher wie das Amen in der Kirche.“ Emily nickte ihr aufmunternd zu. „Kein Paranormaler lebt freiwillig wie ein Ausgestoßener, verzichtet auf Rache, um dann spurlos zu verschwinden.“

Hoffnungsvoll stieg Abigail in den Mercedes, wobei ihr etwas einfiel. „Was ist eigentlich mit meinem Eid? Ist es möglich, ihn jetzt schon abzulegen? Ihr seid doch gerade alle hier."

David schlug sich mit der flachen Hand vor den Kopf. „Ich bin wirklich vergesslich, entschuldige. Du brauchst nichts zu beschwören, weil du ja ein magisches Wesen bist. Cameron kann dir die Regeln beibringen, das reicht." Er lächelte ihr zu. „Lasst uns fahren."

Gemeinsam stiegen sie ein, die Nacht war verdammt lang geworden.

Einen Moment dachte sie nach, starrte in die Dunkelheit, während sie zu einem Hotel in der Nähe fuhren. „Meine Mutter hat sich geweigert den Eid abzulegen, was passiert mit ihr?" Sie schüttelte sich leicht. „Mich interessiert viel mehr, weshalb hätte sie sofort die Möglichkeit gehabt zu schwören, euer Geheimnis zu bewahren?"

Auch Cameron sah seinen Cousin durch den Rückspiegel an.

David lachte leise. „Weil sie die ganzen Jahre bewiesen hat, dass sie vertrauenswürdig ist. Sie hat dafür gesorgt, dass du als Spinnerin dastehst." Er seufzte. „Es tut mir von Herzen leid, dass du so eine hässliche Erfahrung gemacht hast, Abby, doch dadurch hat sie unsere Gemeinschaft geschützt."

„Sie hätte ihr erklären können, was es mit dem Raben auf sich hat. Bestimmt wäre das Geheimnis bei ihr sicher gewesen, wenn sie die Wahrheit gewusst hätte", warf Cameron verstimmt ein.

„Das ist richtig, ich verteidige sie nicht. Der Fakt ist nur, dass sie damit bewiesen hat, dass sie kein Interesse daran hat, uns zu verraten." David setzte den Blinker, anschließend parkte er auf einem Hotelparkplatz. Er drehte sich zu Abby herum. „Es war absolut unmenschlich von ihr, dich dermaßen leiden zu lassen, das steht außer Frage.“

Dankbar lächelte sie ihm zu.

~~°~~

„Wie fühlst du dich, Ealan?“ Cameron zwang sie, ihn anzusehen, als sie in ihrem Zimmer waren. „Ehrlich“, warnte er.

Abigail holte tief Luft. „Einerseits erleichtert, dass ich es hinter mir habe, andererseits verzweifelt. Ich glaube nicht, dass mein Großvater sich wieder blicken lässt. Weshalb ist er weggeflogen? Er kennt die Gesetze eurer Welt besser als ich.“

„Unserer Welt, meine Kleine, denn du gehörst dazu.“ Er strich ihr zärtlich über die Wange. „Irgendwie schade, dass ich nicht mehr gezwungen bin, an deiner Seite zu sein.“

Sofort blickte sie ihn ängstlich an. „Verlässt du mich jetzt?“ Ihre Kehle zog sich zusammen, Furcht verknotete ihr den Magen.

Laut lachend zog er sie an sich. „Niemals, Abby, hörst du? Ich liebe dich!“ Ein liebevolles Blitzen erschien in seinen Augen. „Aber ich kenne dich mittlerweile auch, du wirst kaum erlauben, dass ich dich überall begleite. Es gibt Tage, an denen ich bis spät abends in der Kletterhalle bin, da möchtest du bestimmt vorher nach Hause gehen, um zu kochen oder etwas in der Art.“

Zaghaft nickte sie. „Ist das nicht fair? Wenn du länger arbeitest, sollte ich mich um den Haushalt kümmern.“

„Noch mal, ich habe eine Haushaltshilfe." Seufzend sah er sie an. „Du weißt, was ich sagen will. Es ist völlig in Ordnung, dass du dich frei bewegen kannst, nur genieße ich es, dich an meiner Seite zu wissen."

Erleichtert schmiegte sie sich an ihn. „Ich sehe es genauso."

Zärtlich küsste er sie. „Wie gerne würde ich dich jetzt vernaschen, aber du siehst schrecklich müde aus."

Sie nickte. „Ja, bin ich auch." Erschöpft lehnte sie sich an ihn. „Ehrlich, ich bin froh, dass ich das Gespräch selbst geführt habe. Patty hätte Deidres Worte sicherlich abgemildert."

„Darauf darfst du wetten", murmelte Cameron, der bei der Erinnerung immer noch knurrte.

„Dachte ich mir, aber genau die Erfahrung brauchte ich, weil ich ständig Entschuldigungen für sie gesucht habe. Bis vorhin glaubte ich, dass sie vielleicht keine Ahnung hätte." Sie rieb sich über das Gesicht. „Ehrlich, ich bin erleichtert, dass ich das Kapitel abschließen kann. Es gibt keinerlei Grund für mich, mich erneut mit der Frau auseinanderzusetzen. Darüber hinaus weiß ich jetzt, dass jemand aus meiner Familie existiert, der mich liebt." Tränen traten ihr in die Augen. „Wie gerne hätte ich meinen Vater kennengelernt", flüsterte sie.

Stumm drückte Cameron sie an sich, während er sich fest vornahm, den Raben zu finden, egal, was es kosten würde.

~~°~~

„Ich hoffe, du konntest wenigstens etwas schlafen", bemerkte Emily mit einem besorgten Blick, als sie sich am nächsten Morgen zum Frühstücken trafen.

Lächelnd nickte Abby. „Ja, mach dir keine Sorgen. Es ist sehr viel auf mich eingeprasselt." Sie trank einen Schluck Orangensaft. „Ich bin erleichtert, dass ich die Wahrheit jetzt kenne."

„Ich bin ungern der Spielverderber, aber ich erinnere dich noch mal daran, dass du mich anrufen musst, sobald er sich bei dir meldet." David seufzte, manchmal hasste er seinen Job. „Es geht wirklich nur darum, die Sache abzuschließen."

„Ich weiß, trotzdem möchte ich zuerst mit ihm sprechen." Abigail hielt dem Blick des Wächters stand. „Es ist ja auch nicht gesagt, dass er tatsächlich auftaucht." Traurigkeit mischte sich in ihren Tonfall.

Emily drückte ihre Hand. „Davon bin ich fest überzeugt. Rede mit ihm und du wirst sehen, dass du jemanden hast, der dich liebt." Sie schenkte Cameron ein Zwinkern. „Abgesehen von dem verrückten Wolf da."

Nach dem Frühstück fuhren sie gemeinsam zum Flughafen, wo sie sich verabschiedeten.

„Schade, dass ihr jetzt nicht mehr gezwungen seid, nach Irland zu kommen." David umarmte Abigail.

Irritiert sah sie ihn an. „Das heißt doch nicht, dass wir uns nie wiedersehen, oder?"

Die Männer lachten auf.

„Nein, trotzdem sind wir alle ziemlich eingespannt, sodass wir uns sehr selten treffen", erklärte Emily mit einem Seufzen. „Aber wenn wir Frauen das in die Hand nehmen, könnte es sich ändern." Ein Blitzen erschien in ihren Augen. „Lass uns morgen mal telefonieren."

Dem stimmte Abby erleichtert zu, sie hatte die Wächter in ihr Herz geschlossen und die Vorstellung, sie nie wiederzusehen, tat weh. „Gerne, um ehrlich zu sein, finde ich Irland enorm interessant. Ich war noch nie dort."

„Dann wird es Zeit, außerdem tut es dem jungen Wolf gut, seine Freizeit mit Erwachsenen zu verbringen." David lachte laut über das empörte Schnauben seines Cousins.

„So viel älter bist du auch nicht", verteidigte Cameron sich. „Darüber hinaus hast du seltsame Geschichten von Wasserschlachten und Sandburgen erzählt."

Sofort besaßen die Männer Abbys Aufmerksamkeit. „Echt? Das müsst ihr mir erklären. Wie kommt es, dass ihr euch so benehmt?" Begeisterung klang in ihrer Frage mit.

„Ein anderes Mal gerne, aber jetzt wird es Zeit für euch zum Gate zu gehen, sonst verpasst ihr euren Flug." Emily deutete in die Richtung, in der das Abfluggate lag.

Noch einmal umarmten sie sich, ehe Cameron seine Gefährtin mit sich zog.

Abigail fiel der Abschied enorm schwer, bis ihr einfiel, dass zu Hause Bea wartete, die auch auf heißen Kohlen saß. Sofort zog sie ihr Handy aus der Tasche, um der Werwölfin eine Nachricht zu schicken. Auf einen ausführlichen Bericht musste sie leider warten, da es tatsächlich höchste Zeit war, einzuchecken.

Den gesamten Flug über dachte Abby an ihren Großvater. Hatte er wirklich jahrelang ein Auge auf ihre Mutter geworfen? Sie überlegte, wann sie ihn das letzte Mal gesehen hatte. Zuerst hatte das Mobbing in der Schule angefangen, da war sie sich sicher. Wahrscheinlich wollte er sie schützen, indem er sich nicht zeigte.

Siedend heiß fiel ihr ein, dass er sie gebeten hatte, mit niemandem über ihn zu sprechen, nur da war es bereits zu spät gewesen.

Immer weitere Details kamen in ihrer Erinnerung hoch, Stunden des Glücks, das Gefühl der Geborgenheit, Lachen und Toben. Tränen schnürten ihr den Hals zu, als sie darüber nachdachte, dass Deidre ihren Vater getötet hatte.

„Es ist sehr viel, was auf dich einstürmt, Ealan, du darfst deine Emotionen zeigen." Cameron legte einen Arm um sie, sorgte dafür, dass sie ihren Kopf an seine Schulter bettete. „Sollte ich irgendetwas für dich tun können, sag es mir." Er litt mit ihr, mehr als er sich jemals vorgestellt hätte.

„Ich hoffe nur, dass sie endlich den Eid leistet und sich auch daran hält", murmelte Abby mit geschlossenen Lidern. Sie wollte sich keine Sekunde vorstellen, was passierte, falls man ihr eine passende Erinnerung einpflanzte.

„Egal, was geschieht, ich bin bei dir."

Dankbar kuschelte sie sich an ihren Gefährten, soweit die Sitze es zuließen. In dem Punkt hatte er recht, an ihrem neuen Leben änderte sich nichts, was auch immer Deidre entschied.

Am Flughafen von Edinburgh warteten Blake und Chris bereits auf sie, was ihr Gefühl verstärkte, nach Hause zu kommen. Lachend umarmte sie die beiden, ehe sie sich bei Christine einhakte.

„Ist es zu glauben, dass wir eine so ähnliche Geschichte haben? Keine von uns wusste, dass wir zu der magischen Gesellschaft gehören." Sie schmunzelte, weil sie tatsächlich dazugehörte.

„Oh ja, nur hast du mehr gelitten als ich. Mich hat niemand gemobbt, darüber hinaus war ich im Prinzip selbst an allem schuld." Chrissi lächelte versonnen.

„Wobei ich es heute genauso wieder machen würde, sonst hätte ich meinen Wolf niemals kennengelernt."

Blake knurrte leise. „Ich hoffe, dass du darauf verzichtest, mit einem Idioten ins Bett zu gehen, falls es Zeitreisen jemals geben sollte."

„Kein Grund, eifersüchtig zu sein, Liebster, es gibt nur einen Mann in meinem Leben", versicherte sie vergnügt. „Obwohl ich echt Angst vor dir hatte."

Auf der Fahrt nach *Kinlochleven* tauschten sie Neuigkeiten aus, wärmten alte Geschichten auf, um Abby zu unterhalten, sodass diese keine Gelegenheit bekam, zu grübeln.

Erst als die beiden sich vor Camerons Cottage verabschiedeten, stürzte alles wieder auf Abigail ein. Seufzend wollte sie ins Haus gehen, als sie ein Krächzen hörte. Augenblicklich sah sie in die Richtung, aus der das Geräusch kam, und sah einen Raben im Baum gegenüber sitzen. Fast hätte sie nach ihm gerufen, doch sofort fiel ihr die Geheimhaltung ein, deshalb winkte sie ihm lediglich zu. „Ich hoffe, du kommst zu mir, alter Freund", flüsterte sie. Natürlich erinnerte sie sich daran, dass die Gestaltwandler ein perfektes Gehör besaßen, sodass sie beruhigt reinging. Ihr Großvater hatte sie nicht einfach verlassen!

„Du strahlst wie ein Kernkraftwerk, Ealan", stellte Cameron fest, als sie ins Wohnzimmer kam und ein paar Tanzschritte vorführte. „Hast du jemanden getroffen?" Es gab für ihn nur einen Grund, weshalb seine Gefährtin plötzlich so fröhlich war.

Mit einem Lächeln zuckte sie mit den Schultern. „Kann sein." Sie lachte glücklich, allein die Gewissheit, dass Giordyn sie nicht im Stich gelassen hatte, zeigte ihr, dass sie geliebt wurde.

Cameron musterte sie mit hochgezogenen Augenbrauen. „Du weichst mir aus, Abigail."

„Ja, das tue ich, es reicht, wenn ich gegen die Order von David verstoße. Außerdem bin ich aktuell noch unsicher, ob er es wirklich ist." Sie schlug eine Hand vor den Mund. „Verdammt, ich wollte es für mich behalten."

Ehe sie etwas sagen konnte, zog er sie auf seinen Schoß, nahm sie liebevoll in seine Arme. „David ist kein Idiot, er weiß, dass du zuerst mit deinem Großvater reden willst." Er küsste sie auf die Nasenspitze. „Ich stehe hinter dir, trotzdem kenne ich meinen Cousin. Vertrau mir und schick ihm eine Nachricht."

Unwillig verzog Abby das Gesicht. „Ich komme mir vor wie eine Verräterin, falls ich das jetzt tue. Er hat sicherlich seine Gründe, weshalb er sich von den Wächtern fernhält." Sie war hin- und hergerissen, auf der einen Seite wollte sie das Richtige tun, andererseits verursachte es ihr Magenschmerzen, ihren Opa zu verraten. „Zuerst sollte ich mir sicher sein, dass es kein gewöhnlicher Rabe war." Mit den Worten nahm sie ihr Handy, um Bea anzurufen. Zu gerne hätte sie auch Ava erzählt, was geschehen war, doch da musste sie sich erst einmal eine menschengerechte Version ausdenken, an die sie sich halten konnte.

„Seid ihr zurück?" Bea hielt sich kaum mit einer Begrüßung auf, als sie sich meldete. Die junge Wölfin war genauso aufgeregt wie Abigail, als sie nach Oxford gefahren war.

„Ja, gerade angekommen." Abby lachte leise. „Ich wollte dir von meinem Großvater erzählen."

„Ich wusste es! Mir war von Anfang an klar, dass du nicht spinnst." Bea triumphierte, während sie sich die gesamte Geschichte anhörte. „Das ist so schön, außerdem hast du es verdient. Bestimmt taucht er bald bei dir auf." Die Wölfin freute sich ehrlich mit der Freundin.

„Das hoffe ich auch, aber David will, dass ich mich bei ihm melde, sobald er auftaucht." Abby stoppte kurz. „Ich weiß, dass es meine Pflicht ist, nur kommt es mir so falsch vor."

„Das verstehe ich, doch die Wächter sind fair, das verspreche ich dir."

Cameron, der natürlich jedes Wort verstand, sah sie eindringlich an. „Wenn du mir schon nicht glaubst, vertrau bitte Bea. Sie würde dich niemals anlügen."

Abigail seufzte. „Ich bin sicher, dass keiner von euch beiden mir schaden will, trotzdem fühlt es sich wie eine Falle für meinen Opa an." Allein die Bezeichnung auszusprechen erfüllte sie mit einem überwältigenden Glücksgefühl. Ihre gesamte Familie war immer sehr distanziert mit ihr umgegangen, was ihr wehgetan hatte. Jetzt wusste sie ja warum.

„Warte ab und sprich mit ihm. Er wird dir sagen, was für ihn das Richtige ist", schlug Bea vor.

„Du hast recht, danke dir."

Die Frauen verabschiedeten sich, anschließend kuschelte Abby sich an ihren Gefährten. „Es ist irre, oder? Ich meine, die ganze Zeit dachte ich, dass ich niemanden habe, der sich ehrlich für mich interessiert und plötzlich existiert sogar ein Opa, der mich beschützt." Sie konnte die Wendungen noch gar nicht fassen.

„Du hast es verdient, Ealan, viel zu lange hat Deidre ihr Spiel mit dir getrieben." Cameron unterdrückte ein Knurren, wie gerne würde er der Dame die Leviten lesen! „Die Sache mit deinem Großvater bekommen wir auch hin, davon bin ich überzeugt."

Kapitel 19 - Ablenkung

Am kommenden Tag ließ sich der Rabe nicht blicken, sodass Abby sich in ihre Arbeit stürzte. Immer wieder machte sie eine kurze Pause, um nach draußen zu gehen, obwohl es in Strömen regnete.

Cameron brachte ihr ein Handtuch, als sie völlig durchnässt an ihrem Schreibtisch saß. „Du wirst noch krank, Ealan. Er kommt, davon bin ich überzeugt. Wahrscheinlich braucht er auch Zeit, um seine Gedanken zu sortieren. Außerdem sitzen ihm die Wächter im Nacken. Leider kursieren viel zu viele bösartige Gerüchte um diese Gruppe.“ Er fand keinen Grund, weshalb der Mann sich nicht zeigte, außer der Angst vor einer Bestrafung. Sanft rubbelte er ihr mit dem Tuch über die Haare, als sie ihn unglücklich ansah.

„Früher hat er immer einen Weg gefunden, obwohl Deidre es auf ihn abgesehen hatte.“ Sie schluckte schwer. „Er kennt mich doch, also weiß er genau, dass ich ihn niemals verrate.“

Nachdenklich zog er sich einen Stuhl heran, um sich neben sie zu setzen. „Du bist erwachsen geworden, meine Kleine. Das Kind von damals hat sich verändert. Ich verstehe, dass er vorsichtig ist.“ Liebevoll streichelte er ihr über die Haare. „Denk daran, dass Giordyn hilflos mit ansehen musste, wie man dir wehgetan hat.“

„Weshalb ist er verschwunden? Er hätte alles aufklären können.“ Verzweifelt kämpfte Abigail gegen die Tränen an.

Cameron drückte sie an sich. „Wahrscheinlich, um dich zu schützen, aber ich kann es auch nur vermuten." Zärtlich wischte er ihr eine Träne von der Wange, die sie nicht länger zurückhalten konnte. „Gib ihm ein wenig Zeit, Ealan."

Kurz sammelte sie Kraft in seiner Umarmung, ehe sie die Schultern straffte. „Ich sollte so langsam arbeiten, immerhin habe ich schon zwei Fehltage." Sie riss sich mit Gewalt zusammen, was ihm auffiel, trotzdem ließ er sie gewähren. „Am Wochenende hole ich die Fehlzeiten nach, versprochen."

Lächelnd schüttelte er den Kopf. „Das glaube ich kaum." Mit den Worten zog er drei Fahrkarten aus der Tasche. „Es sei denn, du ziehst es vor, den Bürokram zu erledigen, anstatt mit dem Hogwarts-Zug zu fahren."

„Du bist unmöglich." Dankbar schlang sie ihre Arme um seinen Hals und küsste ihn mit der gesamten Liebe, die in ihr war. „Danke."

Jetzt stürzte sie sich erst recht in ihre Arbeit, fest entschlossen, alles aufzuarbeiten, was liegen geblieben war.

Zu ihrem Leidwesen zeigte sich Giordyn auch auf ihrem Heimweg nicht, genauso wenig wie am kommenden Tag.

„Lenkst du mich bitte ab, mein Laird?", bat sie am Freitagabend. „Ich bin aufgeregt, weil wir morgen mit DEM Zug fahren, gleichzeitig fühle ich mich hoffnungslos. Mein Großvater ist verschwunden." Traurig schluckte sie.

Cameron nahm sie fest in die Arme. „Gerne, wie kann ich dir helfen?"

„Zeig mir meinen Platz."

Die Antwort kam wie aus der Pistole geschossen, trotzdem musterte er sie einen Moment nachdenklich. „Sicher, dass du jetzt eine Session haben willst?"

„Ja, nur so bin ich in der Lage, loszulassen." Sie hielt seinem Blick stand, dabei versuchte sie, zu erkennen, ob er sie verstand.

Lächelnd erhob er sich, reichte ihr eine Hand, um sie von der Couch zu ziehen, ehe er sie ins Schlafzimmer brachte.

„Setz dich, ich suche zusammen, was ich brauche." Zärtlich musterte er sie, anschließend ging er zum Schrank, in dem er herumkramte.

Abigail konzentrierte sich darauf, sich nicht von ihren negativen Gefühlen leiten zu lassen, was ihr enorm schwerfiel. Ständig musste sie gegen die Angst ankämpfen, dass sie ihren Großvater nie wiedersah. Andererseits stellte sie sich die Frage, weshalb er ihr bis nach Schottland gefolgt war.

„Bist du bei mir?"

Camerons warme Stimme riss sie aus ihren Grübeleien und sofort schenkte sie ihm ein Lächeln. „Ja, immer, mein Laird."

Schmunzelnd schüttelte er den Kopf. „Das war eine glatte Lüge, aber ich verstehe dich." Achtlos legte er die Utensilien auf den Boden, nahm ihre Hände, um sie zu sich zu ziehen. Einen langen Moment sah er ihr nur in die Augen, fesselte sie mit seinem Blick, gab ihr auf diese Weise Halt.

Abby ließ sich verzaubern, konzentrierte sich nur noch auf ihren faszinierenden Gefährten. Nur er schaffte es, dass sie ihre Umwelt komplett vergaß. Es kam ihr vor, als ob die Zeit stillstehen würde.

Nach einer Weile griff er ihr ins Haar, zog ihren Kopf in den Nacken, bevor er sie besitzergreifend küsste. Mit sanfter Gewalt drang er in ihren Mund ein, kostete ihren berauschenden Geschmack, gleichzeitig nahm er sie mit auf eine leidenschaftliche Reise.

Zuerst umspielte er ihre Zungenspitze, stieß sie spielerisch an, nur um ständig fordernder zu werden. Er raubte ihr den Atem, sorgte dafür, dass sie alles andere vergaß und sich ihm hingab.

Abigail ging gerne auf seine Verführung ein, drängte sich eng an ihn, genoss es, dass er sie in der Position hielt, in der er sie haben wollte. Hier in seinen Armen durfte sie schwach sein, denn er beschützte sie, immer.

Leise stöhnend kam sie ihm entgegen, duellierte sich mit ihm auf die schönste Weise, bis sie kapitulierte.

Atemlos beendete er den Kuss, ließ ihre Haare los, bevor er seine Hände unter ihren Pullover schob. Mit den Fingerkuppen streichelte er sie, berührte die Nippel durch den BH, bis sie sich verhärteten. Erst jetzt zog er ihr den Pulli aus, öffnete ihre Jeans, um sie ihr abzustreifen. Kurz dachte er darüber nach, ihr in Zukunft zumindest das Höschen zu verbieten, doch das verwarf er sofort wieder. Solche Aktionen wirkten viel besser, wenn sie nicht daran gewöhnt war.

„Du bist wunderschön, Ealan“, raunte er ihr zu, während er sie begierig betrachtete. In ihren Augen erkannte er die gleiche Liebe, die auch ihn fast überwältigte. Noch einmal raubte er ihr einen schnellen Kuss, bevor er ihr die Unterwäsche auszog.

Abby unterdrückte den Drang, sich irgendwie zu bedecken, stattdessen hielt sie seinem Blick stand. Konzentrierte sich darauf, ihm ins Gesicht zu schauen.

„Leg dich aufs Bett.“ Er gab ihr einen sanften Schubs, gleichzeitig lächelte er sie liebevoll an.

Sofort gehorchte sie, zumal es zwischen ihren Schenkeln bereits enorm kribbelte.

Mit einem süffisanten Lachen drehte er sie auf den Bauch, zog ihre Hände auf den Rücken, wo er sie fesselte. Ihre Fußgelenke band er ebenso aneinander, anschließend knotete er die beiden Seile zusammen. Zufrieden betrachtete er seine Gefährtin, die sich im Hogtie befand. In der Situation war sie ihm hilflos ausgeliefert, was sein Kopfkino auf Hochtouren brachte. Heute wollte er sich Zeit nehmen, ihr die Auszeit schenken, die sie dringend brauchte.

Langsam strich er mit den Fingerkuppen über ihre Haut, berührte leicht ihre erogenen Stellen, was ihm ein frustriertes Seufzen einbrachte. „So ungeduldig, meine Kleine?“ Seine Stimme klang amüsiert. „Soll ich dich etwa jetzt schon kommen lassen?“

„Nein, ich möchte die Session genießen, mein Laird.“ Sie hörte sich angespannt an, was nicht nur daran lag, dass sie ihr Gesicht ins Kissen presste. In ihr tobte eine Sehnsucht, die ihren Mund trocken werden ließ.

„Gut, das hatte ich auch nicht vor.“ Leise lachend zwickte er sie in die Nippel, wobei er seine Hand unter ihren Leib schob. „Schade, dass ich vergessen habe, dir Klammern anzulegen.“ Er tat so, als ob ihm das erst in dem Augenblick auffallen würde, dabei hatte er die Schmerzen von vorneherein gering halten wollen.

Noch einmal drückte er ihre Brustwarze zusammen, bis sie die Luft ausstieß, anschließend streichelte er über ihren Rücken.

Abigail hätte am liebsten geschnurrt, es fühlte sich so verdammt gut an, leider konnte sie sich ihm kaum entgegenbiegen. Trotzdem versuchte sie, sich so zu drehen, dass er besser an sie herankam. Ein harter Schlag auf ihren

Hintern sorgte dafür, dass sie zusammenzuckte, gleichzeitig stoppte er ihre Bewegungen.

„Bleib einfach ruhig liegen und genieße", befahl Cameron rau, auch ihn ließ das Spiel mit ihrer Lust keineswegs kalt. Noch einmal strich er über ihre Hinterbacken, nutzte seine Fingernägel, um ihr die ersten Spuren zu schenken, die natürlich augenblicklich wieder verblassten.

Vorsichtig schob er einen Finger in sie, nur um leise zu lachen. „Dir gefällt, was ich dir antue", stellte er fest.

„Ja, mein Laird, sehr sogar." Sie keuchte, als er erneut in ihre Weiblichkeit eindrang, gleichzeitig drückte sie sich ihm entgegen, soweit die Fesselung es zuließ.

Sofort zog er seine Hand zurück und ein scharfer Schmerz explodierte auf ihrem Po. „Ich habe dir gesagt, dass du ruhig liegen bleiben sollst", zischte er ihr zu.

Beschämt nickte sie. „Es fällt mir unheimlich schwer." Abigail holte tief Luft, schmiegte ihre Wange an das Kissen. Sie wollte ja gehorsam sein, nur schaffte sie es einfach nicht.

„Dann musst du dich etwas mehr anstrengen." Cameron verkniff sich ein Lächeln, stattdessen musterte er sie streng. „Vielleicht unterstützt dich der Rohrstock ein wenig."

Sofort sah sie ihn bittend an. „Ich weiß nicht, ob ich das heute ertrage."

In ihren Augen erkannte er deutlich, dass sie ihn auf keinen Fall enttäuschen wollte, aber unsicher war, ob sie das Schlaginstrument ablehnen durfte. Er hockte sich so, dass sie ihn direkt ansah, ehe er ihr Kinn in die Hand nahm. „Du sollst, nein, du musst mir sagen, wenn etwas zu viel wird. Egal aus welchem Grund, verstanden?"

Erleichtert stieß sie die Luft aus. „Der Gedanke an den Stock ängstigt mich mehr, als er mich erregt“, gab sie ehrlich zu. „Tut mir ...“, weiter kam sie nicht, weil Cameron ihr einen Finger auf die Lippen legte.

„Es ist in Ordnung, Abigail!“ Er küsste sie sanft, anschließend ließ er sie los, holte sich den Flogger, der vor dem Bett lag, und zeigte ihn ihr. „Ich habe mir schon gedacht, dass du heute keinen extremen Schmerz erträgst.“ Er streichelte sie mit den Lederstriemen, bevor er sie fast spielerisch schlug.

Abby entspannte sich, gleichzeitig konzentrierte sie sich auf ihre Gefühle, nahm das leichte Ziehen wahr, das sie noch mehr erregte.

Cameron betrachtete sie genau, nutzte alle seine Sinne, um sofort zu erkennen, wenn sie sich unwohl fühlte. Natürlich roch er, wie heiß seine Kleine war, sodass er ein wenig fester zuschlug. Für ihn kam es kaum darauf an, wie viel sie aushielt, wichtig war nur, dass sie es für ihn tat. Darüber hinaus wollte er, dass sie beide ihren Spaß hatten.

Ein paar Mal ließ er den Flogger auf ihrer Rückseite auftreffen, dabei zielte er geschickt zwischen die Seile. Immer wieder stöhnte sie lustvoll auf, doch das reichte ihm noch nicht. Vorsichtig schob er ihre Knie auseinander, rieb mit dem Zeigefinger über ihre Klitoris, anschließend holte er den Vibrator.

Abby schrie leise auf, als die Stimulation sie unvorbereitet traf. Sofort spürte sie, dass die Nässe aus ihr heraussickerte, gleichzeitig tat es so unendlich gut. Seufzend stieß sie die Luft aus, bemühte sich keine Bewegung zu machen, was ihr einiges abverlangte.

Eine ganze Weile trieb Cameron sie in den Wahnsinn, hielt das Toy an ihre intimste Stelle, nur um es kurz vor ihrem Orgasmus wegzuziehen. Sein innerer Sadist jubelte bei jedem enttäuschten Laut, den seine Kleine von sich gab. Ab und zu legte er auch den Freudenspender zur Seite, um ihr neue Striemen zuzufügen, wobei er sich jetzt kaum mehr zurücknehmen musste. Ihre gesamten Reaktionen zeigten ihm, dass sie sich nach dem leichten Schmerz sehnte, dazu kam, dass er ihre Erregung deutlich roch.

Immer wieder trieb er sie auf ihre Erlösung zu, nur um im entscheidenden Moment zu stoppen oder sie mit einem Schlag zu belohnen.

Abby hatte die Lider fest geschlossen, nahm die lustvolle Tortur tief in sich auf. Sie genoss es, dass sich ihr Liebster so intensiv um sie kümmerte, außerdem liebte sie den Lustschmerz. Der Tanz auf der Klippe sorgte dafür, dass sie alles andere für den Augenblick vergaß und sich komplett auf ihre Emotionen konzentrieren konnte.

Immer wieder schrie sie vor Lust auf, gleichzeitig hatte sie das Gefühl platzen zu müssen, sollte er ihr die Erlösung erneut vorenthalten. Bittend sah sie ihn an, erntete allerdings nur ein sadistisches Lächeln. Ihr war bewusst, dass sie ihren Wunsch lediglich aussprechen musste, aber so weit war sie noch nicht.

Als ihr Hintern wunderschön rot leuchtete und einige Striemen aufwies, legte Cameron den Flogger zur Seite. Noch einmal verwöhnte er seine Kleine mit dem Vibrator, trieb sie bis kurz vor den Höhepunkt, ehe er das Toy ausschaltete.

Abigail sah ihn entsetzt an, doch ehe sie etwas sagen konnte, streifte er sich die Kleider vom Körper, anschließend drehte er sie so, dass sie mit dem Unterkörper am Bettrand lag.

Blitzschnell löste er die Seile, bevor er mit einem harten Stoß in sie eindrang. Jetzt war er an einem Punkt, an dem er es keine Sekunde länger schaffte, sich zurückzuhalten. Immer wieder versenkte er sich tief in ihr, holte sich an ihrem willigen Leib, was er brauchte, gleichzeitig achtete er darauf, dass auch sie auf ihre Kosten kam.

Abby drückte sich ihm entgegen, krallte sich in das Laken, um einen Halt zu haben. Sie war so erregt, dass sie keinen klaren Gedanken mehr fassen konnte. Leise stöhnte sie, trieb ihn mit ihren lustvollen Geräuschen weiter an.

„Befriedige dich", raunte er ihr plötzlich ins Ohr, dabei packte er ihre Hüften, um noch tiefer eindringen zu können.

Das ließ sie sich kein zweites Mal sagen, vergessen war jede Scham, in diesem Augenblick zählte es nur die pure, heiße Gier. Eilig schob sie eine Hand unter ihren Körper, spreizte vorsichtig die Schamlippen, um besser an ihre Klitoris zu kommen. Fest massierte sie ihren Lustpunkt, während ihr geliebter Wolf immer wieder in sie stieß.

Ihr Herz raste, in ihr pulsierte die Lust, trotzdem versuchte sie, den Orgasmus hinauszuzögern, es fühlte sich einfach zu gut an. Nach einigen lustvollen Minuten verlor sie den Kampf, sodass sie mit einem leisen Schrei den Höhepunkt erreichte.

Zufrieden ließ sich jetzt auch Cameron gehen, tief in ihr verströmte er sich, wobei sich ein Glücksgefühl in ihm ausbreitete, das er so nicht kannte. Seine Kleine war eine ganz besondere Frau und sie gehörte ihm!

~~°~~

„Ich freue mich total auf die Fahrt mit dem Zug." Abigail hatte sich geduscht und kuschelte sich jetzt dicht an ihren Gefährten. Energisch schob sie die Sorgen von sich, sie war kaum in der Lage, etwas an der Situation zu ändern, sollte Giordyn beschließen, weiterhin unsichtbar zu bleiben. „Aber ich kämpfe auch gegen mein schlechtes Gewissen an", beichtete sie ihm.

Sofort besaß sie seine volle Aufmerksamkeit. „Weshalb? Ich versichere dir, dass ich extra die zweite Klasse gebucht habe." Cameron konnte sich darauf keinen Reim machen. „Hättest du gerne ein eigenes Abteil gehabt?"

Energisch schüttelte sie den Kopf. „Nein, es reicht mir ein Sitzplatz oder sogar ein Stehplatz." Sie lachte, allein die Vorstellung, in dem berühmten Zug mitfahren zu dürfen, löste ein Glücksgefühl in ihr aus. „Ich wollte am Wochenende die zwei Tage aufarbeiten. Immerhin gibt es für mich noch keinen Anspruch auf Urlaub." Verlegen vergrub sie ihr Gesicht an seiner Brust, weil sie seine Antwort bereits ahnte.

„Ealan, was soll ich nur mit dir machen?" Cameron zwang sie, ihn anzusehen. „Du bist meine Gefährtin, du bräuchtest nicht mal zu arbeiten. Darüber hinaus hat jeder meiner Angestellten das Recht, seine Angelegenheiten zu regeln. Es ging kaum darum, dass du keine Lust auf den Bürokram hattest, aye?"

„Nein, im Gegenteil, mir macht es richtig Spaß, dein Büro auf Vordermann zu bringen." Sie seufzte. „Es sind noch so viele von meinen alten Bedenken in mir. Ich kämpfe täglich mit der Angst, dass du schon bald die Nase voll von mir hast."

Jetzt lachte er laut auf, gleichzeitig zog er sie fest an sich. „Das wird niemals passieren. Seelengefährten bleiben ein ganzes Leben zusammen, manchmal auch darüber hinaus."

Neugierig sah sie ihn an. „Wie das?"

Er überlegte kurz. „Vor vielen Jahren haben die Menschen Magie wirken können, damals lebten die verschiedenen Völker in Frieden. In einigen wenigen Fällen beschützten sie sich sogar gegenseitig. In Irland gab es einen Stamm von Kriegerinnen, die als Wächter über die Elben galten. Gleichzeitig bezeichnete man sie als die Hüterinnen ihres Landes. Sie wirkten Schutzmagie, um die grüne Insel zu schützen." Er sammelte sich noch einmal. „Eine der Amazonen war Aileen. Man würde heute sagen, dass sie der Bodyguard der Elbenkönigin war. Doch man hat ihr böse mitgespielt. Die Elbin stellte sie vor die Wahl zwischen ihrer wahren Liebe und der Loyalität zur Königin."

Entsetzt stieß Abby die Luft aus. „Das habe ich gelesen, man behauptet, dass es ein Mythos ist. Es ging um Saoirse, richtig? Sie hat daraufhin einen Drachen auf die Menschen losgelassen."

„So ganz stimmt das nicht. Es war ein Gestaltwandler und der Gefährte von Aileen. Sie war loyal bis zum Tod, sodass sie sich in das Drachenfeuer, das Saoirse treffen sollte, geworfen hat. Dragomir, der Drachenwandler, wollte die Elbin töten, die seine Gefährtin bedrohte, stattdessen hat er seine Dualseele umgebracht. Vor Schmerz wahnsinnig ist er über alle hergefallen, die ihm in die Quere kamen." Traurig seufzte Cameron. „Zum Glück konnten sie sich in einem anderen Leben wiederfinden, somit hat die Geschichte ein kleines Happy End."

„Du warst aber nicht dabei, oder?" Vorsichtig betrachtete Abby ihren Schatz, ob sie wieder eine alte Wunde aufgerissen hatte.

Cameron lächelte „Nein, David hat mir von der Sache erzählt, weil er einem Gestaltwandler helfen musste, dessen Vorfahren in die Vorgänge verstrickt waren. Es hatte ein riesiges Nachspiel für die Wölfe von Skibbereen.“ Er gähnte. „Das soll mein Cousin dir besser selbst erzählen, ich erinnere mich nur an Bruchstücke.“

„Ich frage ihn auf jeden Fall, denn das klingt spannend, außerdem liebe ich Geschichten mit Happy End.“ Sie schmiegte sich an seine Seite. „Wir sollten schlafen, immerhin fahren wir morgen nach Hogwarts, um unser Dasein als Muggel hinter uns zu lassen.“ Sie kicherte leise, ehe sie in das Traumland driftete.

Cameron betrachtete sie glücklich, nie hätte er gedacht, dass seine Gefährtin dermaßen perfekt sein würde. Natürlich überlegte er, wie er ihr helfen könnte, ihren Opa zu finden, doch da mussten sie auf die Zeit hoffen. Auch bei den Gestaltwandlern gab es keine Pflicht sich irgendwie zu registrieren, sodass es verdammt schwierig war, seine Spur aufzuspüren. Zu allem Überfluss war sein Nachname in Schottland so verbreitet, dass er kaum half.

Kapitel 20 - Zugfahrt

Am nächsten Tag wachte Abby schon im Morgengrauen auf und sofort musste sie an ihren Opa denken. Ob er sich heute zeigen würde? Leise stand sie auf, schlüpfte in einen Schlafanzug, schlich sich aus dem Schlafzimmer, zog sich einen Mantel über, bevor sie aus dem Haus ging.

Hoffnungsvoll suchte sie die umliegenden Bäume ab, erkannte aber keinen einzigen Umriss irgendeines Vogels. Es war dumm von ihr, es überhaupt zu versuchen, jetzt im Zwielicht könnte sie ihn so oder so nicht sehen, selbst, wenn er sich in der Nähe aufhielte. „Du bist in Sicherheit, niemand will dir etwas tun", murmelte sie. Wahrscheinlich war das der Grund, weshalb er sich sogar vor ihr versteckte, die Angst vor den Wächtern.

„Hey, hast du den Raben gesehen?"

Die Stimme von Bea riss sie aus ihren Gedanken, sodass sie erschrocken zu ihr herumfuhr. „Nein, leider nicht." Abby lächelte sie an. „Ich verhalte mich ziemlich dämlich, oder?"

„Nope, ganz im Gegenteil. Ich würde es genauso machen." Bea umarmte sie. „Es ist verständlich, dass man seine Familie treffen möchte."

„Du änderst deine Meinung bestimmt, sobald du weißt, dass ich lediglich einen Pyjama unter dem Mantel trage." Ihre Wangen färbten sich rot, doch den Umstand sah die Wölfin gleich ohnehin.

Beatrice lachte laut auf. „Wenn das das Verrückteste ist, was du jemals getan hast, bist du ein Waisenkind gegenüber dem, was ich so anstelle."

„Das stimmt, aber ihr solltet reinkommen, die Nachbarn werden langsam neugierig." Cameron stand mit verwuschelten Haaren in der Tür. „Was machst du eigentlich so früh hier?" Er sah bezeichnend auf seine Armbanduhr, bevor er Bea musterte.

„Ich wünsche dir auch einen schönen Tag, lieber Cameron. Ich kann es kaum abwarten, mit der alten Lok zu fahren." Bea umarmte ihn stürmisch. „Ich bin dir so dankbar, außerdem bin ich aufgeregt, deshalb konnte ich nicht länger schlafen." Sie hakte sich bei Abby ein und gemeinsam gingen sie ins Haus.

Verlegen lachend zog Abigail den Mantel aus, ehe sie schnell ins Schlafzimmer lief. Vorhin hatte sie keine Sekunde darüber nachgedacht, was sie da tat, jetzt war es ihr enorm peinlich. Eilig suchte sie ihre Sachen für den Tag zusammen, anschließend huschte sie ins Bad.

„Ich bin so aufgeregt." Bea strahlte Cameron an. „Total doof, ich hätte schon seit Jahren mit der Lok fahren können."

„Stimmt, aber offensichtlich gab es wichtigere Dinge für dich. Außerdem ist der Hype erst mit den Filmen gekommen." Er lächelte sie verständnisvoll an, dabei stellte er eine Tasse Tee vor sie hin. „Ich freue mich, dass du mitkommst. Ganz abgesehen davon, dass Abby eine Freundin gerade jetzt gut brauchen kann."

„Ja, die Sache mit ihrem Opa nimmt sie sehr mit." Bea trank einen Schluck von ihrem Tee. „Gibt es irgendwas, was wir tun können? Ich meine, außer sie abzulenken?"

Langsam schüttelte Cameron den Kopf. „Mir fällt absolut nichts ein. Giordyn denkt wahrscheinlich, dass die Wächter ihn hinrichten, sobald er sich blicken lässt. Immerhin hat er es geduldet, dass die Geheimhaltung missachtet wurde." Er seufzte.

„Das ist so ein Mist, nach so vielen Jahren werden immer noch Gruselgeschichten über David und seine Jungs erzählt." Wütend verzog Bea das Gesicht. „Das Gesetz wurde geändert, seitdem hat jeder die Chance sich zu verteidigen. Außerdem hatte er gute Gründe." Sie stieß empört die Luft aus. Weshalb verhielten die Paranormalen sich so engstirnig?

„Beruhige dich, kleine Kämpferin, du kannst ein Umdenken genauso wenig erzwingen wie die Gerechtigkeit." Cameron schmunzelte, zumal bekannt war, dass die Patentochter seines Bruders sich für das Recht einsetzte. „Ich denke, dass er sich bei ihr melden wird, sobald es für ihn passt."

„Ich hoffe nur, dass das bald ist. So langsam verliere ich die Hoffnung." Abby betrat gerade die Küche, sodass sie seinen letzten Satz gehört hatte. Sie schnappte sich seinen Tee, lächelte ihn über den Rand der Tasse an und setzte sich zu Bea. „Ist es möglich, dass wir das Thema bitte für heute ausschließen? Es bringt uns allen nichts, wenn wir über Dinge diskutieren, die wir nicht beeinflussen können."

Sofort stimmten die beiden anderen ihr zu.

„Sollen wir los?" Aufgeregt rutschte Bea auf ihrem Platz herum.

Cameron lachte laut auf. „Dann wären wir gute zwei Stunden zu früh und das alte Fort haben wir bereits angesehen."

Verlegen senkte die Wölfin den Blick. „Ich benehme mich wie ein kleines Kind, ich weiß."

Abby legte die Hand auf ihren Arm. „Mir geht es doch genauso. Immerhin fahren wir zum ersten Mal nach Hogwarts. Wir lassen die Muggelwelt hinter uns."

Die Frauen lachten laut los, während Cameron schmunzelnd den Kopf schüttelte. Rasch deckte er den Tisch. „Ohne Frühstück verlässt niemand das Haus", bemerkte er im Tonfall des strengen Vaters, woraufhin die beiden leise kicherten.

Fröhlich frühstückten sie, dabei unterhielten sie sich über die berühmten Bücher, bis Abigail eine Frage in den Sinn kam.

„Gibt es Zauberer und Hexen eigentlich wirklich?" Gespannt sah sie von einem zum anderen.

„Aye, es existieren ein paar Menschen, die sich noch gut an ihre Kräfte erinnern." Cameron biss in sein Marmeladenbrot.

„Leider ist sehr viel Wissen während der Zeit der Hexenverbrennungen verloren gegangen." Bea seufzte leise. „Oft ging es gar nicht um Hexerei, sondern um Neid, was die Sache um einiges schlimmer machte."

Dem stimmte Abigail aus ganzem Herzen zu. Weshalb lehnte ihre Art alles ab, was ihnen fremd vorkam? Gut, es gab auch die berühmten Ausnahmen. „Ist es möglich, das Hexen zu erlernen?"

Die beiden Gestaltwandler zuckten mit den Schultern.

„Das wissen wir nicht. Sollte es so sein, wird die Hexenwelt kaum damit hausieren gehen." Cameron ahnte bereits, was im Kopf seiner Liebsten vorging. „Du bist gut so, wie du bist, Ealan. Es besteht kein Grund, etwas zu lernen, mit dem du dich locker umbringen kannst." Eindringlich musterte er sie.

„Es würde mich aber ein bisschen mehr zu einem von euch machen", protestierte sie. „Irgendwie war ich immer die Außenseiterin."

„Vielleicht ist es möglich, dass ein Biss von ihm, dich in einen vollständigen Gestaltwandler verwandelt. Du solltest mit Gerry, dem Arzt der Wächter, sprechen“, riet Bea ihr, woraufhin Cameron leise grollte.

„Ich gehe absolut kein Risiko ein, dass das klar ist.“ Er schüttelte ärgerlich den Kopf. „Du bist die Tochter eines Wandlers, reicht das nicht?“

Abigail öffnete bereits den Mund, um ihm zu widersprechen, entschied sich dann allerdings anders. Heute wollte sie die Diskussion nicht führen, dazu freute sie sich zu sehr auf die Fahrt mit dem Zug. „Wohin fahren wir eigentlich wirklich?“ Mit der Frage wechselte sie geschickt das Thema.

„Nach Mallaig an die Küste. Von dort aus kommen die meisten Touristen mit der Fähre zu den verschiedenen Inseln.“ Cameron lächelte sie an, gleichzeitig ging er gerne auf den Themenwechsel ein. Ihm graute davor, sie beißen zu müssen, weil die Risiken in ihrem Fall unbekannt waren.

Endlich klatschte Cameron in die Hände, nachdem sie gemeinsam den Tisch abgeräumt hatten. „Los geht es, Mädels. Auf nach Hogwarts.“

Lachend schnappten sie sich ihre Jacken, denn obwohl die Sonne schien, war es recht kühl. Anfang April durfte man kaum etwas anderes erwarten, immerhin lebten sie in Schottland.

Abigail lächelte vor sich hin, als ihr bewusst wurde, dass sie den Monatswechsel gar nicht wirklich mitgekommen hatte. Gedanklich befand sie sich noch im März.

Die Fahrt nach *Fort William* zog sich in die Länge, weil die Frauen extrem aufgeregt waren. Wie die kleinen Kinder quengelten sie, auch um Cameron ein wenig zu ärgern, doch der spielte den gestrengen Vater perfekt.

Lachend stiegen sie aus, gingen zum Bahnhof, wo Abby erneut den Zug bewunderte. Eilig zog sie das Handy aus der Tasche, den Moment wollte sie unbedingt mit Ava teilen.

„Guten Morgen, steht ihr in Schottland immer so früh auf? Besonders am Wochenende?“, neckte die Freundin sie.

Abigail kicherte. „Es ist gleich zehn Uhr, du Schlafmütze. Es gibt so viele tolle Sachen, die erlebt werden wollen.“

Bei der Ansage stutzte Ava, denn in der Vergangenheit musste sie Abby fast mit Gewalt aus ihrer Wohnung zerren. „Dein Cameron hat einen wirklich super Einfluss auf dich.“

„Oh, ja, du wirst nicht erraten, was er heute für Bea und mich organisiert hat.“ Sie wartete einen Moment ab, war jedoch zu aufgeregt, um Ava tatsächlich raten zu lassen. „Wir fahren nach Hogwarts!“

„Du nimmst mich auf den Arm. Echt jetzt? Ich gönne es dir von Herzen, Liebes, aber ich bin neidisch.“

Glücklich schmunzelte Abigail. „Du kommst schnellstmöglich her und wir unternehmen die Reise noch einmal. Die Lok sieht so toll aus, ich kann es kaum erwarten, dass es losgeht. Das musst du einfach erleben.“

„Wir müssen einsteigen, Ealan“, erklang in dem Moment Camerons Stimme hinter ihr.

„Du hörst es. Ich schicke dir ganz viele Bilder. Bis bald.“

„Viel Spaß! Du hast es verdient.“

Damit war die Leitung tot, woraufhin Abby zusammen mit ihren Begleitern einstieg.

Die zweite Klasse überraschte sie, denn auch hier waren die Sitze mit Stoff bezogen und so angeordnet, dass sich immer zwei Leute gegenübersaßen. Somit hatte man fast das Gefühl, sich in einem geschlossenen Abteil zu befinden. Der vierte Platz in ihrer Nische blieb frei, sodass sie sich ungestört unterhalten konnten. Zwischen ihnen stand ein Tisch, auf den Cameron jetzt den Tee stellte, den er noch schnell besorgt hatte.

Mittlerweile schien die Sonne von einem strahlend blauen Himmel, was für die Jahreszeit absolut ungewöhnlich war.

Abigail und Bea saßen am Fenster, damit sie in der Lage waren, die Landschaft zu bewundern, denn Cameron würde mit seiner Größe die Sicht versperren.

Eifrig studierten sie die Prospekte, in denen aufgezählt wurde, was sie auf der Fahrt erwartete. Ein Highlight stellte natürlich der Loch Shield dar, der in einigen Harry-Potter-Filmen vorkam, unter anderem flog Harry mit dem Hippogreif über den See. Außerdem kamen sie an der Insel vorbei, die auch als Dumbledores Grab bekannt war.

Ein lautes Tuten kündigte den Start der Tour an, kurz danach schnaufte die Lok los.

Amüsiert betrachtete Cameron seine Gefährtin, die sich die Nase an der Scheibe plattdrückte, obwohl sie zuerst nur die Ausläufer von *Fort William* zu sehen bekam.

„Schau mal, wie toll!“ Abby deutete auf ein paar Einwohner, die sich an einer Schranke aufgestellt hatten, um selbstgemachte Schilder hochzuhalten. Darauf stand, dass sie ihnen viel Spaß wünschten und einen wundervollen Tag. „So etwas gibt es auch nur in Schottland“, schwärmte sie.

„Ja, unsere Leute sind besonders“, stimmte Bea ihr zu, die eifrig winkte.

Es ging durch das Hochland, vorbei an Seen, Bergen sowie einer bezaubernden Landschaft, die von der Sonne in das richtige Licht gesetzt wurde. Karge Landstriche wechselten mit kleinen Ortschaften ab, woran Abigail sich einfach nicht sattsehen konnte.

Erst als eine Zugbegleiterin mit einem Servierwagen zu ihnen kam, schaffte sie es, ihre Augen von der Umgebung abzuwenden.

„Möchtet ihr vielleicht etwas Süßes?“ Die Frau deutete lächelnd auf verschiedene Süßigkeiten, unter anderem gab es Schokofrösche und Berti Botts Bohnen in allen Geschmacksrichtungen. Allerdings hatte sie auch sonst eine Menge toller Sachen auf dem Wagen.

„Wir nehmen drei Frösche, drei Packungen Bohnen ...“, begann Cameron, wurde aber von Abby gestoppt.

„Du musst uns nichts kaufen. Die Fahrt ist so schon ein absolutes Erlebnis.“ Sie lächelte ihn an, doch er schüttelte sanft den Kopf, ehe er weitere Sachen orderte. Unter anderem Untersetzer mit dem Hinweis auf Gleis 9 3/4.

Zum Abschluss gab es noch einen Kakao für jeden.

„Du bist verrückt.“ Abigail küsste ihn begeistert, nachdem sie die Schätze auf dem Tisch vor ihr begutachtet hatte. Eine DVD hatte er auch gekauft, die die gesamte Zugfahrt zeigte, teilweise von einer Drohne gefilmt.

„Du siehst den Zug ja kaum, während du drinsitzt“, erklärte er mit einem Lächeln.

Sie hielten an einem kleinen Bahnhof in Glenfinnan, kurz bevor sie den berühmten Viadukt erreichten. Hier erkundeten sie ein winziges Museum, erfuhren vom Viadukt-Trail, wo man die beste Sicht auf den Zug hatte, darüber hinaus gab es ein Hotel mitsamt Restaurant in Form eines Zugwagons.

Begeistert sah Abigail sich alles an, schoss jede Menge Fotos, die sie direkt an Ava weiterleitete. Auf diese Weise war die Freundin fast dabei.

Nach einer guten Dreiviertelstunde kamen sie an der bekannten Brücke an und der Zugführer stoppte. Er entließ den Dampf, fuhr ein Stückchen zurück, um wieder einige Meter nach vorne zu fahren, außerdem betätigte er das Warnsignal ein paar Mal.

Irritiert suchte Abby die Umgebung ab, ob es ein Hindernis geben würde, bis Cameron ihren Kopf drehte. Als sie aus dem gegenüberliegenden Fenster sah, konnte sie es kaum fassen. Auf dem Hügel, der direkt an die Brücke grenzte, saßen eine ganze Menge Leute. Alle winkten und viele hatten Stative aufgestellt, um den Zug zu fotografieren.

Eifrig winkten die Frauen zurück.

„Ihr wisst schon, dass die euch gar nicht sehen können, oder?“, bemerkte Cameron mit einem Schmunzeln, wofür er einen Schlag auf den Oberarm von Bea erntete.

„Das ist doch völlig gleich, du Spielverderber.“ Sie zwinkerte Abby zu, nur um noch heftiger zu winken.

Nach einer Weile ging es weiter und die kleine Gruppe unterhielt sich, hauptsächlich wieder über die Filme, bis Abigail die Luft anhielt. Sie hatte einen Blick auf die Küste erhascht. „Wow, was für eine Aussicht“, stieß sie hervor, dabei deutete sie auf das klare dunkelblaue Wasser.

Gerade erklommen sie eine Anhöhe, von wo sie auf die Meeresbucht sehen konnten. Im gesamten Zug kehrte Stille ein, weil alle wie gebannt auf die glitzernde blaue See sahen.

„Grandios“, flüsterte auch Bea, obwohl sie bereits mehrfach in Mallaig gewesen war.

Dem stimmte Abigail sofort zu, gleichzeitig überkam sie wieder das Gefühl, endlich zu Hause zu sein. Kurz ärgerte sie sich darüber, ihre Mutter nicht gefragt zu haben, wo genau sie geboren war, doch die Gedanken schob sie schnell zur Seite.

Sie nahm jedes Detail in sich auf, konnte gar nicht genug von dieser atemberaubenden Aussicht bekommen.

Der Zug hielt in der kleinen Hafenstadt, hier hatten sie zwei Stunden Aufenthalt.

„Was möchtet ihr unternehmen?“ Cameron blieb am Bahnsteig stehen, um die Frauen anzusehen.

„Eis essen und ans Meer gehen“, kam es wie aus der Pistole geschossen von beiden gleichzeitig, woraufhin sie in lautes Lachen ausbrachen.

Abigail drehte sich kurz zur Sonne, um die wärmenden Strahlen zu genießen. „Aber zuerst muss ich die dicke Jacke ausziehen. Ich hätte nie gedacht, dass es so schön wird.“ Sie schälte sich aus Winterjacke und Pullover.

„Es ist sehr unüblich für die Jahreszeit, das gebe ich zu. Doch, wenn Engel reisen ...“ Cameron ließ den Satz so stehen, legte jeweils einen Arm um die Schultern der Frauen, so ging er mit ihnen zu einem Café, das auch Eiscreme anbot.

Langsam schlenderten sie zum Strand, an den es viele andere Besucher gezogen hatte.

Abigail vergaß fast ihr Eis zu essen, während sie auf die Inseln sah. Wer brauchte schon das Mittelmeer, wenn man eine solche Aussicht hatte? Um direkt ans Wasser zu kommen, musste man über das steinige Ufer klettern, das das Meer im Laufe der Jahre glattgeschliffen hatte. Vorsichtig stieg sie über ein paar Steine hinweg, ehe sie sich in die Sonne setzte, dabei übersah sie völlig, dass Bea und Cameron ein Stück hinter ihr stehen geblieben waren.

In ihre Gedanken versunken saß sie dort, den Blick auf die Inseln gerichtet und genoss ihr Eis. Die Sonnenstrahlen wärmte sie angenehm, perfekter würde es kaum noch werden.

„Entschuldigen Sie bitte, ich glaube, Sie haben da etwas verloren."

Die Stimme eines älteren Mannes ließ sie hochschrecken. Mit einem Lächeln drehte sie sich um. Der Herr hielt ihr ein vergilbtes Foto hin, dabei sah er sie so eindringlich an, dass sie fast zurückgewichen wäre.

Sie betrachtete das Bild, auf dem ein junger, sehr hübscher Typ im Anzug zu sehen war. Ein seltsames Gefühl überkam sie, so als ob sie den Kerl kennen müsste, doch es fiel ihr niemand ein, der so aussah.

Gerade wollte sie bedauernd den Kopf schütteln, als ihr schlagartig bewusst wurde, wer da vor ihr stand: Giordyn.

Er hatte sich in all den Jahren zwar kaum verändert, trotzdem hatte sie etwas gebraucht, denn ihre Erinnerung zeigte ihn nur verschwommen.

Einen Moment betrachtete sie ihn stumm, Tränen brannten in ihren Augen, ihr Hals schnürte sich zu. „Opa", mehr brachte sie nicht heraus.

„Ja, meine Kleine." Er hob den Blick, lächelte sie liebevoll an und drückte ihr das Foto in die Hand. „Bis bald."

„Abby? Alles in Ordnung?" Camerons Stimme sorgte dafür, dass sie die Aufmerksamkeit von ihrem Großvater auf ihn lenkte. Als sie wieder zu ihm sah, war er schon verschwunden.

Besorgt musterte Cameron seine Gefährtin, gleichzeitig verfluchte er sich selbst, dass er sie alleine gelassen hatte. Er hatte die Gelegenheit genutzt, um eine weitere Überraschung für sie mit Bea zu besprechen, doch jetzt bemerkte er, wie sehr sie durch den Wind war. Beschützend zog er sie an sich. „Was ist passiert? Hat der Kerl dich belästigt?"

Sofort schüttelte sie den Kopf, während sie vorsichtig das Foto in die Hosentasche steckte. „Nein, ich möchte nicht darüber reden." Bittend sah sie ihm in die Augen. Ihr war klar, dass er David umgehend benachrichtigen würde, aber sie wollte zuerst mit ihrem Großvater alleine sprechen.

Bei der Aussage ging ihm ein Licht auf, was geschehen sein musste. „Er hat dich kontaktiert, aye?"

Abigail holte tief Luft. „Ich will dich nicht anlügen, Liebster, deshalb verweigere ich die Antwort." Natürlich war ihr bewusst, dass sie ihm damit zustimmte.

Bea kam zu ihnen, auch sie musterte Abby eindringlich. „Ich verstehe dich sehr gut, trotzdem bitte ich dich, David zu vertrauen. Er hat dir sein Wort gegeben, dass niemandem etwas passiert." Sie sprach ein wenig lauter, in der Hoffnung, das Giordyn sie hören konnte. Leider sahen sich einige Leute nach ihr um, was ihr einen Rüffel von Cameron einbrachte.

„Ihr tut, was ihr für richtig haltet, und ich mache das Gleiche." Sie lächelte beide an, denn damit war das Problem gelöst. Auf der einen Seite musste sie ihren Opa nicht verraten, andererseits würde David von einem ihrer Freunde informiert.

Cameron küsste sie liebevoll. „Das ist die beste Lösung, finde ich auch." Ohne weiter über das Thema zu sprechen, schlenderten sie am Strand entlang, bevor sie zurück zum Zug gingen.

Abigail fühlte sich glücklicher, als sie sagen konnte, in ihrer Hosentasche steckte das Foto ihres Vaters, davon war sie überzeugt. Außerdem hatte Giordyn sie offensichtlich nicht verlassen.

Auf der Rückfahrt betrachtete sie wieder die Landschaft, die auf der Seite der Gleise rauer, wilder aussah. Jetzt erkannte sie auch die Insel mit Dumbledores Grab deutlich. Mit jeder Meile, die sie zurücklegten, verliebte sie sich mehr in dieses unbezähmbare Land.

Kapitel 21 - Wanderung

Als sie in *Fort William* angekommen waren, erwartete Abby, dass Cameron sofort seinen Cousin benachrichtigte. Sie wunderte sich, dass er das nicht schon während der Zugfahrt erledigt hatte. Doch er überraschte sie, indem er die Frauen in einen gemütlichen Pub brachte.

„Der Tag schreit nach einem gebührenden Abschluss, findet ihr nicht?“ Er deutete auf die Karte, die eine Bedienung gebracht hatte. „Ein gutes Essen muss sein.“

Abigail lachte auf, zumal ihr der Magen knurrte. „Wir können auch nach Hause fahren, um gemeinsam zu kochen.“

Sofort begehrte er auf. „Nein, auf gar keinen Fall stellt sich jemand an den Herd. Etwas Luxus darf ruhig sein.“ Offen betrachtete er seine Gefährtin. „Außerdem haben wir einen Grund zu feiern, aye?“

Stumm nickte sie, ohne weiter auf das Thema einzugehen. In der Tat war die Hoffnung in ihr Herz zurückgekehrt. Ihr Großvater würde sich wieder bei ihr melden. Jetzt musste sie ihn nur lange genug treffen, um ihm von dem Versprechen der Wächter zu erzählen.

Sie bestellten Haggis, Fish and Chips und Shepards Pie, dazu gab es einen Cocktail für die Frauen, während Cameron sich ein Ale gönnte.

„Was haltet ihr davon, wenn wir morgen den Trail laufen?", schlug Bea vor, als sie auf ihr Essen warteten. „Wir müssen doch die Neuen begrüßen, wo wir ja keine Muggel mehr sind." Sie lachte laut auf.

Begeistert nahm Abby den Gedanken auf. „Du hast recht, wir sind ja auch mehr als herzlich aufgenommen worden." Sie kicherte, weil ihr Gefährte das Gesicht verzog.

„Welche Geister habe ich nur geweckt", murmelte Cameron, gleichzeitig unterdrückte er ein breites Schmunzeln. Ihm gefiel es, dass seine Kleine eine so blühende Fantasie besaß.

Bea klatschte, dabei hüpfte sie auf ihrem Sitz auf und ab. „Der Wetterbericht sagt Sonnenschein voraus." Sie musterte Abigail, nachdem sie ein Blick in ihr Handy geworfen hatte. „Du kannst nicht zufällig für schönes Wetter sorgen?"

Sofort hob die Angesprochene abwehrende beide Hände. „Ganz gewiss nicht. Damit habe ich kaum was zu tun." Sie überlegte einen Moment. „Meine Spezialität ist es, zu fühlen, ob in einem Gebäude oder an einem Ort etwas Schlimmes passiert ist. Manchmal klappt das auch mit der Absicht der Menschen." Lächelnd betrachtete sie ihre Freundin, es tat verdammt gut, so eine ungewöhnliche Fähigkeit auszusprechen, ohne direkt lächerlich gemacht zu werden.

„Das ist toll! So eine Gabe ist echt wertvoll." Bea strahlte übers gesamte Gesicht. „Wer will schon in einem Gemäuer leben, in dem jemand umgebracht wurde?"

So ganz stimmte Abigail ihr nicht zu, denn sie fand die Begabung ziemlich überflüssig, abgesehen von der Kleinigkeit, dass es bei Menschen, die ihr nahestanden, nur selten funktionierte.

„Wir sollten es in den nächsten Tagen mal ausprobieren, eventuell steckt mehr dahinter“, bemerkte Cameron nachdenklich. In der magischen Welt gab es keine unnötigen Fähigkeiten, daher vermutete er, dass sie vielleicht auch in der Lage war, verborgene Schätze zu finden oder Ähnliches.

Abigail verkniff sich einen Kommentar, noch war sie kaum bereit, zuzugeben, dass sie etwas beherrschte, was sonst niemand konnte.

Das Essen wurde serviert und Stille kehrte am Tisch ein, man hörte nur das Besteck klappern.

„Es ist schon seltsam, dass du als Engländerin Haggis magst“, bemerkte Cameron neckend.

Zuerst wollte Abby mit den Schultern zucken, doch dann erinnerte sie sich an Deidres Worte. „Findest du? Du vergisst, dass ich in Schottland geboren wurde. Damit bin ich wohl keine Sassenach, richtig?“ Triumphierend lachte sie auf, gleichzeitig fiel ein riesiger Stein von ihrem Herzen. Irgendwie hatte sie die Tatsache, dass sie keine Schottin war, immer gestört.

„Aye, das habe ich völlig vergessen, du bist ja eine von uns.“ Auch Cameron hatte die Information nur am Rande aufgenommen. Er hob sein Glas. „Slàinte mhath, auf die zurückgekehrte Gefährtin.“

Bea verdrehte kurz die Augen, stimmte dann aber in den Trinkspruch ein. „Schön, dass du wieder zu Hause bist.“

Bei den Worten musste Abby gegen die Freudentränen ankämpfen, so lange hatte sie sich fehl am Platz gefühlt. „Danke.“ Ihre Stimme klang belegt, gleichzeitig zwinkerte sie.

„Es ist in Ordnung, Gefühle zu zeigen, Ealan.“ Cameron legte eine Hand auf ihre, nachdem sie das Cocktailglas abgestellt hatte. „Du hast eine bescheidene Zeit hinter dir.“

Sie atmete zittrig durch. „Das ist es nicht. Ich habe mir immer gewünscht, Schottin zu sein. Im Geschichtsunterricht, als das Thema Jakobiten kam, stand ich als Einzige auf der Seite der Highlander. Niemand hat es verstanden, oft wurde ich angefeindet, wenn ich doch mal meine Meinung gesagt habe." Der Kloß in ihrem Hals behinderte sie am Sprechen, deshalb schluckte sie mehrfach. „Und jetzt, einfach so, gehöre ich hierher. Es gibt eine Gemeinschaft, die mich aufgenommen hat, so wie ich bin. Mit allen Macken." Sie wollte ihren Großvater erwähnen, stoppte allerdings schnell. Das Thema stellte für sie noch ein heißes Eisen dar. „Für mich ist ein Traum wahrgeworden, versteht ihr?"

„Oh, ja, es gab Zeiten, in denen ich im Ausland leben musste und ständig hatte ich Heimweh", gestand Cameron ehrlich. „Fremde Länder sind toll, aber die Heimat gibt es eben nur einmal."

Bea stimmte ihm nachdenklich zu. „Mir graut jetzt schon davor, wenn ich wegziehen muss." Sie schüttelte sich leicht, ehe sie schmunzelte. „Zum Glück bleiben mir noch ein paar Jahre."

Den Abend ließen sie gemütlich im Pub ausklingen, wo Abigail auch ein Ale probierte. Es schmeckte ihr sogar enorm gut, was sie nie geglaubt hätte. „Ich sollte aufpassen, dass ich nicht zu viel trinke", bemerkte sie mit einem Schmunzeln.

Irritiert sah Cameron sie an und Bea runzelte ebenso fragend die Stirn.

„Das letzte Mal bin ich mit einem echt heißen Musiker im Bett gelandet." Sie brach in lautes Lachen aus, in das die beiden anderen einstimmten.

Erst kurz vor Mitternacht machten sie sich auf den Heimweg. Zu Hause angekommen schlief Abigail an ihren Liebsten gekuschelt sofort ein. Der Alkohol zeigte seine Wirkung, außerdem wartete ein neues Abenteuer auf sie.

~~°~~

„Warum?" Abby zog sich die Decke über den Kopf, als sie am nächsten Morgen aufwachte.

Cameron lachte leise. „Da finde ich jetzt einige Antworten, aber ich habe keine Ahnung, was genau du wissen willst."

Gequält sah sie ihn an, als sie aus ihrem vermeintlichen Versteck hervorlugte. „Weshalb hast du mich nicht abgehalten, so viel zu trinken? Ich bin mir sicher, dass ich den Tag niemals überstehe."

„Ich bin dein Gefährte, nicht dein Erziehungsberechtigter, meine Kleine. Außerdem war es wunderschön, dich mal ausgelassen zu sehen. Komm schon, nach einer Dusche sieht die Welt bestimmt anders aus." Er zog ihr mit einem Ruck die Bettdecke weg. „Los, sonst verpassen wir die Ankunft des Zugs am Viadukt. Der Lokführer wird kaum auf uns warten."

Mit einem undefinierbaren Laut erhob sie sich, um sich im Badezimmer wieder in einen Menschen zu verwandeln.

In der Tat sorgte das warme Wasser dafür, dass sie sich zumindest fitter fühlte, außerdem ließen die Kopfschmerzen langsam nach. Sie schwor sich, nie mehr so viel Ale zu trinken, denn an den zwei Cocktails lag es wohl eher nicht.

Gerade als sie in die Küche gehen wollte, klingelte es und Bea kam hereingeschneit. Mitfühlend sah sie die Freundin an. „Du tust mir wirklich leid, Liebes. Wir Gestaltwandler haben das Problem in der Regel nicht, uns macht der Alkohol kaum etwas aus." Fröhlich plauderte sie darauf los, wofür Abby ihr dankbar war.

„Fluch und Segen", bemerkte Cameron, der ihre Bemerkung gehört hatte. „Einerseits ist es gut, andererseits schaffen wir es nur sehr selten, unseren Kummer zu ertränken." Er lächelte seine Gefährtin an. „Als du verschwunden warst, hätte ich einiges dafür gegeben, die Trauer für einen Moment im Rausch zu vergessen."

Abigail runzelte die Stirn. „Ehrlich? Ich tausche jederzeit mit dir." Sie schob den Karton mit den Cornflakes angeekelt von sich, stattdessen nahm sie dankbar eine Tasse Tee entgegen.

Viel zu schnell drängte Cameron zum Aufbruch, der Zug würde kaum auf sie warten, außerdem mussten sie erst noch zu dem Hügel laufen.

Gemeinsam stiegen sie in seinen Wagen, wobei sie beschlossen hatten, den Viadukt-Trail in die entgegengesetzte Richtung entlangzuwandern, um rechtzeitig vor Ort zu sein.

Auf der Fahrt dämmerte Abby vor sich hin, froh, dass Bea die Unterhaltung bestritt. Sie fühlte sich müde, verkatert und ein wenig überfordert, wenn sie daran dachte, dass sie in ihrem Zustand einer Wanderung zugestimmt hatte. Welcher Wahnsinn hatte sie eigentlich befallen? Über den Gedanken fielen ihr die Augen zu.

„Aufwachen, meine süße Schlafmütze."

Camerons Stimme klang leise an ihr Ohr, was sie lächeln ließ. Der Kater war verschwunden, sodass sie mutig die Lider öffnete. Sie standen auf einem kleinen Parkplatz, außerdem bemerkte sie, dass Bea bereits ausgestiegen war. Genüsslich streckte sie sich, zog ihren Gefährten zu sich, um ihn liebevoll zu küssen, anschließend verließ sie auch den Wagen.

Gemeinsam erklommen sie den Hügel, um am Bahnhof von Glenfinnan anzukommen. Die Sonne schien von einem strahlend blauen Himmel, was ihre Laune gleich noch einmal hob.

Es ging zwischen den Hotelwaggons hindurch einen Pfad entlang, der mit Brettern ausgelegt war und durch einen Wald führte. Die Vögel zwitscherten, die Luft war erfrischend, sodass Abby tief durchatmete.

Nach einem kleinen Tunnel begann der Aufstieg, bei dem sie sich ordentlich konzentrieren musste, da der Trail seinem Namen alle Ehre machte. Von einem gemütlichen Wanderweg, wie sie ihn eigentlich erwartete, war hier absolut keine Rede. Immer wieder kletterte sie über Felsen, die aus dem Boden ragten, lief in ausgewaschenen Rinnen und überquerte einmal sogar einen Bach, bei dem sie Trittsteine nutzte.

Die gesamte Wanderung bekam etwas von einem Abenteuer, denn so einen Weg war Abigail vorher noch nie gelaufen. Bis zu diesem Tag hätte sie fest behauptet, dass sie schlicht zu unsportlich wäre.

Als sie den höchsten Punkt des Trails erreichten, blieben sie stehen, um die Aussicht zu genießen. Ihnen bot sich ein Bild, das sie nicht annähernd beschreiben konnte, blauer Himmel spiegelte sich im Loch Shield, den sie am Ende des Hügels bewunderte. Die karge Landschaft der Berge bildete einen reizvollen Kontrast zu den Wäldern unter ihnen, sodass besonders Abby kaum genug von dem Anblick bekam.

Cameron legte beide Arme um sie, zog sie mit dem Rücken gegen seine Brust, auf diese Weise genoss er den Augenblick. „Das fehlt mir jedes Mal, wenn ich gezwungen bin, unsere Heimat zu verlassen“, flüsterte er ihr ins Ohr.

Oh, ja, sie verstand ihn sehr gut, zumal sie jetzt wusste, wonach sie sich in all den Jahren gesehnt hatte.

Bea kam zu ihnen. „Gibt es eigentlich ein schöneres Land als Alba?“ Sie nutzte bewusst den gälischen Namen für Schottland, denn hier oben schien die Zeit stillzustehen.

„Nein!“ Die Antwort gab Abigail wie aus der Pistole geschossen. Für sie kam es einem Stück Himmel gleich.

Langsam gingen sie weiter, wobei sie jetzt ihre Jacken auszogen, da die Sonne ihnen ganz gut einheizte.

Abby blieb immer wieder stehen, um Fotos für Ava zu schießen, aber auch um den Moment festzuhalten. Noch wusste sie nicht, wie es mit ihr und ihrem Großvater weiterging, doch sie klammerte sich an die Hoffnung, dass sie sich in absehbarer Zeit wiedersahen. Gerade als ihr der Gedanke durch den Kopf schoss, hörte sie das Krächzen eines Raben. Sofort suchte sie den Himmel nach dem Tier ab, wurde allerdings erst fündig, als sie auf einen nahestehenden Baum blickte. Lächelnd hob sie die Hand zum Gruß, dabei fühlte sie sich noch glücklicher. Es bedeutete ihr enorm viel, diesen Tag mit ihrem Opa zu teilen.

Auf dem Berghang gegenüber dem Viadukts standen oder saßen bereits etliche Menschen, die auf den Zug warteten, sodass die kleine Gruppe sich ein Plätzchen suchte, wo sie das Schauspiel gut sehen konnten.

Cameron breitete eine Decke aus, die auf der einen Seite eine Plastikbeschichtung hatte, damit sie keinen nassen Hosenboden bekamen, darüber hinaus zauberte er ein Picknick aus seinem Rucksack.

„Du denkst wirklich an alles, Liebling.“ Begeistert deutete Abby auf die Leckereien, ehe sie sich zu Bea und ihrem Gefährten setzte.

„Mir war bewusst, dass du kein Frühstück herunterbringen würdest, außerdem hatte ich gehofft, dass wir Zeit für eine Rast hier haben.“ Er zwinkerte ihr zu. „Das gehört zu einer Wanderung dazu, aye?“

„Auf jeden Fall.“ Bea schmunzelte, anschließend biss sie in ein Sandwich. „Zum Glück musste ich den Kram nicht schleppen.“ Sie lachte vergnügt.

Sie ließen sich das Essen schmecken, doch Abby schien etwas zu beschäftigen.

„Was ist los, Kleines? Hast du immer noch Kopfschmerzen?“ Besorgt musterte Cameron sie.

Langsam schüttelte sie den Kopf. „Nein, ich kämpfe mit einer Frage, die ich eigentlich nicht stellen will, die ich aber auch kaum zur Seite schieben kann.“ Sie atmete tief durch.

„Du möchtest wissen, ob ich David benachrichtigt habe, aye?“

Ihr Gefährte nahm es ihr ab, das Thema anzusprechen, woraufhin sie ihm dankbar zunickte.

„Ich habe ihm geschrieben, dass ich mich für Giordyn verbürge.“ Bei der Antwort keuchte Abigail entsetzt auf.

„Du kennst ihn doch gar nicht, trotzdem riskierst du dein Leben?“ Hin- und hergerissen sah sie ihn an. „Das heißt, dass du hingerichtet wirst, sollte er gegen die Geheimhaltung verstoßen, richtig?“

„Ja, das stimmt. Aber ich glaube fest daran, dass er nur aus Sorge um dich so gehandelt hat.“ Aufmerksam betrachtete er die Gegend, dabei fiel ihm ein Rabe auf, der unweit ihres Platzes auf einem Stein saß. Zum Glück hatten sie früher gerastet und waren nicht bis zum eigentlichen Hotspot gegangen. Hier warteten wesentlich weniger Menschen auf den Zug als ein paar Meter weiter, wie er aus Erfahrung wusste. „Ich hoffe, dass er mich bald aus der Verantwortung holt, indem er mit uns redet. Im besten Fall glaubt er uns, dass niemand ihm schaden will."

„Dafür bete ich auch", flüsterte Abigail, die gerade keine Ahnung hatte, was sie vom Verhalten ihres Gefährten halten sollte. In ihr tobten die unterschiedlichsten Gefühle, angefangen von Angst um ihren Freund bis hin zu unbändiger Freude, weil er so zu ihr stand.

„Der Zug kommt", rief Bea in dem Augenblick, während sie mit leuchtenden Augen auf die Brücke deutete.

Sofort richteten sie ihre Aufmerksamkeit in die Richtung, genossen die kleine Show, die ihnen geboten wurde, dabei winkten sie den Fahrgästen aufgeregt zu.

Nach einer guten Viertelstunde war das Spektakel vorbei, daher machten sie sich an den Abstieg. Auch hier gestaltete sich der Weg herausfordernd und wunderschön gleichzeitig. Unter dem Viadukt baten sie einen Passanten, ein Foto von ihnen zu machen, sodass sie ein Bild von dem Tag mit nach Hause nehmen konnten, auf dem sie gemeinsam zu sehen waren.

Abigail hätte einerseits die ganze Welt umarmen können, andererseits kämpfte sie gegen die Furcht an. Natürlich nahm sie nicht an, dass ihr Großvater ihren Freund opfern würde, aber kannte sie ihn wirklich? Was, wenn er aus Angst einen Fehler machte?

Sie liefen an einem Flüsschen entlang, das munter über bunte Steine plätscherte, ehe sie zu einem riesigen Parkplatz kamen, auf dem sogar Wohnmobile standen.

Kurzerhand beschlossen sie, dem Loch Shield ein anderes Mal einen Besuch abzustatten, stattdessen gingen sie in einem großen Bogen zum Auto zurück.

Auch dieses Mal ließ Cameron es sich nicht nehmen, die beiden Frauen zum Essen einzuladen, wobei er den Protest seiner Kleinen geflissentlich ignorierte.

Den Rest des Tages verbrachten sie im Garten des Cottages, wo sie die Sonne genossen.

„Sag mal, musstest du nicht letzte Woche zur Probe?" Bea sah ihn fragend an. „Ihr habt doch bestimmt bald einen Auftritt, aye?"

Augenblicklich hob Abigail den Kopf. „Du hast dich nicht wegen mir gedrückt, oder?"

„Gedrückt ist kaum das richtige Wort. Die Jungs haben Verständnis, dass der Besuch bei Deidre wichtiger war", beschwichtigte Cameron sie sofort. „Nächstes Mal bin ich wieder dabei und das eine Mal kommen sie schon ohne mich aus. Ihr vergesst gerade, dass unsere Leadsängerin eine Selkie ist. Sie verzaubert die Zuhörer von Natur aus." Er lächelte verschmitzt.

„Dann ist Chris so etwas wie eine Nixe?" Interessiert betrachtete Abby ihren Freund, ehe sie zu Bea sah.

„Das könnte man so nennen. Sie haben besondere Kräfte in der Stimme, wobei Chrissi zusätzlich ein wahnsinniges Talent besitzt. Sie hat viel dafür getan, um Sängerin zu werden." Bea blickte sie versonnen an, als sie an die Freundin dachte. „Sie ist darüber hinaus auch ein so liebenswerter Mensch. Ohne sie würde sich meine Mutter immer noch verstecken." Lächelnd winkte sie ab, als Abigail fragend die Stirn runzelte. „Ich erzähle dir die Geschichte gerne ein anderes Mal ausführlich. Jetzt muss ich leider los." Sie sah auf die Uhr, sprang auf und verabschiedete sich.

„Hab ich einen Fehler gemacht?" Fast ängstlich sah Abby ihr nach.

Cameron schüttelte beruhigend den Kopf. „Nein, Ealan, ihre Familie hat sich vorgenommen, jeden ersten Sonntag im Monat, Freunde zu einem Spieleabend einzuladen. Das wird Bea um keinen Preis der Welt verpassen.“ Er küsste sie liebevoll. „Es ist noch nicht so lange her, da hat ihre Mutter sich vor allen versteckt, weil sie sich nur teilweise verwandeln kann. In ihrer Wolfsgestalt bleibt immer etwas Mensch übrig und umgekehrt genauso. Chris hat dafür gesorgt, dass sie ihre Zurückhaltung aufgibt. Aber das soll Bea dir selbst erzählen.“

Mit der Begründung gab Abby sich gerne zufrieden, zumal sich ihr Eindruck von der Sängerin gerade bestärkte.

Als es kühler wurde, gingen sie ins Haus, machten es sich auf der Couch gemütlich, während sie der Band Runrig zuhörten, die aus der Stereoanlage klang.

Glücklich schmiegte Abigail sich in die Arme ihres Geliebten, gleichzeitig dachte sie über die letzten Tage nach. Sie war besonders Ava dankbar, dass diese sie zu dem Konzertbesuch überredet hatte. Irgendwie kam es ihr vor, als ob das Konzert bereits Monate zurückliegen würde.

Kapitel 22 - Aussprache

Am Montag ging sie wieder zur Arbeit, doch jetzt musste sie sich nicht überwinden wie in London. Im Gegenteil, sie freute sich darauf, ihre Kollegen zu treffen, außerdem machte ihr der Papierkram richtig Spaß. Vielleicht lag es auch daran, dass sie es für ihren Freund erledigte.

Nach der Mittagspause kam Cameron mit Helm und einem Sicherheitsgeschirr zu ihr. „Es wird Zeit, dass du das Klettern zumindest einmal ausprobierst.“ Er stellte sich direkt vor den Schreibtisch, als ob er befürchtete, dass sie flüchten könnte.

Abigail sah ihn entsetzt an, ehe sie sich mit dem Zeigefinger an die Stirn tippte. „Du spinnst wohl. Ich breche mir sämtliche Knochen oder blamiere mich.“ Sie drehte sich zu ihrem Bildschirm, als sie auch schon von ihrem Platz hochgezogen wurde.

„Ich passe auf dich auf, außerdem ist gerade niemand in der zweiten Halle.“ Gegen ihren Widerstand brachte er sie in die Kletterhalle, wo er sie noch einmal mit einem Hundeblick ansah. „Für mich?“

„Das ist so unfair! Du weißt genau, dass ich dir keine Bitte abschlagen kann.“ Leise lachend streckte sie die Hand aus. „Gib mir den Helm.“

Zufrieden half er ihr, das Geschirr anzulegen, anschließend erklärte er ihr, worauf sie achten musste. „Du wirst sehen, es macht süchtig.“

Zweifelnd zog sie die Augenbrauen hoch, verkniff sich jedoch eine pampige Antwort. Im Grunde gefiel es ihr, dass er sie dazu zwang, denn neugierig war sie schon, nur die Unsicherheit hielt sie zurück.

Stück für Stück arbeitete sie sich die Wand entlang, rutschte auch mal leicht ab, doch ihr Ehrgeiz war geweckt, sodass sie es tatsächlich schaffte, bis nach ganz oben zu klettern. Ein glückliches Schmunzeln breitete sich auf ihrem Gesicht aus, das hätte sie sich niemals zugetraut. Fast hätte sie triumphierend die Faust ausgestreckt, aber das ließ sie besser bleiben. Besonders jetzt wollte sie keinen dummen Fehler machen, der sie zum Abstürzen brachte.

Langsam kletterte sie wieder runter, obwohl Cameron ihr zurief, dass sie springen könnte.

„Das hat echt Spaß gemacht“, gab sie mit leuchtenden Augen zu, als sie neben ihm stand. „Danke.“ Sie schlang ihre Arme um seinen Hals, zog ihn zu sich herunter, um ihn leidenschaftlich zu küssen. Erst als das Gejohle ihrer Kollegen an ihr Ohr drang, beendete sie den Kuss, wobei sie deutlich spürte, dass ihre Wangen sich rot verfärbten. Mit einem Schmunzeln drehte sie sich um, verbeugte sich theatralisch, anschließend brach sie in lautes Lachen aus.

Cameron zog sie leicht an sich. „Du hast einen Platz in ihren Herzen“, flüsterte er ihr zu, während er seine Mitarbeiter betrachtete.

„Ich gehe jetzt an meine Arbeit zurück. Danke für den Tritt in den Hintern, sonst hätte ich es mich niemals getraut.“ Sie küsste ihren Gefährten auf die Nasespitze, befreite sich aus dem Geschirr, nahm den Helm ab, ehe sie ins Büro zurücklief. Sie summte leise ein Lied vor sich hin, es gab nur einen Punkt, der ihr Leben vollkommen machen würde: Ein echtes Treffen mit ihrem Opa.

An ihrem Schreibtisch warf sie einen Blick auf das Foto ihres Vaters, das sie dort aufgestellt hatte. „Wie gerne würde ich nur ein einziges Wort mit dir wechseln“, flüsterte sie.

„Das werden wir, mein Kind.“

Die Stimme klang wie ein Windhauch, sodass sie sich verwirrt umsah. Natürlich war das Büro leer und sie schüttelte über sich selbst den Kopf. Ihre Fantasie ging mal wieder mit ihr durch. Eilig stürzte sie sich in ihre Arbeit, nicht ohne noch einmal die Gesichtszüge des Mannes auf dem Bild zu studieren.

Ab und zu kam einer der Mitarbeiter rein, unterhielt sich mit ihr, holte sich einen Kaffee oder fragte auch mal nach einem Anmeldeformular, da sie einen kleinen Verein betrieben.

Abigail freute sich über die Gesellschaft, somit hatte sie das Gefühl, ein Teil des Teams zu sein und nicht nur die Sekretärin.

~~°~~

„Glaubst du, dass mein Opa sich noch mal blicken lässt? Oder müssen wir eine weitere Wanderung unternehmen?“ Abby räumte einen Teller in die Geschirrspülmaschine, als sie die Frage stellte. Ihre Gedanken kreisten um ein möglichst baldiges Treffen, nur gab es keine Chance, ihm eine Nachricht zu schicken.

Cameron zog sie an sich, als sie sich wieder umdrehte. „Mach dir keine Sorgen, er ist in der Nähe. Außerdem nehme ich an, dass er unsere Unterhaltung mitbekommen hat.“ Er setzte gerade an, um ihre Bedenken zu zerstreuen, als es klingelte.

„Erwartest du Besuch?“

„Nein, nicht dass ich wüsste. Vielleicht braucht Alan mich." Mit den Worten ging er zur Tür, um kurz darauf mit Giordyn zurückzukommen.

Abby lief mit einem Freudenschrei auf ihn zu, um sich in seine Arme zu werfen. „Ich habe dich vermisst." Tränen rannen ihr über die Wagen, während sie sich an ihn schmiegte.

„Ich dich auch, meine Kleine, ich dich auch." Giordyn kämpfte genauso mit seinen Emotionen wie seine Enkelin. So lange hatte er sich von ihr ferngehalten, gehofft, dass es ihr gut ging.

„Wir sollten uns ins Wohnzimmer setzen", schlug Cameron vor, dem die Szene sichtlich unter die Haut ging. Er freute sich enorm für seine Gefährtin, obwohl der Besuch für ihn keine so große Überraschung war.

Gemeinsam verließen sie die Küche, dabei hakte Abigail sich bei ihrem Opa ein. Auf keinen Fall würde sie ihn loslassen, ehe sie miteinander geredet hatten.

„Möchtest du was trinken?" Der Wolf lächelte den älteren Mann an. „Ich hoffe, dass das Du in Ordnung ist?"

„Ja und noch mal ja. Ein Tee wäre toll." Giordyn schmunzelte. „Du bist der Gefährte meiner Enkeltochter, da ist die formelle Anrede etwas übertrieben, aye?"

Cameron zwinkerte beiden zu, ehe er loslief, um Getränke zu besorgen.

„Zuerst muss ich dir sagen, dass mir einer der Wächter sein Wort gegeben hat. Dir wird nichts passieren. Sie brauchen nur deine Aussage." Abigail hielt die Luft an, weil sie hoffte, dass sie damit seine Sorge zerstreut hatte.

Dankbar drückte Giordyn ihre Hand. „Das habe ich gehört, du hast oft genug darüber gesprochen. Ich danke dir." Er rieb sich über die Augen. „In der Tat war das ein Grund, weshalb ich mich nicht gezeigt habe."

Neugierig musterte sie ihn. „Auf die Geschichte bin ich gespannt." Ihr fiel es sichtlich schwer, ihre Fragen zurückzuhalten, doch das Glück, tatsächlich mit ihrem Opa auf der Couch zu sitzen, überwog alles.

„Lass mich bitte vorne anfangen, sonst vergesse ich noch ein wichtiges Detail." Liebevoll lächelte er sie an. „Deidre hat dir endlich die Wahrheit gesagt, deshalb überspringe ich den Teil mit deinem Vater. Er war nicht ihr Seelengefährte, aber dich hat er geliebt. Leider blieb ihm nur sehr wenig Zeit mit dir."

Jetzt atmete Abigail tief ein, wie gerne hätte sie ihn richtig kennengelernt.

„Ich bin die Vereinbarung eingegangen, einerseits, weil ich an meinem Leben hänge, andererseits um dich im Notfall beschützen zu können. Deidre hätte auch mich erschießen lassen. Darüber hinaus hat sie gedroht, dir etwas anzutun."

Daran zweifelte keiner, der Besuch bei ihr steckte ihnen noch in den Knochen.

„Mir ist es enorm schwergefallen, auf meine Rache zu verzichten und die Wächter außen vorzuhalten, aber für dich war es mir das wert." Wieder schluckte er vernehmlich. „Deidre keifte oft herum, wenn ich dich besucht habe. Erst als ich erfuhr, dass sie dir erfolgreich eingeredet hatte, ich sei ein Hirngespinst, zog ich mich zurück. Natürlich war ich nie weit weg, ich musste ja sicherstellen, dass sie keinem Normalen von der magischen Welt erzählt."

Bitterkeit stieg in Abigail hoch, als sie an den Verrat ihrer Mutter dachte. So viel Schlechtigkeit hätte sie ihr niemals zugetraut. „Sie ist ein durch und durch böser Mensch, nur an Äußerlichkeiten interessiert."

„Ja, leider, ich litt mit dir, hoffte, dass du niemandem etwas von mir erzählst. Meine Bitte kam zu spät, du hattest deinen Mitschülern bereits von dem Raben berichtet, der dich besucht." Er strich ihr zärtlich über die Haare. „Dabei hast du nur ein wenig Anerkennung gesucht, die deine Mutter dir aus Bosheit vorenthalten hat. Glaub mir, ich wäre gerne dazwischen gegangen, wenn sie dir wieder einmal vorwarf, dass du ungenügend bist."

Abby lehnte sich dichter an ihn. „Ich bin froh, dass du überhaupt da warst."

„Ich habe mich selbstsüchtig verhalten", gab Giordyn beschämt zu. „Ich hätte mich viel früher zurückziehen müssen. Wegen mir musstest du fast fünf Jahre länger leiden. Aber ich habe es einfach nicht geschafft. Du bist deinem Vater Alec so ähnlich."

Abigail erinnerte sich genau an die Zeit, wobei sie die nächtlichen Besuche niemandem gegenüber erwähnte, nachdem sie in die Schule gekommen war. In der ersten Klasse erzählte sie ihren Mitschüler begeistert von dem Raben und wurde bösartig ausgelacht. Nach der Erfahrung behielt sie ihr Geheimnis für sich, vertraute sich nur ein weiteres Mal einer vermeintlichen Freundin an. Trotzdem blieb sie die Außenseiterin.

„Noch mal, Opa, ich bin froh, dass du bei mir warst. Weshalb bist du nach all der Zeit verschwunden?" Den Punkt verstand sie nicht wirklich. Der Schaden war bereits angerichtet.

Seufzend fuhr er sich durch die Haare. „Deidre hat gedroht, dich in eine psychiatrische Klinik zu bringen, falls ich dich erneut besuche. Darüber hinaus hast du als Teenager angefangen an mir zu zweifeln."

Langsam nickte sie, eine Szene fiel ihr ein, die sie lange vergessen hatte. „Das stimmt, ich habe dich rausgeworfen, behauptet, dass du nur in meiner Fantasie existierst. Damals habe ich mich so sehr danach gesehnt, normal zu sein, von den anderen akzeptiert zu werden." Sie atmete tief ein. „Ich wusste kaum noch, was ich glauben sollte."

„Dir mache ich keinen Vorwurf, meine Kleine. Du warst ein Kind, verunsichert von der eigenen Mutter, abgelehnt von deinen Klassenkameraden. Es hat mir die Seele zerrissen, dass du immerzu alleine auf dem Pausenhof stehen musstest." Er schluckte. „Wie froh war ich, als du in London Ava kennengelernt hast. Sie ist eine wahre Freundin."

Erstaunt riss sie die Augen auf. „Du weißt von meinem Leben in der Stadt?"

Giordyn lachte. „Ich habe dich niemals verlassen, mein Schatz. In unserer Familie existiert ein perfektes Netzwerk, sodass ich immer informiert war. Einige wenige Male bin ich zu dir geflogen."

„Moment, es gibt noch mehr Familienmitglieder? Und die wissen von mir?" Jetzt war ihre Neugier geweckt.

„Ja, dein Vater hat zwei Brüder, deine Onkel. Beide sind verheiratet und haben Kinder. Du hast einen Cousin und drei Cousinen, die alle darauf brennen, dich kennenzulernen." Er hob abwehrend die Hand, als Abigail begeistert nickte. „Aber zuerst müssen wir die leidige Sache mit den Wächtern hinter uns bringen." Er richtete den Blick auf Cameron.

„Ich rechne es dir hoch an, dass du für mich gebürgt hast, mein Junge. Trotzdem solltest du David benachrichtigen."

Lächelnd zuckte der Wolf mit den Schultern. „Mein Leben war nie in Gefahr, daher kann ich auch noch ein wenig länger für dich bürgen. Ihr beide solltet die gemeinsame Zeit genießen."

Dankbar sah Abigail ihn an. „Du bist der Beste, mein Liebling." Ihr schwirrte der Kopf, denn die Nachricht, dass da eine komplette Sippe wartete, ließ ihr Herz höherschlagen. Gleichzeitig beschlichen sie die alten Zweifel, würden sie sie tatsächlich willkommen heißen oder wäre sie wieder eine Außenseiterin.

„Ich sehe dir an der Nasenspitze an, dass du dir völlig unnötige Sorgen machst." Giordyn lächelte sie an. „Alle Mitglieder unserer Familie kennen dich. Jeder hat darüber gewacht, dass Deidre niemandem etwas über uns erzählt. Außerdem haben wir versucht, dich zu beschützen, leider mit nur mäßigem Erfolg."

Abigail winkte ab. „Ihr habt getan, was ihr konntet. Deidre hat ganze Arbeit geleistet und am Ende habe ich ihr geglaubt." Sie schmunzelte. „Wobei ich ja tatsächlich eine blühende Fantasie besitze. Heute zum Beispiel gab es einen Moment, in dem ich das Foto meines Vaters betrachtete und schon glaubte ich, dass ich seine Stimme höre." Sie lachte, doch Giordyn stimmte nicht ein.

„Hast du etwas gesagt, bevor du ihn gehört hast?" Ernst musterte er sie.

Fast ängstlich nickte sie. „Ja, ich wünschte mir leise, einmal mit ihm reden zu können."

Jetzt lächelte ihr Großvater sie an. „Er hat dir deinen Wunsch erfüllt. Das ist ein weiterer Punkt, den Deidre dir verschwiegen hat. Du kannst nicht nur Orte oder Menschen lesen, sondern auch in Kontakt mit Verstorbenen treten."

„Das ist gruselig", murmelte Abigail erschüttert, gleichzeitig tobten tausend Gedanken durch ihren Kopf.

„Du meinst, obwohl sie die Gabe kannte, hat sie die Information bewusst zurückgehalten?", hakte Cameron fassungslos nach. „Ich dachte, sie hätte endlich aufgegeben, nachdem die Wächter sie in der Mangel hatten."

Spöttisch lachte Giordyn auf. „Diese Frau gibt niemals auf, es sei denn, ihr Leben ist bedroht." Er stieß die Luft aus. „Oft genug hast du Nachrichten von deinem Vater, deiner Oma oder anderen überbracht. Dinge, die deine Mutter auf keinen Fall hören wollte. Außerdem passte es nicht in ihr Bild von der perfekten Tochter."

Abby hob abwehrend eine Hand. „Bitte, nenn sie nicht so. Sie ist jemand, der leider mit mir verwandt ist, was ich ärgerlich finde."

„Das verstehe ich sehr gut. Also zurück zum Thema, du bist in der Lage zu fühlen, wenn an einem Ort etwas Schlimmes geschehen ist. Darüber hinaus durchschaust du die Menschen, sollten sie Bösartigkeiten planen und du kannst mit Geistern in Kontakt treten", zählte Giordyn auf.

Cameron betrachtete sie mit Stolz in den Augen. „Hältst du dich immer noch für ein Mauerblümchen? Jemand, der keine besonderen Fähigkeiten besitzt?"

Zaghaft zuckte sie mit den Schultern. „Keine Ahnung, ich muss das erst verkraften, außerdem fällt es mir schwer, die Geschichte zu glauben." Verlegen sah sie ihren Opa an. „Das heißt nicht, dass ich in dir einen Lügner sehe."

„Das habe ich niemals angenommen, Kleines.“ Er überlegte kurz. „Probier es einfach aus. Alec ist bestimmt in der Nähe, wenn auch in einer anderen Form.“

Der Wunsch, mit ihrem Vater zu sprechen, wurde übermächtig, darüber hinaus hatte sie kaum etwas zu verlieren. Sie atmete tief ein, konzentrierte sich völlig auf ihre Intuition, während sie den Blick durch den Raum schweifen ließ. „Ich möchte so gerne mit dir reden, Papa.“

Angespannte Stille breitete sich aus und sie dachte schon, dass es nicht klappte, als ein Schemen auf dem zweiten Sessel erschien. „Ich bin hier, Leannan.“

Ein Lächeln zeigte sich auf ihrem Gesicht. „Dann hab ich mir heute doch nichts eingebildet.“ Sie schluckte. „Es ist toll, dich endlich kennenzulernen.“ Jetzt schaffte sie es kaum noch, ihren Blick von ihrem Vater zu wenden. Mit jeder Sekunde sah sie ihn deutlicher, erkannte das rabenschwarze Haar, die grünen Augen, die sie von ihm geerbt hatte. „Ich habe keine Ahnung, was ich sagen soll“, flüsterte sie überwältigt von ihren Emotionen.

„Lass dir Zeit, Kleines, ich bin immer bei dir. Wir können uns jederzeit unterhalten.“ Alec lächelte sie an. „Aber eins musst du wissen: Ich bin verdammt stolz auf dich. Du hast dein Leben gemeistert, trotz all der Bösartigkeiten, die man dir angetan hat.“

„Was blieb mir anderes übrig? Außerdem hat es lange genug gedauert, bis ich meinen eigenen Weg gefunden habe.“ Sie winkte leicht ab, für sie war es kaum eine großartige Leistung. „Heute weiß ich, dass ich mir viel zu viel habe gefallen lassen. Eine Einsicht, die reichlich spät kommt.“

„Dazu habe ich dir schon einmal was gesagt", mischte Cameron sich ein. „Du bist etwas Besonderes, da hat dein Vater recht." Er drehte sich zu dem Sessel, obwohl er niemanden sehen konnte. „Ich hoffe, dass ich in absehbarer Zeit um die Hand deiner Tochter anhalten darf."

Irritiert sah Abby von ihrem Gefährten zu ihrem Papa. „Du erkennst ihn auch?"

Ihr Liebster lachte leise. „Nein, aber ich beobachte dich, Ealan."

„Sag ihm, dass ich mir keinen besseren Schwiegersohn für dich vorstellen kann." Alec zog ihre Aufmerksamkeit wieder auf sich. „Außerdem möchte ich deinen Opa bitten, auf jede Rache zu verzichten. Jetzt ist er nicht länger an sein Versprechen gebunden, trotzdem denke ich, dass Deidre mehr leidet, wenn sie am Leben bleibt."

Abigail richtete Giordyn die Worte seines Sohnes aus. „Ich sehe es übrigens genauso, Opa. Sie wird den Eid leisten, weil sie zu viel Angst vor der Operation hat. Wir alle wissen, dass sie niemandem ein Sterbenswörtchen über die magische Welt erzählen wird. Die Gründe sind bekannt." Abby holte tief Luft. „Ich für meinen Teil bin zu glücklich, endlich meine echte Familie kennenzulernen, als dass ich mich mit Rachegedanken herumplagen will."

„Du bist klug, mein Schatz. Ich vergebe ihr, vergessen werde ich allerdings niemals." Giordyn lächelte in die Runde, bis er hektisch in seiner Hemdtasche nach etwas kramte. „Ich hätte fast verschwitzt, dir die Fotos zu zeigen."

Eifrig beugte sich Abigail über die Bilder, betrachtete die Personen, die sie all die Jahre begleitet hatten, ohne, dass sie es wusste.

Immer wieder sah sie zu ihrem Vater, der ihr zufrieden zunickte. „Was ist mit meiner Oma?“, erkundigte sie sich vorsichtig, weil es kein Foto von ihr gab.

„Sie wurde vor einiger Zeit von den Wächtern in die Verbannung geschickt.“ Giordyn seufzte leise. „Sie hat den Tod von Alec nie verwunden und ist wahnsinnig geworden. Ständig ist sie auf Normale losgegangen, hat sie beschuldigt, ihren Sohn umgebracht zu haben. Dabei hat sie die Geheimhaltung oft missachtet. Aktuell ist sie bei den Elben in Tir na nógh. Sie versuchen, ihr zu helfen.“

„Dann wusstest du, dass die Todesstrafe abgemildert wurde?“ Cameron betrachtete den älteren Mann nachdenklich.

Verlegen rieb Giordyn sich über das Kinn. „Ja, aber ich traute dem Frieden nicht. Mir war bewusst, dass ich das wichtigste Gesetz gebrochen hatte, ohne krank zu sein.“ Er zuckte hilflos mit den Schultern. „In der Vergangenheit habe ich so viele Fehler gemacht, die dir geschadet haben, da war ich unsicher“, gab er in Abigails Richtung zu.

„Das verstehe ich sehr gut, Opa.“ Ihr bereitete es ein unbeschreibliches Vergnügen, ihn so zu nennen. „Umso mehr freue ich mich, dass du da bist.“ „Wir alle hoffen, dass es Oonagh irgendwann besser geht. Vielleicht ändert ein Besuch von dir ihren Zustand.“ Angespannt betrachtete Giordyn sie.

„Ich bin in der Lage, in die Welt der Elben zu reisen?“ Bei der Aussicht stand Abby der Mund offen.

„Selbstverständlich, du bist ein magisches Geschöpf, zumindest zur Hälfte“, entgegnete Alec ihr. „Um ehrlich zu sein, bist du unsere letzte Hoffnung. Ich kann sie kaum erreichen, jedenfalls nicht ohne deine Hilfe.“

„Natürlich bin ich dabei, was muss ich tun?“ Am liebsten wäre sie jetzt gleich losgezogen, um ihre Oma zu retten.

„Erst einmal schlafen." Cameron deutete auf das Fenster, wo sich die ersten Strahlen der Sonne zeigten. Die Nacht war im Flug vergangen.

„Anschließend fahren wir gemeinsam nach Irland, denn zuerst erstatte ich den Leuten aus Ballygannon Bericht, damit die Sache aus der Welt ist", fügte Giordyn hinzu.

„Eins interessiert mich noch, wenn deine Frau von den Wächtern abgeholt wurde, kennst du David, aye?" Der Wolf sah den Raben neugierig an.

Dieser schüttelte leicht den Kopf. „Nein, der Name sagt mir nur etwas, weil ihr ständig von ihm gesprochen habt. Es handelte sich um sehr junge Gestaltwandler, die sich nur kurz bei uns aufgehalten haben." Er seufzte leise. „Es gab keinen Grund, gegen sie zu gehen. Keiner aus der Sippe schaffte es, Oonagh unter Kontrolle zu halten. Darüber hinaus wussten wir, dass sie bei den Elben in den besten Händen ist."

Abby nahm ihren Großvater in den Arm. „Die Vergangenheit ist vergessen, wir sind zusammen und nur das zählt." Sie atmete tief durch. „Also ist es beschlossen, dass wir gemeinsam zu David fliegen."

„Er wird sich ehrlich freuen. Außerdem existiert ein Übergang in die Elbenwelt in Irland. In der Nähe von Skibbereen steht ein Steinkreis." Cameron lächelte ihr zu. „Du erinnerst dich an die Geschichte von Aileen?"

Sofort nickte sie. „Aber ich dachte, der Durchgang wäre versperrt?"

„Nein, er wurde nur nicht mehr benutzt. Dazu kommt, dass ein Elbenmagier zu den Wächtern gehört. Er wird dir bestimmt gerne helfen." Ihr Gefährte zog sie von ihrem Platz hoch. „Zuerst wird geschlafen, du siehst müde aus."

In der Tat fühlte sie sich erschöpft, doch unendlich glücklich, trotzdem blieb sie noch einmal stehen. „Wir brauchen einen Schlafplatz für meinen Opa."

Giordyn winkte leicht ab. „Ich habe ein sehr gemütliches Nest im Baum gefunden." Er stand auf, stellte sich hinter einen Sessel, so wie er es früher auch immer gemacht hatte, streifte die Kleidung ab, bevor er sich verwandelte.

Cameron öffnete das Fenster, um den Raben rauszulassen.

Abigail sah ihm lächelnd hinterher, denn jetzt wusste sie, dass sie sich in ein paar Stunden wiedersahen. „Gute Nacht, Papa." Sie lächelte dem Geist ihres Vaters zu, ehe sie mit ihrem Gefährten ins Schlafzimmer verschwand.

„Sag mal, weshalb müsst ihr nackt sein, um euch zu verwandeln?", murmelte sie im Halbschlaf.

„Das ist ein Geheimnis, das noch niemand gelöst hat, Ealan." Cameron zog sie fest an sich. Er war glücklich, dass sich alles in die richtige Richtung entwickelte.

Kapitel 23 - Irland

„Wo komme ich eigentlich her, Opa?“, wollte Abigail am nächsten Morgen beim Mittagessen wissen. Sie hatte nur kurz geschlafen, weil sie zu aufgewühlt war, trotzdem fühlte sie sich voller Energie.

Cameron hatte sie überredet, erst einmal Urlaub zu machen, bis ihre Angelegenheiten geklärt waren, was sie zähneknirschend akzeptiert hatte.

„Du wurdest in Mallaig geboren, wahrscheinlich hast du es schon gespürt.“ Giordyn lächelte ihr zu. Er hatte sich im Wohnzimmer verwandelt, während Abby mit ihrem Liebsten in der Küche wartete. Kleidung zum Wechseln lag in einem Hotel in *Fort William* für ihn bereit.

Lächelnd nickte sie. „Ja, es fühlte sich an, als ob ich nach Hause kommen würde.“ Sie schloss kurz die Lider, um sich besser an den Tag zu erinnern. Bilder schossen ihr plötzlich durch den Kopf, wie sie als kleines Kind am Strand herumgetobt war, Muscheln gesammelt hatte und einem Raben nachgejagt war.

„Du warst fünf, als ihr nach Oxford gezogen seid“, bemerkte Giordyn, als ob er ihre Gedanken erraten könnte. „Deidre versuchte am Anfang, dich beeinflussen zu können, aber das klappte ja erst etliche Jahre später. Daher wählte sie ein Land, von dem sie hoffte, dass wir ihr nicht folgen würden.“

„Ja, auch unser Clan hat unter den Sassenachs gelitten", erklang in dem Augenblick die Stimme ihres Vaters. „Ich wünsche dir einen perfekten Start in den Tag, mein Schatz."

„Papa, schön, dass du da bist." Glücklich sah Abby in die Runde, eine Familie zu haben, die einen so liebte, wie man war, bedeutete ihr enorm viel.

„Guten Morgen, Alec", ertönte es gleichzeitig aus Giordyns und Camerons Mund, woraufhin sie anfingen zu lachen.

Sie aßen gemeinsam, wobei Alec sich darauf beschränkte, einfach dabeizusitzen. Er genoss es, endlich von seiner Tochter gesehen zu werden.

Nachdem sich alle satt gegessen hatten, holte Cameron sein Handy, um David zu informieren. „Hey, mein Lieber, ich habe Neuigkeiten." Er musste ein Grinsen unterdrückten, so sehr freute er sich, dass die Geschichte einen so positiven Verlauf nahm.

„Ich wünsche dir auch einen schönen Tag. Gehe ich richtig in der Annahme, dass Abbys Opa sich gezeigt hat? Ist er zufällig gerade bei euch?" David schmunzelte, die Stimmung seines Cousins verriet ihm enorm viel.

„So ist es, warte ich stelle auf Lautsprecher."

„Ich nehme an, dass ich mit David spreche?", begann Giordyn vorsichtig.

„Ja, genau, ich freue mich, endlich mit Ihnen reden zu können. Zuerst gebe ich Ihnen mein Ehrenwort, dass keine Strafe droht." Der Wächter überlegte kurz. „Der Fall liegt klar auf der Hand und ich habe auch mit Ronwe gesprochen."

Jetzt atmete Giordyn hörbar auf, denn das letzte Wort hatte immer die magische Regierung. Ronwe war der oberste Richter, da gab es keinerlei Risiko mehr. „Ich bin bereit nach Ballygannon zu kommen, um meine Aussage zu machen.

Allerdings bin ich nicht auf Rache aus. Deidre soll ihr Leben so gestalten, wie sie es will."

David lachte leise. „Das ist wohl die größte Strafe für sie. Aktuell hält sie uns mit ihrem Gezeter ganz schön auf Trab." Er seufzte. „Steward, unser Chef, hat ihr einen weiteren Tag Bedenkzeit zugestanden."

„Du kannst uns die Details erzählen, sobald wir bei dir sind", mischte sich Cameron jetzt ein. „Die leidige Sache muss aus der Welt geschaffen werden, außerdem brauchen wir Rians Hilfe. Abby möchte ihre Großmutter in Tir na nógh besuchen. Ich dachte da an den Steinkreis in Skibbereen."

„Klar können wir an die Südküste fahren, wenn ihr unbedingt wollt." David zögerte.

„Gibt es ein Problem mit dem Durchgang? Entschuldige, guten Morgen erst einmal." Abigail schüttelte über sich selbst den Kopf. Noch nie hatte sie ihre Umgangsformen dermaßen vergessen.

„Dir auch einen schönen Tag, Abby. Nein, den kann Rian problemlos öffnen, aber weshalb solltet ihr einen halben Tag verschwenden? Unser Magier ist in der Lage, überall einen Übergang zu erschaffen." Bei der Erklärung brach David in lautes Lachen aus. „Wann sollen wir euch in Dublin abholen?" Wie immer kam er sofort zum Punkt.

„Ich buche den Flug, danach schicke ich dir die Daten. Danke, Cousin." Cameron schmunzelte, es tat gut zu wissen, dass er sich zu jeder Zeit auf seine Familie verlassen durfte.

Sie verabschiedeten sich, anschließend buchte er einen Flug für drei Personen. Zum Glück benötigten die Gestaltwandler nur sehr wenig Schlaf und Abby fühlte sich dermaßen aufgeregt, dass sie bereits mittags schon wieder auf den Beinen waren. Die erste Maschine, die für sie infrage kam, startete um kurz nach halb fünf, sodass sie gegen halb sieben in Dublin sein würden.

Giordyn entschuldigte sich, um seine Sachen zu packen, aber auch Abigail verschwand im Schlafzimmer. Sie konnte es kaum erwarten, zu ihrer Oma zu kommen, dabei trieb eine wahnsinnige Hoffnung sie an. Vielleicht war es ja tatsächlich möglich zu ihr durchzudringen, wenn sie ihr die Worte ihres Vaters ausrichtete.

Cameron zog sie in seine Arme. „Bitte, verrenn dich nicht. Die Elben sind große Heiler, besitzen ein Wissen, von dem wir nur träumen können.“ Er ließ die Aussage so stehen, zumal er ihr ansah, dass sie ihn verstanden hatte.

„Trotzdem ist es eine Chance.“ Sie sah ihn offen an. „Außerdem gehört sie zu meiner Familie.“ Sie lachte auf. „Ich weiß nicht mal, wie wir wirklich mit Nachnamen heißen.“ In dem Trubel hatte sie vergessen nachzufragen.

„Wenn es nach mir geht, dann trägst du bald den Namen MacDonald.“ Cameron küsste sie liebevoll, anschließend half er ihr zu packen. Sie beschränkten sich auf das Nötigste, zumal er wusste, dass im Hauptquartier in Ballygannon Kleidung in jeder Größe aufbewahrt wurde. Oft genug mussten die Wächter Normale, die in Verbrechen der Paranormalen verwickelt wurden, dort unterbringen, sodass sie für alles gerüstet waren.

~~°~~

„Sag mal, wie heißen wir eigentlich mit Nachnamen? Deidre wusste es nicht genau oder hat es mir aus Bosheit verschwiegen.“ Abigail saß zwischen ihrem Großvater und ihrem Vater auf der Rücksitzbank, während Cameron fuhr.

„Fraser.“

Bei der Antwort hob sie erstaunt die Augenbraue, gleichzeitig verzog sie das Gesicht. „Du nimmst mich auf den Arm, richtig? Deidre sagte was von Gregor.“

Alec und Giordyn lachten bitter auf.

„War ja klar, dass sie lügt. Nein, keiner verulkt dich. Für den Hype wegen der Filme können wir nichts.“ Ihr Großvater seufzte leise. „Unser Clanchief findet es übrigens toll, dass die Outlandergeschichte ihn involviert. Lord Lovat hat Spaß daran, in der Öffentlichkeit zu stehen.“

„Wer will es ihm verdenken, die Serie hat viele Leute nach Schottland gelockt, was den Tourismus anheizt. Egal, was man über ihn sagt, ihm liegt unser Land am Herzen.“ Alec zuckte mit den Schultern. „Darüber hinaus profitierte er genauso davon. Weshalb sollte er auf irgendwelche Einnahmen verzichten?“

Abigail wiederholte die Worte ihres Vaters, damit Cameron auf dem Laufenden blieb. „Aber hat er sich nicht auch an den Highland Clearances beteiligt?“ Irgendwo hatte sie mal etwas in der Art gehört.

„Aye, er wurde gezwungen, nachdem sein Vater Simon Fraser zum Tode verurteilt wurde. Er hat sich den Jakobiten angeschlossen.“ Giordyns Stimme klang traurig. „Er hat für sein Volk getan, was immer er konnte. Anstatt sie zwangsweise nach Amerika verschiffen zu lassen, hat er ihnen an der Küste die Möglichkeit geboten, ihren Lebensunterhalt als Fischer zu verdienen.“

„Andere sind da rücksichtsloser vorgegangen“, bestätigte Alec.

„Cameron hat mir einiges darüber erzählt." Abigail dachte angestrengt nach, um das belastende Thema schnellstmöglich zu wechseln. „Ich bin also eine Fraser wie in der Fernsehserie." Sie lachte. „Wer hätte das gedacht. Mit der Information könnte ich heute bestimmt viele Leute beeindrucken." Sie schüttelte leicht den Kopf. Allein die Tatsache, dass sie überhaupt einem Clan angehörte, war für sie pures Glück.

Auf der Fahrt, genau wie später im Flugzeug plauderten sie angeregt, dabei vermieden sie alles, was die Neugier der anderen Fluggäste weckte. Sehr zum Leidwesen von Abigail, die zu gerne mehr über ihre Familie erfahren hätte.

Nachdem sie den Zoll hinter sich gelassen hatten, kam Emily auf sie zugelaufen, um sie freudig zu begrüßen. „Es ist so schön, euch zu sehen." Sie drückte erst Abby, dann Cameron an sich, ehe sie Giordyn die Hand reichen wollte.

Der Rabe lächelte sie an, anschließend zog er sie in eine feste Umarmung. „Freunde meiner Enkeltochter sind auch meine Freunde." Er zwinkerte Abigail zu.

„Herzlich willkommen in Irland." David, der jetzt herangeschlendert kam, umarmte einen nach dem anderen, ehe er Giordyn musterte. „Ja, man sieht dir die Verwandtschaft mit Abby deutlich an. Es ist doch in Ordnung, dass ich Du sage?"

Der ältere Mann lachte zustimmend. „Auf jeden Fall, immerhin werden wir bald verschwägert sein, wenn ich dem Wolf glauben darf." Er deutete mit einem Zwinkern auf Cameron.

„Hey, da habe ich ein Wörtchen mitzureden, oder?" Abigail hakte sich lachend bei ihren Begleitern ein, während sie zum Auto gingen.

„Zuerst möchte ich meine Angelegenheiten klären." Sie sah bezeichnend auf ihren Großvater, der ihr liebevoll die Hand tätschelte.

„Das ist nur eine Formsache", bestätigte David. „Wir brauchen einen vollständigen Bericht, den hättet ihr per Mail schicken können, allerdings gebe ich gerne zu, dass ich alles tue, um euch herzubekommen."

Cameron gab ihm einen leichten Stoß in die Seite. „Eine einfache Einladung hätte es auch getan."

„Die haben wir schon so oft ausgesprochen, nur hast du sie ignoriert, wie du weißt." Der Wächter lachte auf. „Außerdem wollt ihr ja noch etwas anderes, wenn ich das richtig verstanden habe." Er atmete einen Augenblick durch. „Deidre ist bei uns, das ist euch bewusst, oder?"

„Ja, wir rechnen damit, dass wir sie treffen, zumal ihr sie wohl kaum in einer Zelle eingesperrt habt." Cameron würde seiner Liebsten die Begegnung gerne ersparen.

„Sie bedeutet mir nichts, also macht euch keinen Kopf." Abby winkte leicht ab. „Mein Vater und mein Großvater sind bei mir, was kann da schon passieren?"

Irritiert betrachtete David sie, während sie in einen Van einstiegen, den er als Dienstwagen benutzen durfte. „Hab ich etwas verpasst?" Er zog neugierig eine Augenbraue hoch.

„Ich bin in der Lage, Kontakt zu Verstorbenen herzustellen", erklärte Abigail, als die Türen zugezogen waren und er den Motor gestartet hatte. „Aktuell habe ich es zwar nur mit meinem Papa probiert, aber ich denke, es klappt mit anderen genauso. Er ist übrigens bei uns."

„Freut mich ..." David stockte, da er keine Ahnung hatte, wie ihr Vater hieß.

„Er heißt Alec Fraser und er ist froh, dich kennenzulernen“, teilte sie dem Wächter lächelnd mit.

„Die Fähigkeit ist beeindruckend, vielleicht brauchen wir in Zukunft öfter mal deine Hilfe“, mischte sich Emily ein, nachdem sie Alec begrüßt hatte.

Augenblicklich begehrte Cameron auf. „Auf gar keinen Fall dulde ich, dass ihr sie ständig in Gefahr bringt.“ Ernst sah er zuerst seinen Cousin über den Rückspiegel an, dann dessen Ehefrau.

Sofort stieß seine Gefährtin ihm einen Ellenbogen in die Seite. „Auch da habe ich wohl ein Wörtchen mitzureden, oder? Sollte ich helfen können, werde ich das tun, egal was du sagst. Keiner der Wächter wird mich mit einem Verbrecher alleine in eine Zelle sperren. Darüber hinaus sind die Toten kaum in der Lage, einem Lebenden ein Leid zuzufügen.“ Ihre Augen blitzten kämpferisch, denn zum ersten Mal, seit sie denken konnte, gab es eine Möglichkeit, tatsächlich zu zeigen, was in ihr steckte. Die Gelegenheit wollte sie auf keinen Fall ungenutzt verstreichen lassen.

„Abby hat recht, wir beschützen sie mit unserem Leben.“ David konzentrierte sich jetzt mehr auf den Verkehr, da sie das Flughafengelände gerade verließen, sodass er endlich Gas geben durfte.

In kurzer Zeit waren sie in Ballygannon, was Abigail heimlich aufatmen ließ, niemals hätte sie gedacht, dass ein Van dermaßen schnell fahren könnte. Ihre Knie fühlten sich ziemlich weich an, als sie aus dem Wagen kletterte.

„Ich würde euch zwar lieber zuerst zu mir bringen, aber Stew und Logan erwarten Giordyn.“ David deutete auf den Eingang, wo die beiden Männer bereits standen.

„Sie sind der Meinung, dass wir die leidige Sache schnellstmöglich erledigen müssen."

Dem stimmte die kleine Gruppe zu, sodass sie das Hauptquartier gemeinsam betraten.

„Ich schlage vor, Emily und David zeigen euch das Haus, während wir den Bericht von Giordyn aufnehmen", bemerkte Stew, nachdem er sie begrüßt hatte.

„Vielleicht sollte ich dir vorher sagen, dass ich eine weitere Fähigkeit entdeckt habe, die ich immer als Hirngespinst abgetan hab." Verlegen stand Abby vor dem großen blonden Mann, der sie aufmerksam ansah. „Ich kann Kontakt zu den Toten herstellen. Aktuell ist mein Vater bei uns."

„Jetzt fängt sie schon wieder mit den Idiotien an", keifte es in dem Moment hinter ihr los. Deidre kam den Flur entlanggelaufen, in ihren Augen erkannte man, dass sie vor Wut kochte. „Nur wegen dir sitze ich in diesem gottverdammten Nest fest. Das soll man sich mal vorstellen."

Sofort zog Cameron seine Gefährtin hinter seinen Rücken, aber auch Giordyn und sogar Alec stellten sich vor der Furie auf.

„Stopp, ich kann mich durchaus wehren." Mit den Worten drängte Abigail sich zwischen die Männer. „Du bist hier, weil du die Wahrheit nicht sehen willst. Die Zeiten, in denen du mir ein schlechtes Gewissen gemacht hast, sind vorbei, Deidre."

Die Frau klappte den Mund einige Male auf und zu, schloss ihn dann allerdings wieder.

„Ich durfte meinen Vater treffen, habe meinen Opa wiedergefunden, außerdem erwartet mich eine komplette Familie, die mich mit offenen Armen aufnimmt. Du kannst einem nur leidtun, denn auf dich wartet niemand." Abby hielt dem Blick ihrer Mutter stand. „Ja, ich habe die Wahrheit erkannt und jetzt entschuldige mich bitte, ich muss ein paar Angelegenheiten regeln." Sie lächelten Steward an. „Wenn ich schon hier bin, würde ich gerne mit eurem Arzt sprechen. Die Idee, ein vollständiger Gestaltwandler zu werden, interessiert mich brennend."

Bei den Worten heulte Deidre getroffen auf. „Das ist nicht dein Ernst, oder? Ich musste so viel opfern, um dich von den Monstern fernzuhalten." Sie wollte nach ihr greifen, aber Giordyn stellte sich schnell dazwischen.

„Wag es nicht, meine Enkeltochter anzufassen. Du hast genug Schaden angerichtet." Er sah sie drohend an, sodass sie einen Schritt zurückwich.

„Das wirst du bereuen, ich lasse die gesamte magische Welt auffliegen." Wild schrie sie durch den Flur, woraufhin Abigail sich erneut zu ihr umdrehte.

„Sicher? Du willst mit dem Wissen hausieren gehen? Das glaube ich erst, wenn ich es erlebe. Du hast doch mehr Angst um deinen Ruf als alles andere. Die Nachbarn würden dich für verrückt erklären, niemand nähme dich dann noch ernst." Sie lächelte ihr milde zu. „Ich kenne dich zu gut, um auf leere Drohungen hereinzufallen."

„Sag ihr, dass unsere gesamte Sippe über sie herfallen wird, sollte sie wirklich versuchen, uns zu verraten", bemerkte Alec mit einem kalten Blick in Richtung der Frau, die drohte seiner Tochter zu schaden.

„Alec, mein Dad, lässt dir ausrichten, dass unsere komplette Familie für Gerechtigkeit sorgt, falls du tatsächlich so dumm bist, die Geheimhaltung zu missachten." Abigail verschränkte die Arme vor der Brust.

David, Stew und Logan sahen interessiert von einem zum anderen. Die Sache mit dem verstorbenen Vater machte sie extrem neugierig.

„Er soll mich endlich in Ruhe lassen. Seit du sprechen gelernt hast, geht er mir auf die Nerven." Deidre verdrehte die Augen. „Genau wie meine Mutter, sollte sie auch hier sein, sag ihr direkt, dass sie sich ihre Moralpredigten sparen kann."

„Du kennst meine Fähigkeiten also", stellte Abby ungerührt fest. Irgendwie hatte sie es bereits geahnt. „Es ist demnach keine Einbildung von mir."

„Du weißt doch, dass sie dir Dinge anvertraut haben, die niemand sonst wissen konnte", zischte Deidre ihr stinksauer zu. „Du hast mein Leben zerstört."

Abigail bemerkte erfreut, dass sie die Aussagen ihrer Mutter sie kein bisschen trafen. Lächelnd zuckte sie mit den Schultern. „Dann hast du es wohl kaum anders verdient. Im Übrigen existieren einige Personen, die davon überzeugt sind, dass ich eine Bereicherung für sie bin." Mit den Worten drehte sie sich endgültig zu Stew um. „Können wir die Unterhaltung bitte ohne sie fortsetzen? Was jetzt kommt, kenne ich zur Genüge, das möchte ich mir nicht anhören."

Vergnügt zwinkerte der Boss der Wächter ihr zu, gleichzeitig nickte er. „Du hast völlig recht, wir gehen in mein Büro." Leise rief er nach Brian, der die tobende Deidre in ihr Zimmer brachte.

„Du kannst also mit Geistern sprechen?", erkundigte Steward sich neugierig, als sie in seinem Refugium saßen und jeder eine Tasse Tee in der Hand hielt.

„Das weiß ich nicht, da ich bisher lediglich mit meinem Vater Kontakt hatte.“ Abby sah ihn offen an. „Ich erkunde meine Fähigkeiten gerade erst. Vielleicht klappt es auch nur mit meinen Angehörigen.“

„Als Kind hat sie oft mit Menschen aus der Nachbarschaft gesprochen, die gestorben waren“, mischte Giordyn sich ein. „Leider ist sie ausgeschimpft worden, sobald sie eine Botschaft überbracht hat. Die Leute, die zurückbleiben mussten, hielten es für einen bösartigen Scherz einer unsensiblen Göre.“

Daran erinnerte Abigail sich nur dunkel, vieles aus ihrer Kindheit hatte sie verdrängt, weil es sie zu sehr belastete.

„Das ist eine Gabe, die uns, aber auch den Menschen hilft.“ Logan betrachtete sie nachdenklich. „Ich wusste sofort, dass an dir mehr dran ist, als auf den ersten Blick zu erkennen war.“

Bei den Worten brach Abby in lautes Lachen aus. „Ausgerechnet du? Der, der mich von Anfang an nicht leiden konnte?“ Sie wischte sich die Lachtränen aus den Augen.

„Das ist so falsch, ich habe es gehasst, meine Familie zu verlassen, weil der Schwachkopf seine Gefährtin verloren hatte. Deshalb war ich einfach sauer.“ Er deutete mürrisch auf Cameron. „Das kann auch nur dir passieren“, schob er mit einem Zwinkern hinterher.

„Wir sollten ein Thema nach dem anderen abarbeiten“, stoppte Stew den Disput. „Zuerst würden wir die leidige Sache mit Giordyn erledigen, damit Cameron von seinem Eid befreit wird.“

Dem stimmte die Gruppe gerne zu und Emily zeigte Abby zusammen mit ihrem Gefährten das Hauptquartier.

„Wir besitzen einige Annehmlichkeiten, dennoch hat die erste Einheit beschlossen, in eine kleine Siedlung zu ziehen." Die Wächterin zwinkerte Abigail zu. „Man hat einfach keine Privatsphäre, weil alle hören, was man tut."

Das konnte diese gut nachfühlen, da würde sie ein eigenes Cottage auf jeden Fall vorziehen.

„Trotzdem halten wir uns sehr oft hier auf, essen mit unseren Leuten oder verbringen unsere Freizeit mit ihnen. Billy brennt darauf, mit den Welpen zu toben, sobald wir herkommen."

Natürlich hatte Abby mittlerweile auch von ihrem Sohn gehört, sodass sie sich jetzt umsah. „Wo ist er denn? Ich würde ihn gerne kennenlernen."

„Aktuell ist er bei seinem Onkel in Dublin. Es sind Osterferien." Sie lächelte versonnen. „Mein Bruder liebt den Kleinen abgöttisch, außerdem tut uns eine Auszeit ganz gut."

Sie gingen weiter, wobei sie die Sauna, das Schwimmbad, den Billardsalon und zum Schluss das Wohnzimmer begutachteten.

„Wow, das nenne ich mal Luxus." Abigail setzte sich auf einen Sessel, nachdem sie es endlich schaffte, sich von der fantastischen Aussicht auf die See loszureißen. „Trotzdem ziehe ich sogar unser Cottage in Schottland vor. Hier ist zu viel Trubel." In der Tat waren sie etlichen Leuten begegnet, die sich in der Regel vor Ort aufhielten. Brian, Caitlin, Patrick und Victoria gehörten zu Davids Gruppe, da fehlte nur Gerry mit seiner Ehefrau Lea, die noch im Krankenhaus zu tun hatten, wie Emily ihnen mitteilte.

„Ja, es ist oft sehr voll im Hauptquartier, besonders wenn alle drei Einheiten zu Hause sind." Die Wächterin bot ihnen etwas zu trinken an, dabei deutete sie auf eine gut gefüllte Bar. „Das ist eigentlich Joleens Reich. Sie ist die Frau von

Logan und hat früher als Barkeeperin gearbeitet. Aktuell ist sie in ihrem Cottage, weil einer ihrer Zwillinge sich ein Bein gebrochen hat."

Entsetzt blickte Abigail auf. „Das ist schrecklich."

Lachend winkte Emily ab. „Nein, das ist kein Problem, morgen ist das wieder verheilt, denn einerseits besitzen die Gestaltwandler eine außergewöhnliche Selbstheilung, andererseits haben wir in Mia eine begabte Heilerin. Sie ist nur leider mit ihrem Gefährten Jorgan in Rumänien. Seine Familie feiert die Geburt eines neuen Drachenwandlers."

Irgendwie fühlte Abby sich erleichtert, dass sie dem Drachen aus dem Weg gehen konnte. Allein der Gedanke machte ihr Angst.

„Keine Sorge, er ist wirklich sehr nett und würde dir niemals etwas tun", versicherte Cameron ihr, der ihre Furcht deutlich roch.

~~°~~

Während Emily ihnen noch mehr über die Leute im Hauptquartier erzählte, legte Giordyn einen kompletten Bericht ab. Sein Sohn blieb an seiner Seite, da ihn brennend interessierte, was direkt nach seinem Tod passiert war. Er hatte eine Zeit lang gebraucht, um sich an seine neue Form zu gewöhnen.

Zum Abendessen trafen sie sich im Esszimmer und genossen es, mit den Wächtern zu essen. Scherzworte flogen durch den Raum, die Stimmung war gelöst, besonders weil Deidre es vorzog, in ihrem Zimmer zu bleiben.

Endlich lernte Abigail auch Gerry kennen, der an dem Abend neben ihr saß.

„Darf ich dich um etwas bitten?"

Sofort besaß sie die ungeteilte Aufmerksamkeit des Arztes. „Klar, was möchtest du denn?"

Verlegen spielte sie mit ihrer Gabel. „Bist du in der Lage, herauszufinden, ob ich mich wandeln lassen kann? Ich meine, ohne mein Leben zu riskieren?" Jetzt traute sie sich kaum noch, ihn anzusehen.

„Natürlich, wir gehen nach dem Essen in mein Untersuchungszimmer. Ich werde dir etwas Blut abnehmen und einige Untersuchungen machen müssen." Er lächelte ihr zu. „Die Laborwerte brauchen leider ein paar Tage."

„Das ist völlig okay, ich möchte einfach nur wissen, welche Möglichkeiten ich habe." Sie sah den Arzt dankbar an.

Cameron, der auf ihrer anderen Seite saß, legte einen Arm um sie. „Der Gedanke, nur ein einziges Menschenleben mit ihr verbringen zu dürfen, beschert mir Magenschmerzen", gab er leise zu.

„Das verstehe ich sehr gut, allerdings bin ich außerstande, ohne genaue Untersuchungen überhaupt etwas zu sagen. So einen Fall hatten wir bisher noch nicht." Gerry zuckte bedauernd mit den Schultern. „Einen Lichtblick kann ich dir geben, unsere Forscher haben ein Mittel entwickelt, mit dem auch die Normalen länger leben als üblich."

Bei der Information atmete Cameron deutlich auf.

„Es verlangsamt den Alterungsprozess nicht so extrem wie bei uns Gestaltwandlern, aber besser als mit rund neunzig zu sterben, oder?" Der Arzt lächelte das Paar an.

„Es gibt immer einen Weg, besonders wenn Liebe im Spiel ist", mischte Lea, Gerrys Gefährtin, sich ein. Sie war ein Erdenengel, der die Gabe hatte, einen Teil der Zukunft zu sehen.

„Weißt du mehr als wir anderen?“ Cameron sah sie so bittend an, dass sie leise seufzte.

„Dir ist klar, dass ich vieles nicht aussprechen darf, richtig?“ Kurz verdrehte sie die Augen. „Es steht kein Abschied bevor.“ Sie zwinkerte ihm zu, woraufhin er aufatmete.

Nach dem Abendessen ging er mit seiner Kleinen zu Gerrys Untersuchungszimmer, wobei er immer noch einen Kloß im Hals hatte. Die Aussage des Erdenengels beruhigte ihn zwar, trotzdem fiel es ihm schwer, die Vorstellung, in wenigen Jahren zusehen zu müssen, wie seine Gefährtin starb, von sich zu schieben.

Giordyn zog es vor, sich mit Steward zu unterhalten, da er spürte, dass zu viel Aufmerksamkeit seiner Enkeltochter peinlich war.

„Gut, ich nehme dir Blut ab, überprüfe die Vitalwerte, leider kann ich aktuell kaum etwas für dich tun“, bemerkte Gerry mit einer Spur Mitleid, als sie in seinem Zimmer ankamen. „Wie gesagt, die Ergebnisse bekomme ich in einigen Tagen. Ich maile sie euch gerne.“

Abigail setzte sich auf die Liege. „Auf ein paar Tage mehr oder weniger kommt es wirklich nicht an. Ich möchte einfach nur wissen, welche Alternativen ich habe.“ Auffordernd hielt sie ihm ihren Arm hin.

Kapitel 24 - Tir na nògh

„Besteht die Möglichkeit, heute meine Oma zu besuchen?“, erkundigte Abigail sich vorsichtig, als sie am kommenden Morgen das Frühstück beendet hatten. Am Abend vorher war es zu spät geworden, darüber hinaus hatte sie es genossen, den Wächtern zuzuhören. Für sie stellte es immer noch ein Wunder dar, dass sie tatsächlich zur magischen Welt gehörte. Die gesamte Zeit spürte sie deutlich, dass sie ein Teil dieser Gemeinschaft war. Ein Gefühl, dass ihr erneut ein Lächeln aufs Gesicht zauberte.

„Ich habe Rian vorhin angerufen, er freut sich, dich kennenzulernen. Er wird dich gerne nach Tir na nògh begleiten.“ David lächelte ihr zu. „Allerdings sagte er auch, dass du keine großen Hoffnungen hegen sollst. Oonaghs Zustand hat sich nicht verbessert, außerdem kennt sie dich kaum. Das letzte Mal habt ihr euch gesehen, als du gerade geboren warst.“

Das war Abby klar, trotzdem brannte sie darauf, ein weiteres Familienmitglied zu treffen.

Sie erhob sich, um ihren Teller in die Spülmaschine zu räumen, aber Emily nahm ihn ihr aus der Hand. „Geh zu Rian, das ist wichtiger.“ Sie lächelte ihr zu, gleichzeitig deutete sie mit dem Kinn auf die Haustür.

David und Cameron gingen mit ihr, da das Haus des Elben in der direkten Nachbarschaft lag. Nach ein paar Minuten standen sie vor der Tür des Elbenmagiers, in dessen Garten ein wunderschöner Baum aufragte.

„Das ist das Zuhause seiner Gefährtin. Miriam ist eine Dryade“, erklärte David mit einem Lächeln. „Sie hält ihn gut auf Trab.“

„Vergiss nicht, dass das auf Gegenseitigkeit beruht, mein Lieber.“ Die Stimme erklang aus dem Stamm, wo jetzt auch ein Gesicht erschien.

Fast hätte Abby erschrocken aufgeschrien, hielt sich allerdings gerade rechtzeitig die Hand vor den Mund.

„Tut mir leid, dass ich dich erschreckt habe. Aber auf die Frechheit des Wächters muss ich sofort reagieren.“ Eine schlanke Frau mit olivfarbener Haut trat aus dem Baum heraus, um sie freundlich zu begrüßen. „Ich bin Miriam.“

Fasziniert betrachtete Abigail sie. „Ich durfte noch nie einen Baumgeist treffen“, gab sie leise zu.

„In der Regel gehen wir anderen Wesen auch aus dem Weg. Ich bin die Ausnahme. Rian behauptet, dass ich einfach zu neugierig bin.“ Sie lachte, was wie das Rauschen der Blätter klang. „Aber lasst uns reingehen, mein Gefährte wartet bereits.“ Sie ging voraus, öffnete die Haustür und ließ die Gäste eintreten.

Ein großer blonder Mann mit spitzen Ohren kam ihnen mit einem offenen Lächeln entgegen. „Schön, dass ihr da seid.“ Er umarmte sie der Reihe nach, anschließend sah er Abby eindringlich an. „Genauso habe ich mir dich vorgestellt. Eine außergewöhnliche Frau mit bemerkenswerten Eigenschaften.“

Lächelnd schüttelte sie den Kopf. „Das ist sehr charmant, aber ihr habt etliche Leute, die mehr können als ich." Sie hielt ihn für einen höflichen Mann, der ihr einfach ein Kompliment gemacht hatte.

„Oh, ich sehe, dass David dir nicht alles über mich gesagt hat." Ein hintergründiges Lächeln erschien auf seinem Gesicht. „Eine meiner Gaben ist es, die Fähigkeiten anderer Lebewesen zu spüren."

Abby lachte leise auf. „Dann weißt du genau, dass ich nur ein kleines Licht bin."

Ernst musterte er sie, packte sie sogar an den Oberarmen. „Sag das nicht, du bist mit der Schattenwelt verbunden. Dorthin geht jedes Wesen, das sein irdisches Leben hinter sich gelassen hat. Es bedeutet große Macht zu besitzen, wenn man zwei Welten in sich vereint." Hochachtung zeigte sich in seiner Miene. „Schattentochter, ich fühle mich geehrt, dich nach Tir na nògh zu bringen."

Jetzt schluckte Abby. „Wow, vom Mauerblümchen zur Magierin, das ist zu viel für mich." Sie lachte unsicher, gleichzeitig sah sie ihre Begleiter an, doch die lächelten ihr nur aufmunternd zu.

„Ich mache keine höflichen Komplimente, Abigail." Rian ließ sie los. „Du kannst mit jedem verstorbenen Wesen reden, darüber hinaus bist du in der Lage, die Geister zu rufen."

Alec nickte ihr bestätigend zu. „Er hat recht, ich konnte deine Stimme deutlich hören und es war, als ob mich etwas zu dir zieht. Abgesehen davon, dass ich sehnlich darauf gewartet habe, dich endlich zu sprechen."

„Können wir vielleicht zuerst zu meiner Oma gehen? Ich bin ein wenig überwältigt, außerdem fällt es mir schwer, euch zu glauben." Sie hob abwehrend eine Hand. „Tut mir leid, das war falsch ausgedrückt. Natürlich weiß ich, dass ihr mich niemals anlügt.“ Sie stoppte, um nach den richtigen Worten zu suchen.

„Ich verstehe dich, Schattentochter. Du wurdest so lange kleingehalten, da ist diese Enthüllung, als ob jemand deine Welt erschüttert.“ Verständnisvoll nickte Rian ihr zu. „Los geht es, auf nach Tir na nògh.“ Er zeichnete mit den Fingern eine Rune in die Luft und vor ihnen erschien ein steinernes Tor.

Fast hätte Abby sich über die Augen gerieben, aber das verkniff sie sich schnell, stattdessen folgte sie dem Magier, ihrem Opa und ihrem Gefährten.

Sie liefen einen scheinbar endlosen Gang aus weißem Marmor entlang, es fühlte sich kühl an, trotzdem fror sie nicht. Eine Zuversicht keimte in ihr hoch, die sie einfach annahm, ohne sie infrage zu stellen. Mit jedem Schritt kam es ihr vor, als ob ihr Herz leichter würde. Das war seltsam, da sie doch wusste, dass es ihrer Oma schlecht ging.

Am Ende des Flurs öffnete sich eine Flügeltür, die die Sicht auf einen wunderschönen Garten freigab. Die Sonne schien, Blumen in allen Farben blühten, in der Ferne erkannte sie einen Wasserfall, der im Licht glitzerte. So hatte sie sich immer das Paradies vorgestellt. „Gibt es hier keine Gebäude?“ Verwundert blickte sie sich um.

„Doch, wir müssen etwas laufen.“ Rian lachte leise. „In unserem Reich existiert so ziemlich alles, was du dir vorstellen kannst, nur Verfall oder Bösartigkeit kennt Tir na nògh nicht.“ Er deutete auf einen Weg, der sich in einem Wald verlor.

Gemeinsam gingen sie durch wechselnde Landschaften, ohne müde zu werden.

„Mir kommt es vor, als ob ich schon einen ganzen Monat unterwegs wäre." Sofort sah Abby den Magier an. „Wir verbringen aber jetzt kein Menschenleben mit diesem Spaziergang?"

Lachend schüttelte der Elbe den Kopf. „Nein, mach dir keine Gedanken. Sorgen sind etwas für die anderen Welten. Hier vergeht die Zeit so schnell oder so langsam, wie es für dich richtig ist." Er schloss für einen Moment die Augen. „Sie hat sich dir angepasst. Das heißt, es vergehen nicht mehr als eine, vielleicht zwei Stunden", antwortete er, nachdem er die Lider wieder geöffnet hatte.

Beruhigt setzte sie ihren Weg fort, der sie jetzt durch einen lichten Wald führte, in dem die Blätter rauschten und die Luft so herrlich frisch roch, dass sie wie verzaubert stehen blieb. Die Sonne schien zwischen den Zweigen hindurch, sodass das Grün in den Ästen leuchtete.

Sanft drängte Rian sie weiter, bis sie in eine kleine Stadt mit lustigen, bunten Häusern kamen. Kinder spielten auf der Straße, die Leute begrüßten sie freundlich, wünschten ihnen gutes Gelingen bei ihren Vorhaben.

„Wow, in so einer Welt würde ich gerne leben", murmelte Abigail, die den Frieden fast fühlen konnte.

„Wir mussten etliche Kämpfe ausfechten, ehe es möglich war, einen so friedvollen Ort zu erschaffen." Rian seufzte. „Das Volk der Elben ist uralt und glaub mir, wir haben versucht, uns selbst auszurotten. In dem Punkt sind wir den Menschen unglaublich ähnlich. Nach vielen Jahren ist uns klar geworden, dass es nur gemeinsam geht. Deshalb hege ich die Hoffnung, dass auch die Normalen es irgendwann einsehen."

Zweifelnd zog Abby eine Augenbraue hoch, sagte jedoch nichts, zumal sie an einem blauen Haus mit weißen Fensterrahmen angekommen waren, wo eine Frau in einem Schaukelstuhl saß. Instinktiv wusste sie, dass es sich um ihre Oma handelte.

„Guten Tag.“ Oonagh sah sie freundlich an, bis ihr Blick auf ihren Mann fiel. Sofort glitt ein Strahlen über ihr Gesicht, sie stand auf, um sich fest an ihn zu schmiegen. „Es ist so schön, dass du zurückgekehrt bist, mein Liebster. Ich habe dich vermisst.“

Versonnen beobachtete Abby das Paar, sie waren verliebt wie Teenager.

„Und ich dich, meine Sonne.“ Giordyn küsste sie liebevoll, ehe er sie eindringlich musterte. „Wie geht es dir?“

„Die Elben kümmern sich gut um mich, aber ich würde gerne wieder nach Hause.“ Sie seufzte bekümmert, drehte sich allerdings im gleichen Moment in eine Richtung, in der niemand stand. „Ihr habt meinen Sohn umgebracht, verflucht sollt ihr sein!“, schrie sie, wobei sich in ihren Augen eine Mischung aus Zorn und Trauer spiegelte.

„Das ist ihr Problem, mittlerweile sieht sie Alecs Mörder überall“, flüsterte Rian ihr zu, in seiner Stimme klang Mitleid mit.

Abby schluckte, mit der Wendung hatte sie nicht gerechnet, trotzdem zupfte sie ihren Opa am Ärmel. „Möchtest du mich vorstellen?“

Sofort nickte Giordyn lächelnd. „Schau, wen ich dir mitgebracht habe, Oonagh. Das ist Abigail, unsere Enkeltochter.“

Ein Strahlen glitt über das Gesicht ihrer Großmutter, während sie sie betrachtete. „Ich erkenne dich, du hast so viel von Alec." Kurz erschien Trauer in ihrem Blick, aber sie verfiel nicht wieder in eine Hasstirade.

„Es ist so schön, dich kennenzulernen, Oma." Abby stand vor ihr, unsicher, ob sie die ältere Frau umarmen durfte, als diese sie bereits in ihre Arme zog.

„Hat die Furie dich endlich aus ihren Klauen gelassen, mein Kind? Wie sehr habe ich gehofft, dass du die Wahrheit erfährst", murmelte Oonagh ergriffen, dabei lief ihr eine Träne über die Wange.

Auch Abigail kämpfte gegen die Emotionen an. „Ich habe meinen Seelengefährten gefunden, das hat alles in Gang gesetzt." Sie deutete auf Cameron, der sich ein wenig abseits aufhielt.

Sofort ließ Oonagh ihre Enkelin los, um sich dem jungen Mann zuzuwenden. „Lass dich ansehen", forderte sie ihn herrisch auf.

Schmunzelnd kam er näher, hielt ihrem Blick stand, während sie ihn einen langen Moment betrachtete.

„Ein Wolf, soso", murmelte sie mit einem Lächeln. „Das ist gut! Du bist in der Lage, meine Kleine zu beschützen." Sie hob einen Finger an. „Tust du ihr weh ...", weiter kam sie nicht, weil Abigail sie unterbrach.

„Es sind keine Drohungen nötig, Oma, er ist die Liebe meines Lebens." Sie griff lächelnd nach ihrer Hand. „Können wir uns vielleicht drinnen unterhalten?" Sie deutete auf die offene Tür.

„Wo habe ich nur meine Manieren gelassen?" Oonagh lächelte verlegen. „Kommt herein."

Gemeinsam gingen sie in das luftige Cottage, das rustikal wirkte, aber trotzdem sofort das Gefühl von Heimeligkeit verbreitete. Die Fenster ließen genug Licht rein, sodass es hell war, auch ohne eine Lampe einzuschalten.

Eilig setzte Oonagh Teewasser auf, holte Tassen, Milch und Zucker, ehe sie eine Kiste mit verschiedenen Teebeuteln auf den Tisch stellte.

„Wir lassen sie ihr eigenes Leben führen, soweit es geht", erklärte Rian, als sie in die Vorratskammer lief, um Scones zu holen. „Die Leute hier kennen ihre Ausbrüche, außerdem ist immer ein Heiler in der Nähe."

Verstehend nickte Abigail, die sich an die Hoffnung klammerte, dass ihr Besuch etwas ändern würde.

„Ich habe eine besondere Gabe, Oma", begann sie vorsichtig, als jeder eine Tasse Tee vor sich hatte.

„Natürlich hast du die, mein Kind. Du bist eine vom Rabenclan Fraser." Oonagh schüttelte leicht den Kopf, als ob die Aussage überflüssig wäre.

„Kennst du meine Fähigkeiten?" Überrascht blickte Abby sie an.

„Nein, das ist unnötig. Ich bin davon überzeugt, dass du sie weise anwendest, so wie dein Vater es vor dir getan hat." Bei den Worten drehte sie sich zur Wand, um einen imaginären Menschen des Mordes zu bezichtigen.

Abigail seufzte, offensichtlich hatte ihr Besuch allein nichts geändert. „Ich kann mit den Verstorbenen Kontakt aufnehmen", stieß sie hervor. „Alec ist hier, Oma. Ich bin in der Lage, mit ihm zu sprechen und er bittet dich, die Rachegedanken für immer aufzugeben."

Mit der Aussage sprang sie ins kalte Wasser, ohne zu wissen, was sie damit auslöste. Ihr Bauchgefühl sagte ihr deutlich, dass sie das Richtige tat.

Wie erstarrt saß ihre Großmutter vor ihr, sah sie an, als ob sie ein Geist wäre.

„Bitte, Granny, rede mit mir." Angst kroch ihr über den Rücken, was hatte sie angerichtet? War sie zu weit gegangen? Würde ihre Oma jetzt völlig wahnsinnig werden?

Giordyn stand auf, zog seine Frau in seine Arme. „Sie hat recht, Liebste. Alec ist noch bei uns, nur in einer anderen Form. Er hat mir auch gesagt, dass er es für falsch hält, an einer Rache festzuhalten, die uns nur schadet."

Wild schüttelte sie den Kopf. „Das ist niemals mein Sohn, der so etwas sagt. Raus mit euch, ihr seid Betrüger." Sie riss sich los, öffnete die Tür und wartete mit blitzenden Augen, bis die Gruppe gegangen war.

„Es tut mir so leid." Abby liefen die Tränen über die Wagen. „Ich habe fest geglaubt, dass ich das Richtige tue. Jetzt ist alles schlimmer geworden." Sie klammerte sich an Cameron, während sie verzweifelt versuchte, einen Schluchzer zu unterdrücken.

Giordyn rieb ihr vorsichtig über den Rücken. „Nein, meine Kleine, solche Aussetzer hat sie öfter. Um genau zu sein, immer, wenn jemand von Alec spricht." Er atmete tief durch. „Es war einen Versuch wert und das nächste Mal wird sie wieder freundlich sein."

Rian nickte bestätigend. „So ist es, sie vergisst, was sie in der Wut gesagt hat. Tir na nògh lässt keinen dauerhaften Hass zu, deshalb lebt sie hier." In seinen Augen stand Mitgefühl, doch leider konnte er an der Situation kaum etwas ändern. „Wir sollten in die Menschenwelt zurückkehren."

Eine Alternative blieb ihnen nicht, daher machten sie sich schweren Herzens auf den Rückweg.

~~°~~

„Danke für alles." Abigail umarmte den Elbenmagier und auch seine Ehefrau, dabei zwang sie sich, zu lächeln. „Ich hätte mich besser auf die Begegnung vorbereiten sollen."

Verständnisvoll betrachtete Rian sie. „Kann man das wirklich? Oonagh wirkt wie eine normale Frau, bis sie diese Aussetzer bekommt. Wie willst du dich darauf einstellen?"

Müde zuckte Abby mit den Schultern. „Keine Ahnung, vielleicht lerne ich es bei den nächsten Besuchen." Für sie stand fest, dass sie ihre Oma auf keinen Fall einfach sich selbst überlassen würde. „Ich darf sie doch weiterhin sehen?"

„Natürlich, wann immer du möchtest. Ich gebe einem Kollegen in Schottland Bescheid, damit er euch behilflich ist." Er überlegte einen Moment. „Clava Cairns Steinkreis in der Nähe von Culloden", murmelte er.

Bei den Worten zuckte Cameron sichtbar zusammen, gleichzeitig schüttelte er den Kopf. „Die Gegend kenne ich, da werde ich nie wieder hingehen."

Verstehend nickte Rian. „Verständlich, in dem Fall eben die Standing Stones of Glengorm. Dorthin fahrt ihr eine halbe Stunde länger, ist aber deutlich bequemer, als ständig nach Irland zu fliegen." Der Magier zwinkerte ihnen zu. „Gib mir deine Telefonnummer, dann kann ich dir die Nummer meines Kollegen zukommen lassen."

Abby holte sofort ihr Handy aus der Hosentasche, um seiner Bitte nachzukommen, dabei fiel ihr ein Punkt ein, der sie interessierte. „Wie hast du es bisher gemacht, Opa?“ Sie sah Giordyn offen an.

„Ich war die ganze Zeit in Oxford, vergessen? Oft genug bin ich nach Stonehenge, dort in der Nähe lebt ein Magier der Elben.“ Er lächelte. „Er hat mir gerne geholfen.“

„Ja, Devin ist ein sehr hilfsbereiter Mann“, bemerkte Rian. „Genau wie Lennox, der euch den Durchgang in Glengorm öffnen wird.“

Sie bedankten sich, doch der Elbenmagier winkte leicht ab. „Wahrscheinlich werden wir deine Hilfe noch benötigen, Schattentochter.“ Er hielt Cameron mit einem Blick in Schach. „Du brauchst dir keine Gedanken zu machen, Wolf. Sie wird niemals in Gefahr geraten.“

„Du hast gut reden, Magier, deine Gefährtin soll ja auch nicht für die Wächter arbeiten“, knurrte er.

Bei der Aussage ertönte Miriams Lachen. „Stimmt, aber nur weil ich keine besonderen Fähigkeiten besitze.“ Sie tätschelte ihm den Arm. „Lass die Sorgen sein, niemand lässt zu, dass Abby geschadet wird.“

Cameron beließ es dabei, zumal seine Kleine ihn warnend ansah.

Sie umarmten sich noch einmal zum Abschied, anschließend gingen sie zu Davids Cottage rüber, wo sie erzählten, was sie erlebt hatten.

„Ist es wirklich so schön, wie man sagt?“, wollte Emily mit blitzenden Augen wissen.

„Ja, es ist ein Traum, Schönheit, wohin man blickt.“ Abigail geriet ins Schwärmen, woraufhin Cameron und Giordyn theatralisch seufzten.

„Ein wenig zu viel Perfektion, wenn du mich fragst“, mischte sich ihr Großvater ein.

„Da gebe ich dir sogar recht, dort leben möchte ich nicht, aber es war ein Erlebnis, es gesehen zu haben.“ Sie lachte, gleichzeitig schob sie die traurigen Gedanken an ihre Oma zur Seite. Irgendwie würden sie ihr helfen, aufgeben kam nicht infrage.

„Ihr bleibt doch ein paar Tage, oder?“ Emily wechselte geschickt das Thema, dabei sah sie die kleine Gruppe bittend an. „Wir könnten euch so viel zeigen, angefangen von dem Klosterdorf in Glendalough über Dublin bis Clonmacnoise.“

David legte ihr eine Hand auf den Arm. „Dazu sollten wir besser Urlaub nehmen.“

Seufzend nickte sie. „Du hast recht, falls ein Auftrag reinkommt, müssen wir sofort los.“ Angestrengt überlegte sie, wie sie die Situation retten könnte.

„Uns ruft die Arbeit genauso, die ich schon viel zu lange vernachlässigt habe. Aber ich verspreche, dass wir uns dieses Jahr wiedersehen.“ Abby lächelte ihr zu. „Du sagst mir einfach, wann es bei euch passt, anschließend planen wir einen ausgiebigen Besuch ein. Wie hört sich das an?“

Lachend stimmte Emily ihr zu, zumal das die beste Lösung war.

Noch am gleichen Abend machten sich Giordyn, Cameron und Abigail wieder auf den Heimweg.

„Die Familie möchte dich endlich richtig kennenlernen“, teilte Giordyn seiner Enkelin mit, als sie in Edinburgh aus dem Flughafengebäude kamen und er seine Nachrichten auf dem Handy checkte.

„Bis jetzt haben sie die Füße stillgehalten, weil ja die Sache mit der Geheimhaltung geklärt werden musste. Aber länger halten sie sich wohl kaum zurück." Er lächelte seine Enkeltochter an.

„Ich bin bereit! Wir veranstalten ein Familienfest am Wochenende, was haltet ihr davon?" Aufgeregt blickte Abby zu Cameron, der gutmütig nickte. „Sicher, alles, was dich glücklich macht, Ealan." Er richtete seine Aufmerksamkeit auf Giordyn. „Mit wie vielen Personen rechnen wir?"

Der ältere Mann lachte. „Ihr seid unsere Gäste. Wir erwarten euch am Freitagnachmittag in Mallaig. In Ordnung?"

Dem stimmten beide gerne zu, wobei Abigail es kaum abwarten konnte. In ihrem Kopf drehte sich alles vor Freude, nur der Gedanke an ihre Oma ließ sie für einen Moment traurig seufzen.

Kapitel 25 - Rabenclan

„Ich verabschiede mich, es gibt ein Fest vorzubereiten." Giordyn strich Abby sanft über die Wange, als sie in *Kinlochleven* angekommen waren und noch einen Tee gemeinsam getrunken hatten. „Ruf mich an, wenn du mich brauchst."

Lächelnd umarmte sie ihn. „Das Gleiche gilt für dich." Sie wartete, bis das blaue Licht, das seine Verwandlung zeigte, verlosch, anschließend öffnete sie das Fenster. Jetzt, wo sie ihn jederzeit anrufen konnte, fühlte es sich nicht nach einem Abschied an.

Cameron nahm sie fest in die Arme. „Manchmal wendet sich das Schicksal in eine fantastische Richtung", murmelte er.

„Oh, ja, ich hätte niemals damit gerechnet, mal eine Familie zu haben, die mich tatsächlich liebt." Sie schmiegte sich an ihn. „Ganz abgesehen davon, dass ich den besten Mann der Welt an meiner Seite weiß." Zärtlich küsste sie ihn.

„Da kann man drüber streiten." Cameron schmunzelte. „Den Rest der Woche gebe ich dir frei, keine Widerrede."

Sofort begehrte sie auf. „Ich sterbe jetzt schon vor Neugier, das darfst du mir nicht antun. Bis zum Familientreffen sind es noch mehr als vierzig Stunden." Energisch schüttelte sie den Kopf. „Ich muss mich irgendwie ablenken."

„Da würde ich zustimmen, sonst wirst du unter einer sehr nervigen Gefährtin leiden", mischte sich Alec ein, der sich hinter ihnen zeigte. „Entschuldigt bitte, dass ich störe, aber ich möchte mich auch verabschieden." Lächelnd betrachtete er seine Tochter. „Ich bin stolz auf dich, meine Kleine."

Dankbar nickte sie ihm zu, der Moment fühlte sich bittersüß an, weil sie ihn jetzt so gerne in die Arme genommen hätte. Trotzdem war sie froh, überhaupt die Chance zu haben, ihren Vater kennenzulernen. „Wir sehen uns am Freitag, oder?" Unsicher sah sie ihn an.

„Darauf darfst du dich verlassen. Ich freue mich schon, endlich wieder mit meiner Familie in Kontakt zu treten." Er zuckte leicht mit den Schultern. „Bevor du deine Kräfte kanntest, konnte ich zwar ein Glas vom Tisch schubsen, aber niemand hat erkannt, dass ich dahinterstecke."

„Dann wird es ein besonderes Fest für uns beide. Ich kann es kaum erwarten. Bis übermorgen."

Alec winkte ihr zu, ehe er langsam verblasste.

Bei dem Anblick kämpfte sie gegen einen Kloß in ihrem Hals an, die Angst, ihn nie wiederzusehen, schnürte ihr die Kehle zu.

„Was ist los, Ealan?" Besorgt musterte Cameron sie. „Hat dein Vater etwas gesagt, das dich ängstigt?"

Sofort schüttelte sie den Kopf, gleichzeitig atmete sie tief durch. „Nein, ganz im Gegenteil, er freut sich darauf, am Freitag mit seinen Geschwistern reden zu können." Verlegen zuckte sie mit den Schultern. „Wenn man das so nennen kann, da ich ja sein Sprachrohr bin." Nachdenklich sah sie zum Fenster, fühlte in sich hinein, ehe sie ihre Aufmerksamkeit wieder auf ihren Gefährten lenkte. „Es kommt mir alles so fantastisch vor, dass ich fürchte, es könnte ein Traum sein. Kurz hatte ich die Angst, dass ich ihn nie wiedersehe, aber das ist nur meiner Unsicherheit geschuldet. Ich brauche Zeit, um die gesamte Situation wirklich zu begreifen."

Cameron hob sie auf seine Arme, um sich mit ihr auf dem Schoß auf die Couch zu setzen. „Du bist bewundernswert, meine Kleine, das meine ich ernst. Keiner, mit dem ich jemals zu tun hatte, wäre in der Lage, so durchgreifende Veränderungen zu meistern." Zärtlich küsste er sie, um seine Worte zu verstärken.

„Du spinnst, mein Lieber. Emily ist auch durch eine schlimme Zeit gegangen, genau wie Lea oder Caitlin." Sie sah ihm verliebt in die Augen. „Sie sind bemerkenswerte Frauen mit bewegenden Vergangenheiten, dagegen bin ich nur ein Waisenkind."

Sofort legte Cameron ihr einen Finger auf die Lippen. „Das sehe ich anders. Emily ist eine starke Persönlichkeit, da gebe ich dir recht, allerdings stand ihr Bruder immer hinter ihr. Lea hat die Gabe, in die Zukunft zu schauen, daher wusste sie, dass alles gut werden wird. Caitlin war einfach nur bockig." Er lachte, während er an die quirlige Gestaltwandlerin dachte, die sich in einen Falken verwandeln konnte. „Du hast dein Herz aus Gold behalten, obwohl man dir wirklich übel mitgespielt hat. Außerdem bist du ohne Vorwarnung in unsere Welt gestolpert, allein die Tatsache würden viele Normale kaum verkraften."

Unwillig schob sie seinen Finger von ihrem Mund. „Ich bin nur ein halber Mensch." Lachend sah sie ihn an. „Darauf bestehe ich."

„Das ist dein Recht und ich verstehe das." Wieder raubte er sich einen Kuss, weil sie ihn so süß ansah.

„Im Grunde ist es egal, was man ist, oder? Es gibt überall gute und schlechte Wesen. Man selbst entscheidet sich für einen Weg, den man gehen will." Verliebt strich sie ihm mit dem Zeigefinger über die sinnlichen Lippen. „Manchmal braucht man etwas Hilfe, wie bei mir, doch am Ende ist jeder für sich verantwortlich. Ich hätte mich viel früher wehren oder den Mund halten sollen."

„Du warst ein Kind, Ealan, fasziniert von der Magie, die sich dir offenbart hat. Was konntest du gegen die sogenannte Vernunft deiner Umgebung tun?" Cameron leckte sanft über ihre Fingerkuppe. „Aber zum Glück hat das Schicksal uns zusammengebracht."

Dem stimmte sie von Herzen zu.

Kuschelnd saßen sie noch eine Weile auf dem Sofa, ließen die vergangenen Stunden Revue passieren, wobei sie alles, was ihre Oma betraf, vermieden. Aktuell gab es kaum etwas, was Oonagh helfen würde.

~~°~~

„Ich bin so aufgeregt", murmelte Abby bestimmt zum hundertsten Mal. Sie fuhren gerade nach Malliag rein, um an der Küste zum Haus ihres Großvaters zu kommen. Wie sie mittlerweile wusste, wohnte hier auch ihr Onkel mit seiner Familie.

Die letzten Tage hatte sie mit einem riesigen Kloß im Magen hinter sich gebracht, gleichzeitig konnte sie es kaum erwarten, loszufahren. Immer wieder war sie hin- und hergerissen, dabei redete sie sich erfolgreich ein, dass sie zuerst einmal eine Fremde für alle war.

Cameron griff lächelnd nach ihrer Hand. „Sie warten auf dich, du hast doch Giordyn gehört, als er angerufen hat."

In der Tat hatte sie, kurz bevor sie abgefahren waren, mit ihrem Großvater geredet, der ihr bestätigte, dass die Familie ungeduldig auf ihre Ankunft wartete. Trotzdem blieb die

Nervosität wie Kaugummi an ihr kleben. Nicht mal die bezaubernde Küstenlandschaft schaffte es, sie abzulenken.

Endlich parkten sie auf einem Parkstreifen, von dem aus man direkt auf die East Bay sah, wobei hinter ihnen die Straße lag, über die sie mussten, um zum Haus zu kommen.

Mit einem tiefen Atemzug drehte Abby sich um, nahm Camerons Hand, weil sie diese Unterstützung einfach brauchte, ehe sie die Landstraße überquerte. Vor dem Cottage blieb sie stehen, es war ein weiß getünchtes Gebäude mit blauen Fensterrahmen, das sehr freundlich aussah.

„Da seid ihr ja." Giordyn erschien in der Haustür und sie eilte auf ihn zu.

Liebevoll umarmte er seine Enkeltochter, hatte aber kaum Zeit, um ein paar Worte mit ihr zu wechseln, denn im nächsten Augenblick wurde er zur Seite gezogen.

Ein Mann mit schwarzen Haaren und grünen Iriden, der ihrem Vater unwahrscheinlich ähnlich sah, drückte sie fest an sich. „Herzlich willkommen zu Hause, Kind. Wir dachten schon, dass wir dich für immer verloren hätten." Tränen schimmerten in den Augen ihres Onkels.

„Du musst Ian sein, hab ich recht?" Sie schluckte, weil die Emotionen ihr gerade enorm zu schaffen machten. „Mein Onkel." Fast ehrfürchtig stieß sie die Bezeichnung aus.

„Ganz richtig, der Zwillingsbruder deines Vaters." Mit einem Zwinkern ließ er sie los.

„Lasst uns reingehen, sonst fällt der Rest auch auf der Straße über dich her", bemerkte Giordyn mit einem Schmunzeln, ehe Ian die Chance hatte, Cameron zu begrüßen. Geschickt lotste er seine Enkelin zusammen mit ihrem Gefährten in den Garten.

„Da bist du ja, Abigail. Du hast uns allen so gefehlt." Ein weiterer großer Kerl mit schwarzen Haaren drückte sie an sich. „Die ganze Zeit durften wir uns nicht zeigen, obwohl wir fast jeden deiner Schritte verfolgt haben."

„Lass die alten Geschichten ruhen, jetzt ist sie da und das ist gut so." Eine energische Frau umarmte sie mit einem strahlenden Lächeln. „Mein Ehemann ist nur selten so sentimental. Ich bin übrigens Shellie, deine Tante."

Abby hatte mit einer etwas steifen Vorstellungsrunde gerechnet, aber niemals mit einer so überschwänglichen Begrüßung, sodass ihr die Worte fehlten.

„Ihr macht sie ja vollkommen verlegen, ihr Barbaren", schimpfte eine weitere Dame, die sie an sich zog. „Ich bin Aileen, die Ehefrau von Ian, den du ja schon an der Tür getroffen hast. Seit Giordyn uns erzählt hat, dass du in der Lage bist, Kontakt zu Alec aufzunehmen, läuft er Rillen in den Boden." Sie lachte laut, als Ian ihr mit dem Finger drohte.

„Du solltest auf dein Mundwerk achten, Liebste. Das war ein Geheimnis zwischen uns." Der Zwillingsbruder ihres Vaters legte beide Arme um seine Gefährtin, was diese zwang, Abigail loszulassen. „Aber es stimmt, ich kann es kaum erwarten, von ihm zu hören. Es ist ein Wunder, dass wir die Chance bekommen."

Glücklich lächelte Abby in die Runde, wurde auch von den Kindern umarmt, was ihr noch mehr das Gefühl gab, angekommen zu sein. Sie gehörte hierher, daran hegte sie keinen Zweifel.

„Gut, dann fragt bitte, was ihr erfahren wollt." Etwas Passenderes fiel ihr nicht ein, weil sie von der Herzlichkeit ihrer Familie schlichtweg überwältigt war.

Die Frauen lachten laut auf, während die Männer ernsthaft überlegten.

„Es gibt kaum einen Punkt, den wir nicht über dich wissen, abgesehen von intimen Details, die du auf jeden Fall für dich behalten kannst." Shellie lächelte sie an. „Wir haben dich all die Jahre begleitet, vergessen? Leider durften wir nicht eingreifen, als dein Vorgesetzter und deine Kollegen dich so mies behandelten." Sie ballte die Hände zu Fäusten. „Oh, wie gerne hätte ich den Kerlen eins ausgewischt. Mehr als einmal hab ich deinem Chef direkt auf den Kopf ..." Sie stoppte, um mit den Augen zu rollen, aber Abigail hatte sie schon verstanden.

„Das ist so toll. Ich bin dir enorm dankbar." Sie lachte befreit auf, zumal ihr der Gedanke gefiel, dass der Mann sich mit Rabenkot auf seinem perfekt frisierten Schädel herumärgern musste. „In der Tat vergesse ich immer wieder, was ihr für mich getan habt. Danke für alles."

Die Gruppe winkte sofort ab.

„Du gehörst zur Familie, da ist das selbstverständlich." Ian zog sie neben sich auf einen Stuhl. „Jetzt sollten wir langsam essen, dein Wolf sieht irgendwie hungrig aus." Er warf einen feixenden Blick auf Cameron.

Cameron setzte sich neben seine Gefährtin. „Da hast du recht, aber keine Sorge, ich bin das Jagen gewöhnt." Laut lachte er auf, als sich ein verunsicherter Ausdruck auf Ians Gesicht schlich. „Hey, du hast damit angefangen. Wir verhalten uns in der Regel genauso zivilisiert wie ihr."

„Dann stehen uns ja turbulente Zeiten ins Haus", mischte sich Aileen ein. „Wenn ich an so manchen Streit denke, bei dem besonders die Männer aufeinander losgegangen sind."

Sie zwinkerte Abby vergnügt zu. „Man erfährt ja so einiges über den MacDonald-Clan."

„Ach, im Grunde sind sie ganz harmlos." Zu gerne ging sie auf die kleine Plänkelei ein, zumal jeder wusste, dass es nur Spaß war. „Selbst der Chieftain Alan ist handzahm."

„Lass ihn das nur niemals hören", raunte Cameron ihr zu, dabei hörte man deutlich das Vergnügen in seiner Stimme.

„Es tut gut, alle zusammen zu sehen. Wie sehr habe ich mir gewünscht, dass du deine Familie kennenlernst." Alec materialisierte sich auf der anderen Seite des Tisches.

Abigail lächelte ihn liebevoll an. „Du hast mir verschwiegen, dass du einen Zwillingsbruder hast. Ich dachte im ersten Moment, dass du vor mir stehst."

Sofort verstummten die Gespräche, während die Aufmerksamkeit gespannt auf Abby lag, die verlegen mit den Schultern zuckte. „Tut mir leid, ich vergesse immer, dass ihr ihn ja nicht seht."

„Sag ihnen, dass ich mich freue, dass es allen gut geht." Alec strahlte über das gesamte Gesicht, als er vorsichtig ein Weinglas anhob. „Auf den Rabenclan der Frasers."

Halb erschrocken halb fasziniert betrachtete die Gruppe den schwebenden Weinpokal, während Abigail die Worte ihres Vaters wiederholte. „Sollte etwas aus unerfindlichem Grund herunterfallen, dürft ihr sicher sein, dass er bei euch ist", fügte sie mit einem Zwinkern hinzu.

Fast feierlich hoben auch die anderen ihre Gläser.

„Auf die Vereinigung des Rabenclans mit ihrer verschollenen Tochter und ihrem verstorbenen Sohn." Giordyns Stimme hörte sich rau an. „Je suis prest."

Sogar Abby stimmte in den Wahlspruch der Familie ein, zumal sie wieder deutlich spürte, dass sie ein Teil davon war.

Sie tranken und anschließend prasselten etliche Fragen auf sie ein, die Frauen wollten mehr über ihre Gabe wissen, die Männer erkundigten sich über das Jenseits, bis sie lachend die Hände hob. „Wir können zusammen singen, aber reden wird schwierig."

Vergnügt lachten ihre Verwandten auf, ehe sie sich auf eine bestimmte Reihenfolge einigten. Giordyn hielt sich mit Cameron im Hintergrund, beide liebten es, Abby so glücklich zu sehen.

„Zuerst einmal soll ich euch von Alec ausrichten, dass er nicht über die Schattenwelt sprechen darf. Es gibt mehrere, so viel dazu." Sie hörte ihrem Vater einen Moment zu, ehe sie leicht nickte. „Es ist seine Wahl, hier bei uns zu bleiben. Das muss als Information genügen."

Die Männer verzogen unzufrieden die Gesichter, hatten sie doch gehofft, eins der größten Geheimnisse zu lüften.

Eine Frage nach der anderen beantwortete Abby, wobei es ihr enormen Spaß machte, das Sprachrohr für Alec zu spielen.

Allmählich ging der Abend in ein fröhliches Trinkgelage über, bei dem nicht nur Cameron und sie, sondern genauso ihr Vater einbezogen wurde. Ian und Robert erzählten alte Geschichten, bei denen Alec sich gerne zu Wort meldete.

Vergnügt hörte Abigail zu, kuschelte sich an ihren Gefährten, der einen Arm um ihre Schultern gelegt hatte.

Als die Sonne untergegangen war, entzündeten die Kinder ein Lagerfeuer, das sie alle wärmte. Natürlich durfte Stockbrot nicht fehlen, was auch bei Cameron Erinnerungen weckte.

Viel zu früh mussten sie sich wieder verabschieden, denn vor ihnen lag noch eine Fahrt von anderthalb Stunden.

„Wirklich, ihr könnt hier übernachten.“ Ian sah Abby so bittend an, dass sie fast nachgegeben hätte, allerdings fehlten ihr Sachen zum Waschen genauso wie eine Zahnbürste.

Ihr Gefährte stand abwartend neben ihr, sie sollte die Entscheidung selber treffen.

„Das ist lieb von euch, aber wir sind nicht so fürchterlich weit weg, da können wir uns auch mal spontan besuchen.“ Sie lächelte die Kinder an. „Euer Onkel hat eine Kletterhalle, vielleicht möchtet ihr das mal ausprobieren.“

Sofort ertönte ein einstimmiges Jubeln.

„Jetzt hast du die Büchse der Pandora geöffnet“, bemerkte Aileen mit einem Lachen. „Sie werden keine Sekunde Ruhe geben, ehe wir euch auf die Pelle rücken.“

„Kein Problem, ruft bitte vorher an, damit ich euch einplanen kann.“ Cameron schmunzelte. „Wäre ja schade, wenn alle Kletterplätze belegt sind, oder?“

„Wir können euch tatsächlich nicht zum Bleiben überreden?“ Robert seufzte leise. „Irgendwie verstehe ich euch ja, ich würde auch nach Hause fahren, aber bis Dufftown sind es mehr als drei Stunden Fahrt.“

„So, du trittst unsere Gastfreundschaft mit Füßen, Robert Fraser?“ Shellie stemmte empört die Arme in die Seite.

Sofort wurde sie von dem großen Mann umarmt. „Zieh die Krallen ein, liebste Schwägerin, du weißt selbst, wie eng es hier ist, solange wir in unserer menschlichen Gestalt bleiben.“ Er hob sie ein wenig an, woraufhin sie lachend quietschte.

„Du kannst gerne im Baum übernachten, da ist ein bequemes Nest und für den Rest bedeutet es mehr Platz im Haus zu haben.“ Offen hielt sie seinem Blick stand.

Robert schüttelte leicht den Kopf. „Wir sind die Vorbilder für unsere Kinder und aktuell ist es schwer genug, sie in ein normales Bett zu bekommen." Ernst sah er auf seine Nichte. „Das ist eine ganz andere Herausforderung, wenn ihr Nachwuchs bekommt. Besonders in der ersten Zeit nach ihrer Verwandlung finden sie es spannend, abenteuerliche Wege zu gehen."

Das konnte Abby sich gut vorstellen, wobei bei ihr unklar war, ob sie in der Lage war, die Rabengene zu vererben. Andererseits bestand die Möglichkeit, dass ihr Baby auch ein Werwolf wurde, ob es in dem Fall lieber in einer Höhle schlief? Kurz sah sie ihren Schatz an, schluckte die Frage allerdings schnell herunter. An seine Kindheit wollte sie ihn gerade in dem Augenblick nicht erinnern. „Vielen, vielen Dank für alles. Ihr seid wundervoll." Erneut umarmte sie einen nach dem anderen, ehe sie sich auf den Heimweg machte.

„Das war ein echtes Wunder, niemals hätte ich mit so einem Empfang gerechnet", bemerkte Abigail, als sie Mallaig hinter sich gelassen hatte. „Jetzt habe ich eine Familie und einen Gefährten, die mich lieben. Freunde, auf die ich mich verlassen kann, fehlt nur noch ein ganz kleiner winziger Punkt." Glücklich lehnte sie sich zurück, schloss die Augen, um sofort einzuschlafen.

Cameron betrachtete sie kurz, ihm war bewusst, dass sie die Antwort von Gerry meinte. Natürlich hoffte er, dass er sie wandeln konnte, aber das mussten sie abwarten.

~~°~~

„Ich glaube, die Mail ist für dich." Cameron deutet auf den PC, wo er einen Termin für einen Auftritt der *Highland Werewolfs* überprüfte.

Mittlerweile war etwas mehr als eine Woche vergangen, seit sie Abigails Sippe besucht hatten. Sie telefonierte fast jeden Tag mit einer ihrer Tanten oder mit einem Onkel. Jetzt im Augenblick sprach sie allerdings mit Ava, für die sie sich eine menschengerechte Version der Geschehnisse ausgedacht hatte. Gerade erzählte sie von der Party in Mallaig, sodass sie nur leicht nickte. „Es war so wundervoll. Niemals hätte ich gedacht, dass die Familie meines richtigen Vaters mich mit offenen Armen aufnimmt."

„Du hast es verdient, Liebes, besonders, nachdem Deidre dich so mies behandelt hat." Die Freundin seufzte. „Das ist echt starker Tobak, was sie dir all die Jahre verschwiegen hat. Umso schöner, dass du jetzt glücklich bist."

„Oh, ja, das bin ich. Wobei du mir fehlst, Süße. Was ist eigentlich mit einem Besuch?" In der Tat brannte Abby darauf, ihr so viele Dinge in Schottland zu zeigen. „Weißt du was? Ich feiere meinen Geburtstag mit allem Drum und Dran. Dann musst du einfach herkommen."

Ava klatschte hörbar in die Hände. „Dass ich das erleben darf! Du schmeißt freiwillig eine Party. Da bin ich selbstverständlich dabei, sind ja nur noch knappe dreißig Tage."

„Ealan, du solltest das hier wirklich lesen." Camerons Stimme hatte etwas Drängendes, sodass sie sich eilig von ihrer Freundin verabschiedete.

Neugierig sah sie ihm über die Schulter, bekam allerdings augenblicklich ein flaues Gefühl in der Magengegend, als sie sah, dass die Mail von Gerry kam. „Ist es so schlimm, wie ich befürchte?" Sie traute sich kaum, hinzusehen.

„Kommt ein wenig darauf an, wie man es sieht.“ Ihr Geliebter schmunzelte. „Du kannst es ja ablehnen, dich künftig in einen Raben oder einen Wolf zu verwandeln.“

Sofort konzentrierte sie sich auf den Text, den der Arzt geschickt hatte. In der Tat stand dort, dass es kein Problem gab, sollte sie sich wandeln lassen, ganz im Gegenteil. Es wäre einfacher, wenn ihr Opa Blut spendete, womit sie ein Serum herstellen würden. Allerdings war es auch durch einen Biss von Cameron möglich, nur etwas schmerzhafter.

„Jetzt stehst du vor der Entscheidung, Rabe oder Wolf. Beide haben ihre Vorteile.“

Ihr Liebster zog sie auf seinen Schoß, legte seine Arme um sie und sie fühlte, dass sie ihren Platz auf der Welt gefunden hatte. Besser konnte es sich für sie doch gar nicht entwickeln.

Epilog

„Ich kann es kaum erwarten, dass sie kommen." Abigail lief erneut zur Tür, um nachzusehen, ob ihre Familie ankam. Im Garten hatten sie Bänke aufgestellt, Lampions hingen in den Bäumen, der Grill war vorgeheizt und das Ale kühlgestellt.

Ava betrachtete sie lächelnd. „Du feierst wirklich zum ersten Mal deinen Geburtstag, wer könnte es dir verdenken, dass du aufgeregt bist." Sie umarmte die Freundin. „Deine Geschichte ist ein verdammtes Märchen, Süße, ich freue mich mit dir."

In den letzten Tagen waren die beiden ständig unterwegs gewesen, weil Abigail ihr am liebsten alles gleichzeitig gezeigt hätte. Damit hatte sie keine Zeit gehabt, um nervös zu werden. Ganz im Gegensatz zu dem jetzigen Zeitpunkt.

Endlich klingelte es, und bevor jemand sich regen konnte, war sie an der Tür. Mit strahlenden Augen umarmte sie Blake, Chris, James, Keith, Murtagh, Emily sowie David, dabei sah sie, dass auch ihre Familie gerade aus den Autos stiegen. Traurig erkannte sie, dass Ian fehlte. Was hielt ihn bloß auf? Ob er vielleicht krank war?

Mit großem Hallo begrüßten sich alle, stellten sich gegenseitig vor, wobei sofort klar war, dass die Chemie hier sehr gut stimmte.

Das Stimmengewirr nahm stetig zu, nachdem jeder einen Platz gefunden hatte.

Alec stand an der Seite seiner Tochter, betrachtete die Gruppe, gleichzeitig schmunzelte er. „Wer hätte gedacht, dass sich Raben und Wölfe so gut verstehen."

Aufmerksam musterte sie ihren Vater. „Sag mir bitte nicht, dass es sich um verfeindete Clans handelt." Innerlich betete sie, obwohl die alten Rivalitäten weitestgehend aus der Welt geschaffen waren.

„Nein, nicht dass ich wüsste. Aber in der Natur sind sie eher gegensätzlich." Erneut ließ er seinen Blick über die Gesellschaft schweifen. „Du hast es verdient, dass alle gut miteinander auskommen. Viel zu lange wurdest du in Deidres Intrigen verwickelt."

„Doch am Ende hat sich das Schicksal gewendet." Glücklich beobachtete sie die Leute, die ihr dermaßen am Herzen lagen. Mittlerweile hatte sie aus etlichen Erzählungen erfahren, dass sie niemals alleine gewesen war. Das Gefühl, eine starke Gemeinschaft hinter sich zu wissen, war unbezahlbar.

„Hier fehlt definitiv ein Kuchen", rief Ava, gleichzeitig klatschte sie in die Hände.

Irritiert sah Abby auf den Tisch mit den reichlichen Speisen, denn dort standen drei Obstkuchen. Aber als Cameron jetzt mit einer dreistöckigen Torte und neunundzwanzig brennenden Kerzen aus der Tür kam, blieb ihr die Erwiderung im Hals stecken. Gerührt lief sie zu ihm, wartete, bis das Kunstwerk sicher auf seinem Platz gelandet war, bevor sie ihn leidenschaftlich küsste. „Du hast mir doch schon die wundervollen Ohrringe mit dem Crest der MacDonalds geschenkt", flüsterte sie ihm zu.

„Aye, die Idee stammt von Ava, ich habe ihr nur ein wenig geholfen." Er zwinkerte ihr zu, anschließend deutete er mit dem Kinn auf die junge Frau.

Sofort ging Abby zu ihr, nahm sie fest in die Arme. „Dass du hier bist, macht den Tag erst perfekt. Danke für deine Freundschaft."

„Hör auf, sonst fange ich noch an, zu heulen." Ava schob sie ein Stückchen von sich. „Du hast es einfach verdient, endlich glücklich zu sein." Sie sah sich um. „Und so wie ich es sehe, ist das ein guter Weg."

Dem stimmte Abigail zu, doch in dem Augenblick fiel ihr ein, dass Ian fehlte. „Entschuldige mich bitte, ich muss schnell was mit meiner Tante klären." Sie ging zu Shellie, die sie liebevoll ansah. „Sag mal, wo ist eigentlich dein Mann? Ich kann mir kaum vorstellen, dass er sich drückt."

Jetzt zuckte Shellie geheimnisvoll mit den Schultern. „Das darf ich nicht verraten, aber er kommt, versprochen."

Bei der Aussage wurde Abby neugierig, nur aus ihrer Familie bekam sie kein Wort heraus.

Nachdem alle gegessen hatten, holten die Jungs ihre Instrumente, um mit Musik die Stimmung anzuheizen.

„Den nächsten Song spielen wir für das Geburtstagskind. Ein Vögelchen hat uns gezwitschert, dass es ihr Lieblingslied ist." Murtagh zwinkerte Abigail zu, ehe er das Lied Alba von Runrig anstimmte.

„Oh, da kommen Erinnerungen hoch", flüsterte Ava mit glänzenden Augen. „Es ist, als ob es schon Jahre her wäre, seit wir das Konzert besucht haben."

Dem konnte Abby nur zustimmen, auf eine Antwort verzichtete sie lieber, da ein dicker Kloß ihr die Kehle zuschnürte. Dieser Konzertbesuch hatte alles in Gang gesetzt, womit sie niemals gerechnet hätte.

Als der Song endete, klingelte es erneut, sodass sie zur Tür eilen wollte, aber Giordyn schüttelte leicht den Kopf. „Ich erledige das. Du bist die Hauptperson hier."

Dankbar küsste sie ihn auf die Wange, anschließend ging sie zu Murtagh, der sie zu sich winkte. „Was soll ich sagen? Ihr habt mich ertappt. In der Tat ist das mein Lieblingslied, weil es meine ganze Liebe zu unserem wundervollen Land ausdrückt." Sie lächelte in die Runde und setzte gerade dazu an, sich bei allen zu bedanken, als Ian durch die Terrassentür kam. An seiner Seite war Oonagh!

Fassungslos vor Glück starrte Abigail auf ihre Oma, die ihr lächelnd zuwinkte.

„Was ist, erkennst du mich etwa nicht? Du warst doch erst vor zwei Wochen bei mir." Oonagh lachte leise, gleichzeitig breitete sie die Arme aus.

Eine Sekunde später umarmte Abby sie, außerstande auch nur einen Ton hervorzubringen.

„Du hast mich geheilt, meine Kleine. Ohne deine Besuche und den Kontakt zu Alec wäre ich immer noch in meinem Wahn gefangen", flüsterte sie ihr zu. „Danke."

Tränen liefen Abigail über das Gesicht, als sie ihre Großmutter jetzt ansah. „Das ist das schönste Geburtstagsgeschenk, das ich mir wünschen konnte." Sie suchte nach Worten, doch die waren in der Situation überflüssig.

Sie setzten sich an den Tisch, dabei hielt Abby die Hand ihrer Oma fest in ihrer. „Ich dachte, du seist zu krank, um das Hospital zu verlassen?" Sie hatten diese Geschichte Ava erzählt, die ja nichts von Tir na nògh wissen durfte.

„Seit deinem letzten Besuch ging es mir ständig besser. Die Ärzte sprechen von einem Wunder." Oonagh zwinkerte ihr zu. „Ich sage, dass ich erkannt habe, was für eine wundervolle

Familie ich habe, daher möchte ich die Zeit, die mir bleibt, keine Sekunde länger verschwenden." Liebevoll betrachtete sie ihre Kinder, Schwiegerkinder und Enkel.

Abby stimmte ihr gerne zu, dabei wurde ihr bewusst, egal, für welches Tier sie sich am Ende entschied, sie blieb immer ein Mitglied des Rabenclans. Genauso wie sie einen festen Platz bei den Werwölfen von Glencoe hatte.

Cameron kam zu ihr, stellte sich hinter sie, um seine Arme um sie zu schlingen. „Glücklich?"

Sie drehte sich leicht. „Oh, ja, mehr als ich sagen kann." Ihr Herz quoll über vor Liebe für ihren Gefährten, ihre Familie und ihre Freunde. Sie stand auf, zog Cameron an sich, um ihn leidenschaftlich zu küssen. „Ich habe mich entschieden, mich in einen Raben wandeln zu lassen, bevor wir unser erstes Kind bekommen." Sie sah ihn ein wenig unsicher an, doch er atmete erleichtert auf.

„Zum Glück bittest du mich nicht, dich zu beißen. Dazu wäre ich niemals in der Lage", flüsterte er zurück.

Überglücklich schmiegte sie sich an seine Seite, lächelte ihrem Großvater und ihrem Vater zu, die bei ihrer Oma saßen, dabei spürte sie auch die Blicke der anderen auf sich. „Ich danke euch allen, ohne euch säße ich heute noch in einem muffigen Büro, um das Mauerblümchen zu spielen. Ihr habt mir gezeigt, dass ich wertvoll bin, so wie ich bin."

Ihre Gäste klatschten begeistert in die Hände, pfiffen, um ihr zuzustimmen. „Du bist eine Bereicherung für jede Familie, aber ob du mit uns einen so guten Fang gemacht hast, ist fraglich. Warte erst mal ab, bis wir über euch herfallen, um euren Kühlschrank leerzufuttern", rief Robert lachend.

Die anderen stimmten ein und auch Abby lachte aus vollem Herzen. Die Zukunft konnte kommen, denn jetzt war sie überzeugt davon, dass sie alle Herausforderungen meistern würde.

Ende

Leseprobe „Kein Werwolf zum Heiraten“

Kapitel 1 - Ein ungewöhnliches Angebot

Ungeduldig trommelte Chrissi mit den Fingern auf die Tischplatte. Sie hatte einen Termin mit ihrem Manager, mit dem sie ernsthaft reden musste. Seit sie in seinem Bett gelandet war, bekam sie nur noch Auftritte auf Geburtstagen oder privaten Feiern, die nur mittelmäßig bezahlt wurden. Abgesehen davon, dass sie sich eine Karriere als Sängerin anders vorstellte, reichte die Gage hinten und vorne nicht.

Endlich öffnete sich die Tür und Gerold kam herein, eilig richtete er seine Kleidung, was ihr eine ganze Menge verriet, auch die Lippenstiftflecken an seinem Kragen sprachen eine deutliche Sprache.

„Du hast mich tatsächlich wegen eines Quickies warten lassen?“ Christine bemühte sich kaum, ihren Unmut zu verbergen. Er sollte wissen, dass sie mächtig verärgert war, wobei es sich bei dem Ausdruck um eine Untertreibung handelte.

„So schlecht gelaunt an einem so schönen Tag?“ Charmant lächelte er ihr zu, als er sich hinter seinem Schreibtisch niederließ. „Du scheinst mit dem falschen Fuß aufgestanden zu sein.“

Innerlich zählte sie bis zehn, um sich ein wenig zu beruhigen, es brachte einfach nichts, ihn anzugehen, dadurch bekam sie kein besseres Engagement. „Wir müssen ernsthaft reden, Gerold. Es kann so nicht weitergehen. Du hast mir versprochen, wenn ich dich als Manager annehme, bringst du mich groß raus.“ Sie holte tief Luft, weil sie sich erneut in Rage redete. „Bisher hatte ich genau einen Auftritt am Deutschen Eck als supporting act.“ Auffordernd blickte sie ihn an, jetzt sollte er die Hosen runterlassen oder den verdammten Vertrag aufheben.

Nachdenklich blätterte er in seinen Unterlagen, ehe er sie fast schon mitleidig musterte. „Du bist nicht das, was ich erwartet habe, Chrissi. Es tut mir leid, aber ich erhalte nur Absagen, sobald ich deinen Namen ins Spiel bringe.“ Er runzelte die Stirn. „Ist irgendwas auf dem Konzert in Koblenz schiefgelaufen?“

Sofort schüttelte sie den Kopf, sodass ihre blonden Locken flogen. „Ganz im Gegenteil, die Leute waren begeistert. Ich hab dir die Fotos gezeigt, außerdem bekomme ich immer noch Fanpost.“ Sie riss sich zusammen, um ihre Stimme unter Kontrolle zu halten. „Viele fragen, wann ich wieder auftrete.“

„Das ist seltsam, wie gesagt, ich tue, was in meiner Macht steht, allerdings sind deine Coversongs ziemlich abgenutzt. Vielleicht kannst du deine Stilrichtung ändern? Etwas mehr, sagen wir, Erotik?“

Spöttisch stieß sie die Luft aus. „Tut mir leid, ich bin Sängerin und verkaufe meinen Körper nicht.“ Im Stillen fragte sie sich, wie lange noch. „Pass auf, ich brauche eine Chance, außerdem müssen meine Auftritte besser bezahlt werden.“ In der Tat lebte sie seit einiger Zeit lediglich von Nudeln und Toast.

Seufzend strich Gerold sich über die Lider. „Vielleicht kannst du einen Job im Einzelhandel oder als Kellnerin bekommen." Er machte eine Kunstpause. „Allerdings wäre dann die Vertragsstrafe von 10.000 Euro fällig." Bei der Aussage blitzte die Gier in seinen Augen auf. „Wir könnten aber bestimmt einen Weg finden." In seinem Blick stand deutlich, was er im Sinn hatte.

„Vergiss es, egal, was du tust, ich schlafe nie mehr mit dir." Jetzt war ihr klar, was er mit seiner Taktik bezweckte: Sie sollte sein Betthäschen werden. Nur dazu war sie sich zu schade. „Also, was ist? Kannst du mir einen Auftritt anbieten oder bist du nicht in der Lage, deinen Teil des Vertrags einzuhalten." Was er konnte, konnte sie schon lange. „Vielleicht zahlst du mir eine Abfindung, damit du mich loswirst. Du scheinst nicht der richtige Manager zu sein."

Jetzt richtete er sich auf, in seinen Augen erkannte sie eine eindeutige Warnung. „Zweifelst du meine Fähigkeiten an?"

Chris zuckte nichtssagend mit den Schultern. „Komm zum Punkt." Sie hielt seiner stummen Drohung stand.

„Es gibt da eine Möglichkeit, aber die wird dir kaum gefallen", begann er, während er auf seinem PC eine Seite aufrief.

„Alles ist besser, als vor einer besoffenen Horde Männer zu singen, die einen Junggesellenabschied feiern." Sarkasmus troff aus ihrem Mund, denn bei ihrem letzten Auftritt wurde sie keineswegs wegen ihres Gesangs gebucht. Im Gegenteil, die Kerle hatten sie lautstark aufgefordert, sich auszuziehen. Gerold musste ihnen falsche Informationen gegeben haben, zumal sie die Gage um die Hälfte kürzten.

„Da ist ein Pub in Inverness, Schottland. Sie suchen derzeit eine Sängerin, um dem Ganzen ein wenig Schwung zu verleihen."

Ungläubig riss sie die Augen auf. „Schottland? Das Land ist nicht gerade dafür bekannt, dass dort jemand aus Deutschland mit Coversongs groß rauskommt, oder? Gib es zu, du nimmst mich auf den Arm."

Jetzt drehte er den Bildschirm, sodass sie draufsehen konnte. Tatsächlich gab es ein solches Lokal, in dem sie wohl einen bunten Abend mit verschiedenen Künstlern veranstalten wollten, trotzdem klingelten bei ihr alle Alarmglocken. Irgendwas war hier im Busch, darüber hinaus hatte sie gar keine Kohle, um nach Schottland zu fliegen. „Tolles Angebot und wie soll ich da hinkommen? Wie du weißt, war ich in der letzten Zeit kaum in der Lage, Geld zu verdienen." Bitter stieß sie die Luft aus.

„Da greife ich dir gerne unter die Arme, Kleine." Er lächelte hinterlistig. „Ich strecke dir die Kosten für den Flug vor, außerdem habe ich einen Bekannten, der dir dort ein Auto leiht. Du müsstest lediglich für deine Verpflegung aufkommen, da du in dem Lokal ein Zimmer bekommst."

„Was verlangst du dafür? Ich gehe auf gar keinen Fall mit dir ins Bett!" Sie beobachtete ihn eindringlich, um jede Hinterhältigkeit sofort zu erkennen. Der Auftritt war zwar nicht das, was sie erhofft hatte, aber besser als das, was er ihr bisher vorgeschlagen hatte. Darüber hinaus ergab sich vielleicht ja eine weitere Möglichkeit. Bei dem Gedanken hätte sie fast spöttisch aufgelacht, sie durfte keine Angebote annehmen, ohne die Genehmigung von Gerold. Immer wenn sie etwas an Land zog und ihm eine Nachricht schickte, bekam sie kurz darauf eine Absage. Christine biss die Zähne aufeinander, während sie auf seine Antwort wartete.

Gerold zupfte sich eine Fluse vom Hemd, gleichzeitig tat er so, als ob er überlegen müsste. „Ich bekomme statt der Hälfte siebzig Prozent, zumal anzunehmen ist, dass unter Umständen neue Anfragen kommen werden."

Empört schnappte Chris nach Luft. „Du bist ein Halsabschneider, Gerold. Hast du es wirklich so nötig? Lassen deine anderen Häschen dich nicht ran?" Sie verlor die Fassung, weil er sie dermaßen über den Tisch ziehen wollte.

„Du solltest auf deinen Ton achten, Kleine. Du bist nichts weiter, als eine von vielen, die sich einbildet, singen zu können." Sein Gesichtsausdruck verhärtete sich. „Du kannst dir mit etwas Aufwand gute fünfhundert Pfund verdienen, wenn dir das zu wenig ist, dann lehn das Angebot ab." Er zuckte gleichgültig mit den Schultern.

„Du kommst für alles auf, bis auf meine Verpflegung. Ich bekomme es schriftlich, dass ich den Flug, ein Auto und ein Zimmer erhalte. Wir reden hier von Hin- und Rückflug. Außerdem bezahlst du den Sprit, keine hinterhältigen Touren, ich warne dich." Ernst musterte sie ihn, wobei ihr ein eiskalter Schauer über den Rücken lief. Wie war sie nur auf die Idee gekommen, mit ihm ins Bett zu steigen und mit ihm einige spezielle Praktiken auszuprobieren?

„Deal." Er hielt ihr seine Hand hin, dabei grinste er auf eine Weise, die ihr Angst einjagte, trotzdem schlug sie ein.

„Keine krummen Dinger, ich reiße dir den Allerwertesten auf." Sie musste sich überwinden, ihn anzufassen.

„Du kennst mich doch. Glaub mir, ich tue, was in meiner Macht steht, um dich zu unterstützen. Jetzt wartet mein nächster Termin auf mich.“ Er deutete zur Tür. „Ich schicke dir alles per Mail. Mach es gut.“

Damit war sie wohl entlassen. Chris beeilte sich aus dem Büro herauszukommen, weil sie sich besudelt fühlte. Außerdem breitete sich das Gefühl, betrogen worden zu sein, in ihrem Inneren aus. Irgendetwas stimmte hier nicht, davon war sie überzeugt, aber sie hatte keine andere Wahl.

Während sie mit dem Bus nach Hause fuhr, dachte sie darüber nach, wie dumm sie gewesen war. Sie hatte den Vertrag im guten Glauben unterschrieben, dass Gerold ihr tatsächlich helfen wollte. Wie naiv sie in seine Falle getappt war!

~~o~~

Blake fluchte unterdrückt, während er versuchte, irgendwie zur Ruhe zu kommen. Seit ein paar Tagen fühlte er sich rastlos, unruhig, als ob eine Katastrophe auf ihn zurasen würde. Das letzte Mal, als er sich so ähnlich gefühlt hatte, wurde kurz darauf seine Familie abgeschlachtet, nur er und sein Bruder überlebten das Massaker. Schnell schüttelte er die Erinnerungen von sich, sie brachten ihn nur dazu, die verdammte Buchhaltung hinzuschmeißen.

Erneut blickte er auf die Konten, die ihn zu verhöhnen schienen. Weshalb konnte er sich nicht mehr konzentrieren? Klar, das Jonglieren mit den Zahlen war ihm schon immer verhasst, aber er kannte sich nun mal am besten damit aus. Er hatte ja genug Zeit gehabt, um alles zu lernen.

Wie gerne würde er sich jetzt in der Werkstatt aufhalten, einen Motor auseinandernehmen oder an seinem alten Ford F 250 basteln. Er hatte den Pick-up von einem Bauern bekommen, der ihn in seiner Scheune verrotten ließ. Ein wahres Prachtstück, sobald er fertig restauriert war.

Seufzend zwang er sich, sich auf seine Aufgabe zu konzentrieren. Verdammt, es war aber auch zum Schreien. Immer wieder schweiften seine Gedanken ab, außerdem erwischte er sich selbst dabei, dass er auf der Tischplatte herumtrommelte.

Mürrisch stand er auf, schaltete das Radio ein, anschließend suchte er einen Sender, der seine Lieblingssongs spielte. Er hörte im Prinzip alles, nur meistens wurden die guten Songs totgespielt. Natürlich fand er nichts, was ihm gefiel, daher entschied er sich für seinen iPod, der die entsprechende Playlist zum Besten gab.

Unruhig lief er in seinem geräumigen Büro herum, fuhr sich mehrfach durch die Haare, ehe er sich zurück an die Arbeit zwang. Das Clantreffen war in ein paar Tagen, da musste er einen kompletten Bericht abgeben. Als Schatzmeister war er für die Finanzen verantwortlich, dabei handelte es sich um ein richtiges Vermögen.

Blake verwaltete die Gelder seiner Clanleute, legte sie gewinnbringend an oder sorgte dafür, dass sie ihren Besitz behielten, falls sie gezwungen wurden zu verschwinden. Seine Werkstatt deckte seine eigentlichen Ausgaben, außerdem machte es ihm Spaß an Autos oder Motorrädern zu schrauben. Erneut stieß er unwillig die Luft aus, der Bürojob raubte ihm heute wirklich jeden Nerv.

Es klopfte, doch ehe er eine Antwort knurren konnte, kam sein Bruder Cameron herein. „Bist du immer noch an der Buchhaltung?“ Erstaunt musterte er ihn.

„Ja, oder denkst du, dass ich hier meinen Jahresurlaub verbringe?“ Schlecht gelaunt betrachtete er ihn. „Was willst du?“

Lächelnd setzte Cameron sich auf die Tischplatte. „Nach dir schauen, du bist in den letzten Tagen außergewöhnlich harsch.“ Er blickte kurz auf den Bildschirm. „Außerdem kommst du mit den Buchungen nur schleppend voran.“

„Ja, weil ständig so ein Klugscheißer wie du mich von der Arbeit abhält.“ Blake biss die Zähne aufeinander. „Tut mir leid“, murmelte er. Sein Bruder konnte absolut nichts dafür, dass er so neben der Spur lief. Wieder trommelte er auf der Tischplatte herum.

„Du bist nervös“, stellte Cameron mit einem wissenden Lächeln fest. „Du weißt, was David gesagt hat, oder?“

Völlig entnervt nickte er. „Ja, unser liebenswerter Cousin aus Irland ist der Meinung, dass mein Zustand meine Gefährtin ankündigt.“ Er lachte spöttisch auf. „Als ob sie so plötzlich vom Himmel fällt. Ich habe weiß Gott viele Frauen kennengelernt, aber keine war die Richtige. Außerdem haben die Normalen die dumme Angewohnheit zu sterben.“

Traurig stimmte Cameron ihm zu. „Du hast recht, trotzdem vertraue ich ihm. Er ist Wächter der Magischen Welt, die wissen immer etwas mehr.“

Blake machte eine wegwerfende Handbewegung. „Am Ende ist es doch nur eine Vermutung. Glaub mir, ich brauche kein Weib, das mir sagt, was ich tun soll oder mir die Ohren volljammert, dass ich mich zu wenig kümmere.“

Cameron lachte leise. „Den Eindruck hatte ich weder von Emily noch von den anderen Gefährtinnen. Ich würde eine solche Frau mit Kusshand nehmen, sogar die Kleine von Brian ist taff."

„Wenn du jetzt genug gequatscht hast, ziehe ich es vor, weiterzumachen. Das Treffen ist in zwei Tagen, wie du weißt." Er deutete mit dem Kinn auf die Tür, woraufhin sein Bruder das Büro verließ.

Nachdenklich rieb er sich über das Gesicht, hatte David vielleicht doch recht? Sofort wehrte er den Gedanken ab, dass er sich in Kürze um eine Gefährtin zu kümmern hatte. Dazu hatte er weder Zeit noch Nerven. Am Ende war es sogar ein Mensch, sodass er sie in ein paar Jahren begraben durfte. Nein, danke, da verzichtete er lieber. Andererseits gab es die Möglichkeit, sie wandeln zu lassen.

Wütend warf er den Stift, mit dem er herumgespielt hatte, auf den Tisch. Jetzt dachte er schon über eine Frau an seiner Seite nach, er musste übergeschnappt sein. Alle weiblichen Wesen im Umkreis kannte er bereits, darunter versteckte sich seine Zukünftige bestimmt nicht. Wahrscheinlich war es nur ein dummes Gerücht und David machte sich einen Spaß daraus, sie auf den Arm zu nehmen.

Blake hielt es keine Sekunde länger aus, er stand auf, rannte fast aus dem Büro und lief auf seinen Patrol zu. Im Vorbeigehen rief er seinen Leuten zu, dass er für die nächsten Stunden weg sei.

Eine Staubwolke hinter sich herziehend, raste er die Straße entlang, bis er auf einen Schotterweg stieß, der ihn zwang, besonnener zu fahren. In der Nähe des Glencoe Campingplatzes ließ er seinen Wagen stehen, stieg aus, um auf einem der vielen Wanderwege einfach geradeaus zu gehen.

Als er tief im Wald war, schlug er sich ins Gebüsch, streifte seine Kleider ab, anschließend ging er auf die Knie. Ein blaues Licht flackerte auf, gleichzeitig surrte es leise, während er sich in einen Wolf verwandelte.

Seine Haut platzte auf, das grau-braune Fell erschien, bevor sich sein Kiefer verlängerte. Aus seinen Fingern wurden Pfoten, zeitgleich verformte sich sein kompletter Körper. Die ganze Aktion dauerte nur wenige Momente und sofort fühlte er sich leichter. Die Nervosität klang im gleichen Maße ab, wie sich seine Sinne schärften.

Kurz hob er den Kopf, schnupperte, dabei nahm er die Gerüche des Waldes wahr. Der kräftige Duft von Harz und Holz besänftigte ihn.

Sein Gehör verriet ihm, dass keine Normalen in der direkten Umgebung herumliefen, aber Rehe, die sich durchs Unterholz bewegten. Neben ihm huschte eine Maus in ein Loch im Boden, außerdem plätscherte in der Nähe ein kleiner Fluss.

Gierig sog er die frische Luft ein, berauschte sich an den verschiedenen Eindrücken, ehe er losrannte.

Äste brachen, als er sich seinen Weg durch den alten Wald bahnte, sie verfingen sich zum Teil in seinem Fell, trotzdem blieb er nicht stehen. Immer schneller lief er, bestrebt, die Bäume hinter sich zu lassen, sein Herz pumpte kraftvoll, seine Muskeln spannten sich an. Ein Reh sprang auf, was seinen Jagdtrieb weckte, doch heute würde es ihm entkommen. Die Auszeit war wichtiger, als sich den Bauch vollzuschlagen.

Er kam aus dem bewaldeten Gebiet heraus, stoppte am Rand, um Witterung aufzunehmen, so kurz vor dem Clantreffen musste er verhindern, gesehen zu werden. Als er sicher war, dass sich niemand in der Nähe befand, setzte er sich in Bewegung, beschleunigte seine Schritte, bis er erneut rannte. Jetzt, wo er keine hinderlichen Äste mehr um sich hatte, fühlte er sich endlich frei. Der Wind peitschte über ihn hinweg, obwohl es ein sonniger Tag war.

Er witterte einen Hasen und die Versuchung, ihn zu fangen, ließ ihn knurren. Er bog jedoch sofort in die entgegengesetzte Richtung ein. Der Boden war am Waldrand matschig, da es in den letzten Tagen geregnet hatte, sodass er sich aus seiner Deckung herauswagte.

In dieses Gebiet wagten sich nur die wirklich erfahrenen Wanderer, zumal es bereits auf den Berg hinauf ging. Hier bedeckte nur noch Moos die blanken Felsen, dennoch rannte er weiter, spürte sein Blut durch die Adern rauschen.

Nach einer ganzen Weile bremste er seine Geschwindigkeit ab, hob den Kopf und heulte seinen Frust in die Welt. Wahrscheinlich fragte seine Sippe sich jetzt, was los war, aber er zählte darauf, dass Cameron ihnen Bescheid sagen würde.

Langsam trottete er den Weg zurück, wobei seine Krallen leise über die Steine kratzten. Er fühlte sich besser, trotzdem wusste er, dass die Unruhe viel zu schnell zurückkommen würde.

Vorsichtiger als auf dem Hinweg, schlich er sich in das Waldstück, wo seine Kleider lagen. Fluchend bemerkte er, dass seine Sachen feucht waren, kein Wunder, überall entdeckte er Löcher voll Morast, da der Waldboden sich beim letzten Regen vollgesogen hatte.

„Verdammte Scheiße, das muss aufhören", murmelte er, ärgerlich über sich selbst, weil er anscheinend kaum klar denken konnte. Außerdem fühlten sich die klammen Klamotten unangenehm an.

Blake fuhr zurück, zog sich um, ehe er sich in sein Büro verkroch, wo er wenigstens einen Teil der Buchhaltung hinter sich brachte, dabei betete er, dass der Zustand bald beendet wurde.

~~°~~

Chris überlegte, ob sie den Trip nach Schottland wirklich antreten sollte, andererseits hatte sie kaum eine Alternative. Ihr Geld war mehr als knapp und blödsinnigerweise hatte sie den Vertrag unterschrieben. Sie haftete dafür, dass der Auftritt auch zustande kam.

Wieder schüttelte sie über ihre Naivität den Kopf. Sie war gerade volljährig geworden, als sie glaubte, das große Los gezogen zu haben, weil Gerold ihr anbot, sie zu einem Star zu machen. Spöttisch lachte sie auf. Der Kerl war lediglich an seinen Spielchen im Bett interessiert. „Später ist man immer schlauer", murmelte sie, während sie überlegte, welche Outfits sie mit nach Schottland nehmen sollte. Wahrscheinlich musste sie sich auf ein Minimum beschränken, da ihr liebenswerter Manager kaum zusätzliches Geld für einen normalen Koffer ausgeben würde. Den Punkt hatte sie völlig vergessen, sodass sie sich jetzt mit der flachen Hand vor die Stirn schlug. Sie wusste doch, dass er sie über den Tisch zog, wo er konnte.

Eilig nahm sie ihr Handy, um die Mails zu checken. Mit einem mulmigen Gefühl öffnete sie die Nachricht, auf die sie gewartet hatte, nur um kurz darauf vor Wut mit der Faust auf die Tischplatte zu hämmern. Er hatte in der Tat einen Billigflug gebucht, bei dem sie das Gepäck selbst zahlen musste. Hinterhältig teilte er ihr mit, dass er ihr die Summe von ihrem Verdienst abziehen würde.

Chris rieb sich über das Gesicht, weshalb war sie auch so überstürzt aus dem betreuten Wohnen ausgezogen? Ihre Betreuer hätten sie vor so einem Schwein beschützt, aber sie hatte ja gedacht, es besser zu können. Plötzlich fühlte sie sich dermaßen einsam, dass ihr die Tränen in die Augen traten. Eilig lenkte sie ihre Aufmerksamkeit wieder auf die Mail, soweit schien alles in Ordnung zu sein. Das Auto sollte vollgetankt in der Nähe des Flughafengeländes auf sie warten und Gerold hatte ihr das Spritgeld überwiesen, zumindest behauptete er das. Ein schneller Blick auf ihr Konto sagte ihr, dass die Buchung noch nicht durch war, doch bisher war er in dem Punkt ehrlich gewesen.

Mit gemischten Gefühlen packte sie ihre Sachen, anschließend checkte sie die Möglichkeiten, um zum Flughafen zu kommen.

Wer ist wer?

Liebe Leserinnen, liebe Leser,

ich freue mich, dass ihr mich nach Schottland begleitet habt und vielleicht seid ihr neugierig auf die Geschichten der Wächter geworden. Deshalb habe ich hier eine kleine Auflistung, welcher Wächter in welchem Buch vorkommt und wer er überhaupt ist.

Bitte seht es mir nach, dass ich in diesem Buch nicht wirklich in die Tiefe gegangen bin, wenn es um die Jungs von Ballygannon und ihre Frauen ging.

Die Protagonisten rund um Abby und Cameron aus „Kein Werwolf für eine Nacht“:

Abigail - genannt Abby - Sekretärin aus London

Cameron - Werwolf - Piper des Rudels - Musiker - Besitzer einer Kletterhalle

Blake - Werwolf - Bruder von Cameron - Gefährte von Christine

Christine - genannt Chris - Gefährtin von Blake - Sängerin

Bea - Patenkind von Blake - Freundin von Abby

Giordyn - Rabe - verwandert von Abby

Alec - Rabe - Vater von Abby

Deidre - Mensch - Mutter von Abby

Ava - Mensch - beste Freundin von Abby

Die Protagonisten rund um Christine und Blake aus „Kein Werwolf zum Heiraten“:

Christine - Waise - arbeitet als Sängerin

Blake - Werwolf - Schatzmeister des Rudels - besitzt eine Werkstatt

Bea - Freundin von Christine - Werwölfin

Cameron - Werwolf - Bruder von Blake

Alan - Werwolf - Chieftain des Rudels und bester Freund von Blake

Gerold Mehlmann - Mensch - Manager von Christine

Die Wächter:

Logan – Jaguar – Kämpfer der Wächter – Gefährte von Joleen (Wild Thing – Dem Jaguar verfallen).

Joleen – ehemalige Barkeeperin – Hackerin bei den Wächtern – Gefährtin von Logan (Wild Thing – Dem Jaguar verfallen).

David – Wolf – Anführer der Ersten Einheit – Gefährte von Emily (Wild Thing – Wolfsliebe)

Emily – ehemalige Einbrecherin – Gefährtin von David (Wild Thing – Wolfsliebe)

Gerry – Luchs – Arzt der Wächter – Gefährte von Lea (Wild Thing – Das Herz des Luchses)

Lea – Engel – Krankenschwester – Gefährtin von Gerry (Wild Thing – Das Herz des Luchses)

Brian – Wolf – Einbruchsspezialist der Wächter – Gefährte von Caitlin (Wild Thing – Eigentum des Wolfs)

Caitlin – Falke – Spionin der Wächter – Gefährtin von Brian und Nichte von Steward (Wild Thing – Eigentum des Wolfs)

Steward – Gepard – Boss der Wächter – Gefährte von Patricia und Onkel von Caitlin (Wild Thing – Dämonische Gefährtin)

Patricia – Dämonin – Agentin der Magischen Welt – Gefährtin von Steward (Wild Thing – Dämonische Gefährtin)

Patrick – Panther – Hacker der Wächter – Gefährte von Victoria (Wild Thing – Gefangene des Panthers)

Victoria – Sylphe (Luftgeist) – Gefährtin von Patrick (Wild Thing – Gefangene des Panthers)

Jorgan – Drache – Kundschafter der Wächter – Gefährte von Mia (Wild Thing – Die Liebe des Drachen)

Mia – Heilerin – ehemalige Küchenhilfe in Ballygannon – Gefährtin von Jorgan (Wild Thing – Die Liebe des Drachen)

Weitere Gestaltwandlerbücher, die unabhängig voneinander zu lesen sind:

Brendon – Bär – Schafzüchter – Cousin von Gerry – Gefährte von Paula

Paula – Bibliothekarin – Gefährtin von Brendon (Ein Bär zum Verlieben)

Flann – Tiger – Kämpfer/Inhaber eines Fitnessstudios – Freund von David – Gefährte von Darla

Darla – Informatikerin – Gefährtin von Flann (Ein Tiger mit Gefühl)

Finbar – Werwolf – Brennmeister – Gefährte von Clara

Clara – Verkäuferin – Gefährtin von Finbar (Ein Werwolf mit Herz)

Liam – Löwe – Bankdirektor – Freund von Steward – Gefährte von Aislinn

Aislinn – Hexe – Mensch – Patenkind von Alfar – Gefährtin von Liam (Kein Löwe zum Küssen)

Cormack - Richter - Mensch und Gefährte von Belana

Belana - Katze - lebt auf den Straßen von Athlone - Gefährtin von Cormack (Ein Kätzchen zum Zähmen)

Danksagung

An dieser Stelle sage ich, wie immer, allen denen Danke, die an diesem Buch mitgewirkt haben. Ohne sie wäre die Geschichte vermutlich nie veröffentlicht worden.

Zuerst bedanke ich mich von Herzen bei meinen Testlesern Vero, Ute und Christine. Ihr seid meine Inspiration, meine Motivation und diejenigen, die auch die kleinsten Fehler noch finden. Danke.

Ein riesiges Danke an meinen Coverdesigner Paul von D-Design Coverart. Du weißt einfach immer, was ich haben möchte.

Einen großen Dank auch an meinen Lektor Dietmar, der dem Text immer den letzten Schliff verpasst.

Und natürlich ein ganz großes Danke an meine wundervollen Leser. Ihr seid wundervoll!

Über die Autorin

Lisa Skydla ist 1971 geboren, gelernte Datenverarbeitungskauffrau und lebt heute mit ihrer Familie im wunderschönen Rhein-Lahn-Gebiet.

Im Alter von etwa zehn Jahren bekam die heutige Autorin ein Buch in die Hand, von dem sie so enttäuscht war, dass sie beschloss, selbst etwas zu schreiben. Aus den Mini-Liebesromanen für Klassenkameradinnen wurden dann nach und nach richtige Bücher.

Als sie in die fantastische Welt des BDSM fand, wurde das Pseudonym „Lisa Skydla" geboren. Eigentlich sind das die beiden Namen ihrer Pferde, die jetzt als Autorenname für die SM-Liebesromane herhalten. Wobei es ihr extrem wichtig ist, einen Einblick in die Welt des BDSM zu geben. Den Menschen zu zeigen, dass diese Art Liebe großes Vertrauen erfordert und nichts Perverses oder Abartiges ist. Vieles hat sie selbst erlebt und genossen, einiges ist nur ihrer Fantasie entsprungen. Was davon was ist, überlässt sie der Vorstellungskraft ihrer Leser.

Allerdings sind die SM-Szenen nur die Sahnehäubchen innerhalb der Geschichten. Lisa Skydla schreibt Bücher über Beziehungen, Liebe und Gefühle für ganz normale Menschen.

Ihre Geschichten haben den Hintergrund, die Leser zu bestärken sich nicht verbiegen zu lassen, zu sich selbst zu stehen und zu erkennen, dass jeder Mensch wertvoll ist.

Außerdem ist sie unter dem Pseudonym „Aimée Moreau" unterwegs. Dort schreibt sie Liebesromane mit Tiefgang.

Website: www.lisa-skydla.com
Facebook: https://www.facebook.com/Skydla
Instagram: https://www.instagram.com/lisaskydla
Blog: https://skydla.wordpress.com

Weitere Bücher von Lisa Skydla:

Werwölfe in Schottland:
Kein Werwolf zum Heiraten
Kein Werwolf für eine Nacht

Mystic Ireland:
Vom Werwolf entführt
Vom Tiger geliebt
Vom Leoparden gerettet
Vom Kätzchen verführt
Vom Puma geküsst

Highland-Reihe:
Highlander sind auch nur Männer
Weihnachtswunder in den Highlands
Sommernachtstraum in den Highlands

Wild Thing - Reihe:
Wild Thing - Dem Jaguar verfallen
Wild Thing - Wolfsliebe
Wild Thing - Das Herz des Luchses
Wild Thing - Eigentum des Wolfs
Wild Thing - Dämonische Gefährtin
Wild Thing - Gefangene des Panthers
Wild Thing - Die Liebe des Drachen

Elementals - Reihe:
Elementals - Gefangenes Wasser
Elementals - Gezähmtes Feuer
Elementals - Gesprengte Erde
Elementals - Gefesselte Luft

Dämon - Reihe:
Jill - Sklavin des Dämons
Emma - Eigentum des Dämons
Bella - Geliebte des Dämons

Russian Fighter - Reihe:
Russian Fighter - Eigensinnige Herzen
Russian Fighter - Widerwillige Gefühle
Russian Fighter - Rebellische Liebe
Russian Fighter - Vergessenes Vertrauen
Russian Fighter - Wiedergewonnenes Glück
Russian Fighter - Verdrängte Leidenschaft

Wiesbaden-Lovestory:
Finstere Leidenschaft
Finstere Zärtlichkeit
Finstere Hingabe

Einzelromane:
Tanz der Finsternis
Ein Kätzchen zum Zähmen
(K)ein Löwe zum Küssen
Ein Bär zum Verlieben
Ein Tiger mit Gefühl

Ein Werwolf mit Herz
Die Sklavin des Drachenreiters
Lustsklavin des Königs
Fesseln der Zärtlichkeit
Die Sklavin des Zauberers
Reitstunden der Lust
Tabu - Eigentum des Lehrers
Sklavin der Finsternis
Die Geschichte der Sabrina P.
Cassandra - Sklavin des Wassermanns
Im Bann des keltischen Tigers
Der Rigger und das Model
Endstation Sklavin?!
Tanja - Gefährtin des Höllenfürsten
Therese - Eigentum des Grafen

Liebesromane:
Liebe, Stolz und andere Schwierigkeiten
Im Rennpass ins Glück
Ast - Liebe auf Isländisch

Außerdem gibt es noch die Romane von Aimée Moreau, ohne BDSM, aber mit genauso viel Gefühl:

L'Amour éternel
Klang der Tränen
Liebe! Gegenwehr sinnlos
L'Amour du voleur: Die Liebe des Diebes